Die schönsten Berge der Alpen

Luis Trenker · Helmut Dumler

Die schönsten Berge der Alpen

Erstbesteigungen und Aufstiegsrouten

Mit 40 Abbildungen in Farbe
und 30 Routenskizzen

Bruckmann München

Einband-Titel:
Das Matterhorn von Zermatt-Findeln aus gesehen.

Einband-Rückseite:
Das Montblancmassiv vom Brévent über Chamonix.

CIP-Titelaufnahme der Deutschen Bibliothek

Trenker, Luis:
Die schönsten Berge der Alpen: Erstbesteigungen und Aufstiegsrouten / Luis Trenker; Helmut Dumler. – 4., veränd. u. überarb. Aufl. – München: Bruckmann, 1990
ISBN 3-7654-2314-9
NE: Dumler, Helmut:

4., veränderte und überarbeitete Auflage 1990

Herstellung: Bruckmann München
Printed in Germany
ISBN 3-7654-2314-9
(ISBN 3-7654-1868-4, 3. Auflage)

Inhaltsverzeichnis

Geleitwort

Der Titel des vorliegenden Buches mag etwas eigenwillig klingen, denn wer, frage ich mich, ist eigentlich berechtigt, eine willkürlich ausgesuchte Anzahl von Bergen unserer Alpen mit dem Prädikat »die schönsten« auszuzeichnen? So will ich gleich hinzufügen, daß mir die Langkofelgruppe nicht weniger gut gefällt als jene der Drei Zinnen. Das mag Ansichtssache sein, ganz gewiß aber ist der herrliche Gipfelaufbau der Jungfrau im Berner Oberland schöner als die über Grindelwald lastende Eiger-Nordwand.
Gleich sei aber auch gesagt, daß bei der getroffenen Auswahl nicht nur das Prinzip der Schönheit sondern auch die jeweilige Popularität der Gipfel, die Art der Erstbesteigungsmöglichkeiten, die Klarheit der Routenführung und die Besucherfrequenz eine Rolle spielten. Sie waren maßgebend für die Aufnahme in die Runde der hier ausgesuchten Berge und ich hoffe, daß wir der gestellten Aufgabe in bescheidenem Maße gerecht geworden sind, denn das Werk soll lediglich Anregungen bringen; es möchte keinen Anspruch auf Vollkommenheit erheben; es will Wegweiser, nicht jedoch Führer oder gar Lehrbuch sein.
In der Mitte des europäischen Festlandes ist der breite Raum der Alpen eingelagert. Aufsteigend von der Küste des Mittelmeeres führen sie in einem mehr als 1100 Kilometer langen Bogen quer durch den Kontinent und reihen Gipfel an Gipfel bis zur ungarischen Tiefebene. Der gesamte Alpenraum erfüllt eine Fläche von 220 000 Quadratkilometern mit einer geschätzten Zahl von 32 000 Gipfeln, die bis zu 2000 Meter Höhe als voralpin, über 2000 Meter als hochalpin bezeichnet werden. Die dreißig in diesem Buch besprochenen Gipfel gelten durchwegs als hochalpin, einige wurden schon vor vielen, andere, besonders schwierige, erst vor wenigen Jahren erstiegen.
Unbezwungene Berge gibt es in den Alpen wohl kaum noch. »Wie soll's denn weitergehen, ist ja alles schon gemacht«, höre ich da fragen. »Natürlich soll es weitergehen«, möchte ich antworten, die Berge stehen da wie eh und je, das Erlebnis der Eroberung ist uns ja trotz der vorhandenen Routen geblieben. Durch frühere Ersteigungen hat der einzelne Berg nicht das geringste verloren, das hohe Kreuz am Matterhorn, am Großglockner und auf der Großen Zinne ermutigen uns, hinaufzusteigen, uns die frische Luft, Kraft und Selbstbestätigung zu holen, die wir zur Auffrischung von Körper und Geist so nötig brauchen. Dreißigtausend Gipfel haben wir in unserem Alpenparadies; es steht jedem, der das Erlebnis in den Bergen sucht, frei, sich in selbstauferlegter Askese die Selbstbestätigung zu holen, die Mut verlangt und Kraft schenkt. Auch nach dem zehnten Mal auf einem Gipfel bleibt uns das Erlebnis seiner Eroberung erhalten, es zählt mehr als alle bequemen Fahrten auf irgendeine Höhe mittels Lift, Seilbahn oder Hubschrauber.
Schön sind die Berge immer, im hellen Sonnenschein unter dahinziehenden Wolken, unter blauem, heiterem Himmel so gut wie im Zorn, wenn sie uns mit Blitz und Donner an die Allmacht des Schöpfers erinnern. Heute sind wir drauf und dran, die Welt der Berge ihrer Schönheit, Ruhe und Erhabenheit zu berauben und das Gefühl für die Harmonie und Ethik des Bergsteigens mehr und mehr zu verlieren, wenn wir vor der hemmungslosen materiellen Entwicklung weiter zurückweichen, anstatt sie zu bekämpfen, um den freien Atem auf freien Gipfeln zu bewahren.
Was ist denn das Bergsteigen anderes als ein Sich-Loslösen vom materiellen Alltag, eine selbstgewählte Bestätigung für Körper und Geist in freier Natur, ein Ausruhen von der maschinellen Betriebsamkeit unserer Städte, deren gefährlichste Krankheit ein gnadenloser Materialismus ist. In dieser unserer, von Oberflächlichkeit und rastloser Unruhe bedrohten Zeit ist der Weg zum tiefempfundenen Bergerlebnis eines der heilsamsten Mittel, sich von der Hast und Wirrnis der Tage zu befreien. Wenn es auch immer wieder Unkenrufe gibt, die das Ende des Alpinismus voraussagen, wir weigern uns jedenfalls, das Leben nach den zweifelhaften Prognosen bergfremder Kritiker auszurichten, denn die Liebe zu den Bergen wird bleiben, solange es Menschen gibt, die ihre Schönheit sehen.
Jede Generation wird neue Wege gehen, auch wenn es Auseinandersetzungen zwischen Alten und Jungen, klassisch alpin oder technisch extrem Eingestellten gibt, die als Beweis der ungebrochenen Kraft einer nachdrängenden Jugend gelten mögen. Uralt ist neben der schutzbietenden Gewalt des Gebirges seine lockende Kraft, seine Fähigkeit zur Entfesselung unserer Sehnsucht und Phantasie.
Je nüchterner und kälter die Welt wird, desto lauter wird der

Ruf nach einem Bereich der Stille, der Einsamkeit und Einkehr werden, und der Alpinismus dann nur in den Augen derer »unnütz« sein, die im verhängnisvollen Irrtum eines grenzenlosen technischen Fortschritts verharren.

Für Millionen Menschen wurden die Alpen zum Raum körperlicher Ertüchtigung und seelischer Erneuerung. Der englische Philosoph und Bergpionier Sir Leslie Stephens hat in Vorausahnung der Europäischen Seilschaft den Alpen das Prädikat »Playground of Europe«, deutsch »Tummelplatz Europas«, verliehen. Sein Buch wurde neben Edward Whympers »Berg und Gletscherfahrten« mein alpines Credo.

Als Kind stand ich 1898 während er Einweihung des Denkmals für Paul Grohmann in demütiger Scheu vor dem Erstbesteiger unseres heimatlichen Langkofels. 1911 begegnete ich auf dem Gipfel des gleichen Berges Paul Preuß, 1914 stieg ich mit Hans Dülfer in die Furchetta-Nordwand. Es folgten Begegnungen mit Julius Kugy, Guido Lammer, Emil Solleder, Comici, Nieberl und Dibona, am Matterhorn mit dem englischen Alpinisten Whintrop Young und dem Herzog der Abruzzen. Später begegnete ich Hermann Buhl, Walter Almberger, Gino Soldà, Reinhold Messner und anderen hervorragenden Bergsteigern, welche die Ethik des »Fairplay« auf ihre Fahnen geschrieben hatten. Es war eine gute Schule. Die seit Jahren festgelegte Art der Schwierigkeitsbezeichnungen von I bis VI wurde ursprünglich im Kletterfels der Dolomiten entwickelt, später von Hans Dülfer und schließlich von Willo Welzenbach endgültig festgelegt. Weil die Erstbesteigbarkeit der westlichen Eisberge anderen Kriterien unterlag als in den Ostalpen, mag es verständlich sein, daß die Franzosen nur zögernd die Schwierigkeitsskala von I bis VI übernommen haben und außerdem mit Recht eine Abgrenzung gegen den Expeditionsstil der fünfziger und sechziger Jahre verlangten.

Die stürmische Entwicklung der sowohl im Fels als auch im Eis alljährlich sich steigernden Anwendung künstlicher Hilfsmittel führte zur sogenannten Bohrtechnik unter Benützung von Kompressoren, die in Erkenntnis der Folgen von einem Großteil der Bergsteiger abgelehnt wird, weil die Kunst des freien Kletterns – zugleich aber auch das Bergsteigen überhaupt – Gefahr läuft, zum bloßen Maurerhandwerk zu werden, was durch die Direttissimaführen am Eiger und in den Zinnen längst erwiesen ist. Jedenfalls gilt es, die Verwendung von einzementierten Bohrhaken abzulehnen und an Stelle der Illusion eines unbegrenzten technischen Fortschritts zum »Fairplay« des klassischen Alpinismus aufzurufen, um das, was wir unter der Liebe zu den Bergen und der gebotenen Ehrfurcht vor der Schöpfung verstehen, zu bewahren und den sinnlosen Slogan, daß in den Bergen nichts mehr »unmöglich« sei, abzulehnen.

Diesen Grundsatz sollte sich besonders die heranwachsende Bergsteigerjugend zu eigen machen, welcher durch die Alpenvereine Erleichterungen geboten werden, von denen meine Generation in ihren kühnsten Erwartungen nicht einmal träumte. Zufahrtsmöglichkeiten, Unterkünfte, Literatur; dazu die hochentwickelten technischen Hilfsmittel des Bergrettungsdienstes, den Schutzhelmen, Karabinern, Haken, Steigbügelleitern, wetterfesten Kleidungsstücken aller Schattierungen, im Verein mit den vorzüglichen, von erfahrenen Bergführern geleiteten Alpinschulen ermöglichen es den Teilnehmern, trotz der in vielen Fällen fehlenden nötigen Erfahrung, je nach Eignung und Temperament schon früh schwierige Kletterfahrten auf eigene Faust durchzuführen.

Nach dem Gelingen der ersten Vierer- und Fünfertouren geht man auch Sechser an, und schon nach ein paar Jahren hat der junge Mann »alles«, was machbar ist, gemacht und verliert die Lust an weiteren Unternehmungen, weil er ja bewiesen hat, was er kann und wer er ist. Eben davor seien die Jungen, die Hoffnungsvollen gewarnt. Nicht die gemachten Sechserführen bestimmen Wesen und Leben des Bergsteigers und auch nicht die Vierer oder Fünfer. Die Freude am Bergsteigen an sich ist entscheidend, die Begeisterung, die von den ersten Sturm- und Drangjahren bis ins hohe Alter sich immer wieder neu als Dank und Erwartung bestätigt.

Altmeister Julius Kugy, der den tragischen Absturz Emil Zsigmondys an der Meije-Südwand vorausgesehen hatte, schrieb in einem seiner Bücher den Satz: »Wir steigen in die Berge, um zu leben, nicht um zu sterben.« So einfach das klingt, so sehr wollen wir uns seine Worte zu eigen machen. Grundsätzlich sei jedem Bergfreund, dessen Können für schwierige Touren nicht voll ausreicht, empfohlen, sich einem guten Führer anzu-

vertrauen, denn die eigene Sicherheit ist und muß Voraussetzung jeder alpinen Unternehmung bleiben. Der Bergführer wird durch seine Kenntnis der objektiven Gefahren dem Touristen, der sich seiner Führung anvertraut, besonders bei Wetterumstürzen, Steinschlag, Lawinengefahr oder anderen unkalkulierbaren Situationen verläßlicher Freund und Helfer sein.
Jeder Mensch sollte wissen, daß er sich bei Antritt einer Bergtour in Gefahr begibt. Diese Gefahr auf ein mögliches Minimum zu reduzieren und heil wieder heimzukommen, ist der Anreiz, das Erlebnis am Berg zu suchen und als unverlierbaren Schatz bewahren zu können.
Auf diesen Gedanken bauend wollen wir den Pionieren, die uns die Wege auf die schönsten Gipfel der Alpen gewiesen haben, folgen, doch hüten wir uns, den Berg nicht mehr als Schöpfung Gottes, sondern nur mehr als Klettergerüst für Arme und Beine zu sehen.
Die einzelnen Kapitel dieses Buches sollen dem Leser ein Bild über den Schatz unserer Alpen vermitteln, den im Ganzen zu verwalten und für die Nachwelt zu erhalten, unsere Generation aufgerufen ist.
In gemeinsamer Verbundenheit wünsche ich den Lesern, es mögen immer wieder neue Gipfel am Horizont stehen, reich wie die Sterne der Nacht, dazwischen wie Perlen gestreut die Stunden feierlicher Gipfelrast.

Luis Trenker

Vorwort zur 4. Auflage

Seitdem Luis Trenker das vorstehende Geleitwort zu Papier brachte, hat sich das Bergsteigen, vor allem was die Spitzenleistungen betrifft, weiter gesteigert. Gefördert durch das Aufleben des Sportkletterns werden heute auch im alpinen Bereich Routen nahe dem X. Schwierigkeitsgrad geklettert oder immer neue Rekordzeiten für die Durchsteigung der großen Nordwände verwirklicht. Was Trenker schon als Fehlentwicklung erkannt hat, nämlich sich mit Bohrhaken und anderen technischen Hilfsmitteln durch die Wände zu arbeiten, wird auch von den Sportkletterern abgelehnt. Ihrer selbstgewählten bergsteigerischen Ethik ist es zu verdanken, daß auch der Alpinismus wieder zu seiner sportlichen Motivation zurückgeführt wurde.
An der Erschließung der in diesem Buch vorgestellten Alpenberge freilich hat sich nichts geändert; auch nichts an den beschriebenen Standardzustiegen zu den Gipfeln.
Bereits die erste Auflage entstand aus der Zusammenarbeit zwischen Luis Trenker und Helmut Dumler, wobei ersterer mehr für das Konzept steht und sein jüngerer Koautor und »Schüler« für den Text. Helmut Dumler hat von Auflage zu Auflage den Text mehrmals überarbeitet und den aktuellen Gegebenheiten angepaßt. Auch die Bildausstattung dieses Buches wurde seither erneuert und in der vorliegenden 4. Auflage nochmals durch neue Motive ergänzt. So spannt sich der Bogen vom Vorwort Luis Trenkers zum vorliegenden modernen und neu gestalteten Bildband.

München, im Juli 1990 *Der Verlag*

La Meije 3983 m

Königin der Dauphiné

Weit im Süden, ungefähr 150 Kilometer südwestlich des Montblanc, breitet sich die Dauphiné aus, ein Bergland von ungebändigter Wildheit. Am Nordrand der Gruppe thront die Meije – die Königin der Dauphiné und einer der berühmtesten Alpengipfel. Die Meije ist ein langer Grat, der von Westen nach Osten verläuft. Von der Brèche de la Meije, dem kürzesten Übergang zwischen La Grave im Norden und La Bérarde im Süden, schwingt sich das Massiv auf zum Grand Doigt (3761 m). Es folgt der Pic du Glacier Carré (3857 m) und anschließend das kühngeformte Horn des Grand Pic de la Meije. Vom Hauptgipfel setzt sich der Grat fort über den Pic Central (3974 m) zur Meije Orientale (3890 m), dem Ostgipfel.

Als erster Gipfel wurde der Pic Central bestiegen. Am 28. Juni 1870 erreichten ihn Reverend W. A. B. Coolidge, Miß Brevoort sowie die Führer Ulrich und Christian Almer und Christian Gertsch. Während dieser Zeit versuchte man immer wieder, den Grand Pic zu besteigen. Erst 1877 konnte die Erstbesteigung des Grand Pic über die heutige Normalroute durch eine französische Seilschaft mit E. Boileau de Castelnau gefeiert werden. Von 1885 an war eine Gesamtüberschreitung der Meije denkbar. Dieses kühne Wagnis gelang Emil und Otto Zsigmondy mit Ludwig Purtscheller; sie gingen ohne Führer! Am 26. Juli 1885 turnten sie buchstäblich über den zersägten Ostgrat zum Grand Pic, biwakierten beim Abstieg am Rande des Glacier Carré und trafen am nächsten Tag, die Brèche de la Meije berührend, wieder in La Grave ein. Im September 1902, als Eduard Pichl, damals Präsident des Österreichischen Alpenklubs, und Aemilius Hacker die Meije in 34 Stunden überschritten, war dies erst die 11. führerlose Begehung. Pichl faßte seine Eindrücke über das Unternehmen in der Zeitschrift des Deutschen und Österreichischen Alpenvereins zusammen: »Gewiß ist der Grat leichter geworden, seitdem der Absatz zur Brèche Zsigmondy durch ein starkes Seil gezähmt ist und seitdem die neue Hütte das Biwak an der Pyramide Duhamel entbehrlich macht, doch ein leichter Berg wird die Meije nie werden; man kann ihre verderbendrohendsten Stellen mechanisch umformen oder in Fesseln schlagen, der Mensch kann einzelne Glieder des stolzen Baues mit Hanf und Eisen erdrosseln, aber man kann nicht die ganze Meije versichern, und solange bleibt die Meije derselbe schwierige und gefährliche Berg, von dem schon Coolidge sagt: ›Nach meiner Erfahrung ist es die längste, immer schwierige Kletterei in den Alpen. Mit Ausnahme des Glacier Carré ist keine Stelle, die leicht genannt werden kann. Weder das Zinalrothorn noch die Dent Blanche, noch das Bietschhorn können mit der Meije einen Augenblick nur verglichen werden.‹«

Die »längste, immer schwierige Kletterei in den Alpen« ist die Meije selbstverständlich schon längst nicht mehr – aber noch immer eine große, sehr ernst zu nehmende Bergfahrt an der Viertausendmetergrenze. »Und wer sie je geschaut« – um noch einmal Pichl zu zitieren –, »der wird zum Anbeter der Meije.«

Mit der Erschließung der Wände begannen die Brüder Mayer in Begleitung von Angelo Dibona und Luigi Rizzi. Sie stiegen im Juli 1912 durch die Südwand. Die 800 Meter hohe Südwand des Hauptgipfels wurde jedoch erst 1934 von Pierre Allain, Raymond Leininger und Jean Vernet bezwungen.

Die abschreckendste Seite der Meije ist ihre Nordwand: 750 Meter hoch, kombiniertes Gelände, durchzogen von Eisrinnen, an der Basis die Spalten des Glacier de la Meije hoch über La Grave. Sie wurde am 13. August 1933 von M. Fourastier und Casimir Rodier erobert. Fourastier führte vom 29. bis 30. Juli 1937 mit Edouard Frendo und R. Nicolet auch die zweite Begehung seiner Route durch das sogenannte »Couloir Z« in die Brèche du Glacier Carré durch. Damit war zwar die zentrale Nordwand durchstiegen, die Route endete jedoch nach etwa 550 Metern rechts unterhalb des Gipfels. Der unmittelbare Ausstieg zum Hauptgipfel, stellenweise eine Kletterei im VI. Schwierigkeitsgrad, glückte am 3. August 1947 dem Führer Albert Tobey mit G. Robino in dreizehneinhalb Stunden. Die idealste, weil direkteste Nordwandroute ist die Verbindung der klassischen Führe mit dem Ausstieg von Tobey. Ihre erste Begehung gelang den französischen Führer-Anwärtern R. Ginel und R. Reynaud am 1. September 1962. Dabei handelt es sich um eines der schwierigsten Unternehmungen in der Dauphiné.

Die Südwand

Von ungeheurer Wucht ist der Anblick des bis zu 800 Meter hohen, gut 1,5 Kilometer breiten Südwandwalls der Meije über dem Glacier des Etançons.

Im Sommer 1885 war Ludwig Purtscheller mit den Brüdern Otto und Emil Zsigmondy die erste Gesamtüberschreitung der Meije gelungen. Doch die erfolggewohnte Seilschaft wollte mehr, sie wollte die Südwand erobern. An der Meije wurde das Bergsteiger-Trio ergänzt durch den Leipziger Professor Karl Schulz. Nach eingehender Erkundung der Südwand einigte man sich als Angriffspunkt auf die breite, meist firnbedeckte terrassenartige Bänderzone, die von rechts nach links schwach ansteigend in die Wand hineinführt. Am 6. August sah man die Viererseilschaft diesem Routenverlauf folgend im Abbruch des Pic Central nach Westen queren. Dann gingen sie die Wand östlich des später Pic Zsigmondy genannten Gipfels an. Und dort geschah es: Emil Zsigmondy stürzte — ein harter Ruck, das Seil riß; er stürzte in den Tod. Die Südwand geriet in Vergessenheit. Erst am 28. Juli 1912 bezwangen die Brüder Guido und Max Mayer aus Wien mit den Dolomitenführern Angelo Dibona und Luigi Rizzi in fünfzehn Stunden die Südwand der Meije und mußten dabei Schwierigkeiten im IV. und V. Grad bewältigen. Ihre Route folgte teilweise der Angriffs-Führe der Unglücksseilschaft von 1885. Nach fünfzehn Jahren erst, am 14. August 1927, gelang den Wienern Leo Grazer und Hans Jara die zweite Begehung. Als die Polen W. Birkenmajer, J. K. Dorawski, J. Golcz und J. M. Szcepanski am 31. Juli 1931 der Dibona-Führe folgten, war es die vierte Begehung — fast zwei Jahrzehnte nach der Erstbegehung. Im Winter wurde die Route erstmals 1950 von einer französischen Seilschaft gemeistert, zugleich die zehnte Begehung. Mit der Dibona-Führe war aber die Meije-Südwand nur zum Teil erobert worden, weil die Route abseits des Gipfels auf dem Grat endete. Deshalb überschritten am 12. September 1934 Pierre Allain, Raymond Leininger und Jean Vernet die Randkluft des Glacier des Etançons, strebten rechtshaltend der Gipfelfallinie zu und tasteten sich dort über Platten und durch Risse und Kamine zur Höhe. Ein Wettersturz unterbrach ihren Ansturm und zwang sie unter dem Gipfelaufbau links aus der Südwand zum Glacier Carré. Die Zweitbegeher, E. Frendo, M. Fourastier und H. Breton, umgingen am 11. August 1935 die Schlüsselstelle, eine zehn Meter hohe Wand im unteren Teil, mittels einer Rechtsschleife. Zwei Wochen später ergänzten dann Allain und Leininger ihre Route mit einem eleganten Direktausstieg. Die Viertbegeher wurden 1938 von dem Wiener Rudi Fraissl, einem weitgereisten Alpinisten, geführt. Sie querten im oberen Drittel aus der Gipfelfallinie. Auch der erste Alleingänger, A. Madier am 4. August 1939, wich der Gipfelwand aus. Sie wurde erst am 22. August 1942 ein zweites Mal gemeistert von P. Beylier und Lucien Amieux, allerdings nicht auf der Originalführe, sondern teilweise rechts davon. Die erste Winterbegehung gelang vom 10. bis 11. Februar 1964 zwei jungen Bergsteigern aus Grenoble: Bruno Cluet-Costes und Dominique Thomas. Die Schwierigkeitsgrade der Südwand sind IV und V, stellenweise V+ und A 1.

Aufstiege

Normalweg

Vom Refuge du Promotoire linkshaltend zum Grat und in die kleine Scharte Brèche du Crapaud. Von dort links über ein Band und über den sogenannten Crapaud, einen Felskopf. Weiter über den Grat zu seinem Steilaufschwung. Quergang links über schwach geneigte Platten und durch einen Kamin (I). Danach rechts zur Terrasse »Campement des Demoiselles«. Durch einen steilen Kamin hoch, dann links queren an den Rand des Grand Couloir. Über eine steile Wandstelle in die Rinne, wo sich die Route fortsetzt, wobei ein Aufschwung links umgangen wird. Schließlich erreicht man die große Terrasse (»Pyramide Duhamel«) am Beginn einer leicht geneigten Terrassen- und Plattenzone. Rechts dieser Zone leicht rechts absteigend über eine Platte (Dolle Castelnau, III). An ihrem Fuß rechts über Bänder unter den Glacier

Die Meije von Norden. Vom spitzen Hauptgipfel (Grand Pic) führt der Grat links über die Brèche Zsigmondy zum Pic Central. Links der Glacier du Tabudret.

Carré. Nun linkshaltend hoch über die schwach ausgeprägte Bänderzone, bis der Blick frei wird auf den westlichen Glacier des Etançons. Es folgt der sogenannte Eselsrücken (III), eine abgerundete Platte. Auf einem Band dann wieder rechts und durch zwei Kamine (III). Danach links hoch über die »Platte der Österreicher« (III) und links traversieren zu einem überhängenden Block. Entweder über den Block (III) oder unter ihm hindurch. In der Folge rechts durch einen breiten Kamin und über eine steile Wandstelle, etliche Meter absteigen auf eine Terrasse nahe dem Glacier Carré (von der Hütte etwa 4 Stunden). Am orographisch rechten Gletscherufer ansteigen in die Nähe der Felsen des Grand Doigt. Die Brèche du Doigt links liegen lassend quert man nun waagrecht an der Basis der Felsen des Pic du Glacier Carré in die Brèche du Glacier. Dann in der Hauptgipfel-Südflanke zum Westgrat, zu Füßen einer roten Platte. Sie wird an ihrem rechten Band erklettert (III). Im Reitsitz auf ihre Kante, aufrichten und links über einen Überhang (III), dann wenige Meter zum Gipfel. Von der Hütte etwa 5 bis 6 Std.
Charakteristik: Kombinierte Tour, wobei die Hauptschwierigkeiten (II und III) im Felsgelände liegen. Fast durchwegs fester, meist plattiger Fels. Eisbeil, Steigeisen, Seil, Felshaken, etwa 3 bis 4 Karabiner. Höhenunterschied ab Hütte etwa 900 Meter. Beste Jahreszeit: ab Juli. Im Spätsommer kann der Glacier Carré blank sein!
Übernachtung: Refuge du Promontoire (3092 m) auf einem Felssporn im Glacier des Etançons nahe der Brèche de la Meije. Im Sommer zeitweise bewartet, Lager. Von La Bérarde über das bewirtschaftete Refuge du Châtelleret etwa 5 Std.

Ostgrat

Klassische Meije-Überschreitung vom Grand Pic zum Refuge de l'Aigle, etwa 3 bis 5 Stunden, von Hütte zu Hütte 8 bis 9 Stunden für schnelle Seilschaften. Schwierigste Stellen: III. Routenfindung am Dos d'Ane und am Gipfelaufbau nicht leicht! Vom Grand Pic eingerichtete Abseilstellen (40 m) in die Brèche Zsigmondy; von dort Stahlkabel. Nach der Tour ist es schwierig und umständlich, wieder zum Refuge du Promontoire zurückzukehren. Vom Refuge de l'Aigle Abstieg nach La Grave (3 Stunden) bzw. über das Glacier du Tabudret nach Villar d'Arène.
Ski: Von der Brèche de la Meije (3358 m) Abfahrt (vor allem bei Firn) in landschaftlich großartiger Szenerie südwärts nach La Grave; etwa 1900 Meter Höhenunterschied.

Schrifttum

Karte: Carte de France 1:50000 Blatt St. Christophe-en Oisans, Institut Geographique National.
Führer: Hartmut Eberlein, Gebietsführer Dauphine. Bergverlag Rudolf Rother, München.
Devies/Laloue, Guide du Massif des Écrins, Band I.
Literatur: Hacker/Pichl, Führerlose Fahrten in der Maurienne und im Reiche der Meije. Zeitschrift des D. u. ÖAV 1903, Seite 174–211.

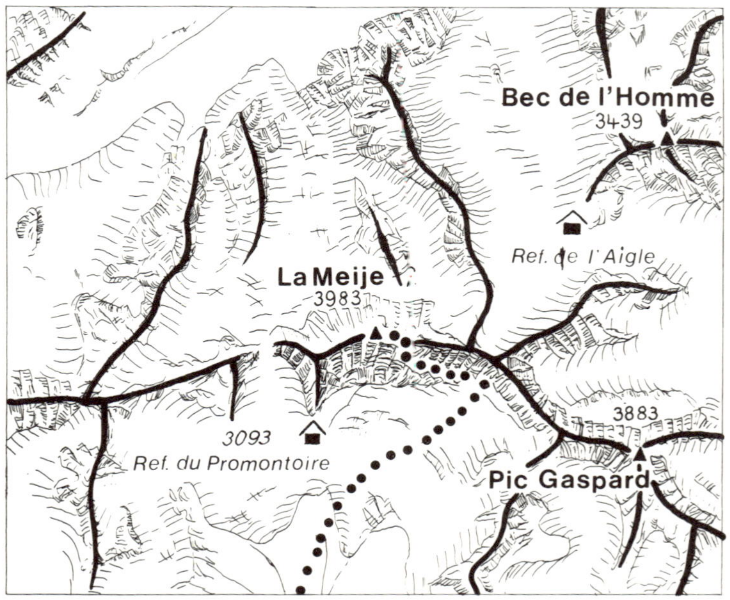

Auf dem üblichen Weg zum Montblanc – von der Goûter-Hütte über den Bossesgrat.

Montblanc 4807 m

Der weiße Berg

Montblanc — höchster Alpengipfel! Damit verbindet sich für jeden Alpinisten eine ungeheuere Faszination. Für viele Bergsteiger ist es geradezu eine Herausforderung, sich einmal mit dem mächtigen Titanen zu messen. Man nennt ihn auch den »Monarchen«.

Frankreich und Italien teilen sich den Montblanc. Die für den Alpinisten weniger schwierige Seite des Berges ist die französische, wo die Zunge des Bossons-Gletschers bis ins Tal von Chamonix reicht. Von dort wurde auch zum ersten Mal der Montblanc bestiegen, und zwar durch die sogenannte Ancien Passage über dem Grand Plateau. Die Route wird heute jedoch infolge ihrer objektiven Gefährlichkeit nicht mehr begangen. Der Normalweg unserer Tage über den Bosses-Grat wurde erst 1847 von dem Führer Marie Couttet, genannt »Moutelet«, das Wiesel, eröffnet. Er war bereits vierundachtzig Jahre alt.

Den Normalweg von der italienischen Seite, das heißt aus dem Val Veni und über den westlichen Arm des Dôme-Gletschers, verdanken wir dem damals dreiunddreißigjährigen Achille Ratti, dem späteren Papst Pius XI. (1922—1939). Der Geistliche bewältigte die Führe am 1. August 1890 in Begleitung von vier Führern im Abstieg.

Eines der mächtigsten Bollwerke des Montblanc ist die 1300 Meter hohe Brenvaflanke (Ostwand), deren absturzbereite Hängegletscher den oberen Teil des Brenvagletschers bedrohen. Wer kennt nicht den »Brenvasporn«? Dieser klassische Aufstieg ist stellenweise (insgesamt etwa 300 m) bis zu fünfzig Grad steil, verläuft im rechten Teil der Flanke und erfordert im Durchschnitt sechs bis zehn Stunden. Interessant ist, daß die Erstbegehung des »Brenvasporns« im gleichen Jahr, nämlich 1865, erfolgte, in dem das Matterhorn erobert wurde. Allerdings handelt es sich beim Matterhorn um eine ausgesprochene Felstour, während die Route über den »Brenvasporn« überwiegend im Eis verläuft. Wesentlich schwieriger und auch gefährlicher sind die Sentinelle Rouge, die Major Route und die »Poire«.

Auf der italienischen Seite, hoch über dem prachtvollen Val Veni, ziehen sich drei Grate zum Montblancgipfel hin. Während der Innominatagrat und der Brouillardgrat verhältnismäßig unbekannt geblieben sind, gilt der Peutereygrat als großzügigster alpiner Gratanstieg. Vor allem dann, wenn er in seiner Gesamtheit, also über den kühngeformten Gipfel der Aiguille Noire begangen wird. Dieser sogenannte gesamte Peutereygrat ist der längste Anstieg im Alpenraum. Die ersten, denen diese Tour gelang, waren die Deutschen Richard Hechtel und G. Kittelmann im Juli 1953 in drei Tagen. Mitte Juli 1970 hatte dieser großartige Grat erst neun Begehungen; die erste Winterüberkletterung, der zahlreiche Versuche vorausgegangen waren, erfolgte 1972/73.

Am abweisendsten zeigt sich der Montblanc auf der Freney-Seite (Südwand): 800 Meter hohe, mauerglatte Granitplatten über dem urwilden, obersten Kessel des zerrissenen Freney-Gletschers. Um diese Wand, genau gesagt um den Zentralpfeiler, entbrannte 1961 ein unbarmherziger Kampf zwischen Mensch und Berg. Beim ersten großen Versuch, die Wand zu erobern, starben Antoine Vieille, Pierre Kohlmann, Robert Guillaume und Andrea Oggioni beim Rückzug in einem infernalischen Wettersturz an Erschöpfung; Walter Bonatti, Roberto Gallieni und Pierre Mazeaud blieben als einzige am Leben. Noch im gleichen Jahr bezwang eine »Europäische Seilschaft« in drei Tagen den »Freneypfeiler«: Chris Bonnington, Ian Clough, Don Whillans (England), Jan Dlugosz (Polen), René Desmaison, Pierre Julien, Ives Pollet-Villard (Frankreich), Ignazio Piussi (Italien).

Am 19. Juli 1969 wurde der Anstieg von Reinhold Messner und Erich Lackner erstmals an einem Tag gemacht; es war zugleich die achte Begehung. Die Überkletterung des Zentralpfeilers ist zweifellos eines der ernstesten Unternehmen im Fels: Der Einstieg befindet sich in einer Höhe (etwa 4000 m), in der die meisten westalpinen Anstiege enden; in über 4500 Meter muß extremste Hakenkletterei bewältigt werden, dazu kommen noch ein langer Zustieg, enorme Vereisungsgefahr und ein langer Rückzugweg.

Eine Rekordbesteigung des Montblanc wurde im Sommer 1987 verzeichnet, als der Franzose Laurent Smagghe für die Strecke Chamonix – Montblanc – Chamonix insgesamt nur sechs Stunden und 47 Minuten benötigte – offensichtlich im Dauerlauf über die Gletscher!

Die Erstbesteigung

Die Zeit der Erstbesteigung des Montblanc fällt in eine Epoche der Abkehr vom üppigen Salonleben, der Rückkehr zur Natur.
Der Genfer Wissenschaftler Saussure erschien 1760 erstmals in Chamonix, um den Montblanc in Augenschein zu nehmen, von dem 1745 eine Gruppe unter Leitung des Genfer Glazialgeologen Pierre Martel festgestellt hatte, daß es sich bei ihm um den höchsten Alpengipfel handelt. Saussure setzte eine Belohnung von zwanzig Louisdors für denjenigen aus, der einen Weg zum Gipfel des Montblanc finden würde.
Im Sommer 1762 wurde Pierre Simond zweimal vom Berg abgewiesen. Dreizehn Jahre später, 1775, erfolgte ein erneuter Angriff: Michel und François Paccard, Victor Tissay und Couteran scheiterten in 3000 Meter. Wie man munkelte, war daran der Wein schuld gewesen, den Couteran, ein Wirtssohn aus Chamonix, mitgenommen hatte.
Auch die folgenden Versuche mißlangen. Da trat Jean Jacques Balmat auf den Plan. In einer Sennhütte war er zur Welt gekommen, und er lebte als Kristallsucher in Armut. Bestimmt reizte ihn die ausgesetzte Belohnung, und sicher wollte er den Leuten im Tal zeigen, was er wert war — er, Balmat, der seinen Vater, von dem böse Zungen behaupteten, er wäre ein Bergschratt gewesen, nie gekannt hatte.
Balmats erste Versuche waren recht abenteuerlich: Biwaks ohne Wärmeschutz, Lawinen, Durst, Angst vor der eisigen Unendlichkeit. Zu seiner Zeit gab es noch keine alpine Ausrüstung im heutigen Sinne. Einmal begleiteten ihn Joseph Carrier, Jean Michel Tournier und François Paccard. Sie kehrten schon bald wieder um. Balmat aber klomm weiter in Richtung Gipfel. Und dabei entdeckte er den »Schlüssel« für den Montblanc, einen Durchschlupf neben den Roger Rouges. Er beging nun nicht den Fehler, vollends zum Gipfel hinaufzusteigen — denn wer hätte ausgerechnet ihm das geglaubt? Er stieg wieder ins Tal, innerlich jubelnd.
Den endgültigen Aufstieg vollbrachte Balmat am 7. August 1786 mit Dr. Michel Gabriel Paccard, einem jungen Arzt aus Chamonix. Nach einer ungemütlichen Freinacht auf dem Gletscher betrat die Seilschaft um 6.23 Uhr den höchsten Gipfel der Alpen. Nun konnte sich Balmat auch der Belohnung sicher sein. Am 3. August 1787 führte er Horace Bénédict Saussure mit neunzehn Begleitern empor zu »seinem« Gipfel. Für den Genfer Naturforscher ging damit ein lang gehegter Wunsch in Erfüllung — Balmat erhielt die versprochenen Louisdors.
Jean Jacques Balmat war plötzlich eine Persönlichkeit, sein Name in aller Munde. Der Kaiser von Sardinien erhob den Kristallsucher in den Adelsstand. Doch er blieb ein einsamer Mann.
Balmat ging auch weiterhin allein in die Berge. In Chamonix flüsterte man sich hinter der vorgehaltenen Hand zu, er suche in den Bergen den Tod. Einmal kehrte er nicht mehr zurück. Suchmannschaften wurden ausgesandt. Aber nirgendwo fand man eine Spur des zweiundsiebzigjährigen Balmat! Er wurde nie gefunden ...

Aufstiege

Auf den Montblanc gibt es 4 sogenannte Normalwege, das sind 4 im Vergleich zu den anderen Anstiegen verhältnismäßig weniger schwierige Routen:

1. Les Houches — Goûter-Hütte.
2. Von der Mittelstation der Aiguille-du-Midi-Seilbahn über die Grands Mulets und den Bosses-Grat.
3. Von der Bergstation der Aiguille-du-Midi-Seilbahn bzw. vom Col du Midi über Montblanc du Tacul und Mont Maudit.
4. Vom Val Veni über die Dôme-Hütte.

Alle Anstiege weisen hochalpinen Charakter auf und stellen nicht zu unterschätzende Anforderungen an die Leistungsfähigkeit, und zwar bedingt durch die enorme Höhe des Berges und die damit verbundene, dünnere Luft.
1. Am meisten begangen wird die Route über die Goûter-Hütte. Ausgangspunkt ist Les Houches (Bahnstation, 8 km südwestlich von Chamonix): Mit der Seilbahn und mit der Zahnradbahn in eine Höhe von 2372 Meter. Vom kleinen Gasthaus in etwa 2½ Stunden ansteigen zum Berggasthaus

Tête Rousse. Von dort sind es noch 3½ Stunden (stellenweise Steinschlaggefahr!) zur Goûter-Hütte (3817 m), wo der Gipfelgang beginnt: Zunächst auf breitem Firnrücken in Richtung Dôme du Goûter, der entweder überschritten oder südlich umgangen wird. Anschließend in den weiten Firnsattel des Col du Dôme und in ½ Stunde hinauf zum Refuge Vallot in 4362 Meter. Es ist keine Hütte im üblichen Sinn, sondern eine Art Biwakschachtel als Notunterkunft. Der nun folgende Nordwestgrat des Montblanc, genannt Bosses-Grat, ist zwar technisch nicht schwierig — meist ist eine gut ausgetretene Spur vorhanden —, kann aber bei Höhenstürmen recht unangenehm werden. Nach den Bosses-Gipfeln vollends hinauf zum Gipfel des Montblanc; von der Goûter-Hütte 4 bis 5 Stunden.
Charakteristik: Der Gipfelanstieg ist eine ausgesprochene Eistour. Die Route ist leicht zu finden (bei gutem Wetter), Spalten sind kaum vorhanden: steilste Passage etwa 40 Grad.
Übernachtung: Goûter-Hütte, bewirtschaftet von Ende Juni bis Ende September, 100 Schlafplätze, meist überfüllt. Schlafraum mit 16 Plätzen und Kochgelegenheit ständig offen.
2. Der Anstieg von den Grands Mulets wird als Skiroute gewählt, aber auch als Alternative zum steinschlaggefährdeten Anstieg von Tête Rousse: Von der Mittelstation der Aiguille-du-Midi-Seilbahn unterhalb der Midi-Nordabstürze (Steinschlaggefahr!) und über den oberen Bossons-Gletscher (zeitweise schwieriger Spaltenübergang) in 5 Stunden zur Hütte auf den Grands Mulets (3051 m). Weiter über das von Eistürmen bedrohte Petit Plateau und über das Grand Plateau zum Col du Dôme und von dort über den Bosses-Grat zum Gipfel; von Grands Mulets 7 Stunden.
Charakteristik: Länger und schwieriger (Spalten) als der Weg von der Goûter-Hütte.
Übernachtung: Grands Mulets, während der Sommermonate einfach bewirtschaftet, 70 Lager. Der Winterraum (20 Lager, Kochgelegenheit) ist ganzjährig offen.
3. Die Tour vom Col du Midi über Montblanc du Tacul und Mont Maudit, die meist als Viertausender mitgenommen werden, ist der großartigste, aber auch längste (8–10 Stunden) der »Normalwege«. Diese Normalroute kann im Rahmen einer Überschreitung auch als Abstieg begangen werden. Bergsteigern, die abends nach Einstellung des Seilbahnbetriebes auf die Aiguille du Midi kommen, wird Nächtigungsmöglichkeit gewährt.
Charakteristik: Reine Eistour, bis 48 Grad Neigung; oft Schwierigkeiten bei der Bewältigung der Bergschründe, da die Leitern nicht immer vorhanden sind!
4. Der Aufstieg von der italienischen Seite über die Dôme-Hütte ist sehr lang (8 Stunden) und wird weniger begangen.
Charakteristik: Spalten und Seracs auf dem Dôme-Gletscher, steilste Stellen bis etwa 40 Grad.

Schrifttum

Karte: Massif du Mont Blanc, 1:20000.
Führer: Königer/Schubert/Werner, Montblanc-Gruppe. Bergverlag Rudolf Rother, München.
Literatur: Gaston Rébuffat, Montblanc. Die Geschichte seiner Entdeckung. Verlag F. Bruckmann KG, München.

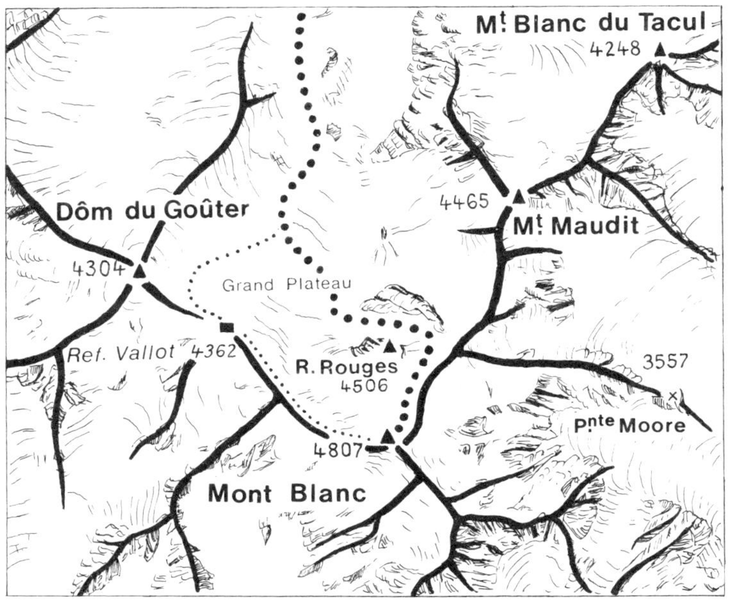

Grandes Jorasses 4208 m

Der Dom aus Fels und Eis

Der Montblanc von Norden. Die Gletscherströme des Glacier Taconna und Glacier des Bossons stoßen tief in die Waldregion des Chamonix-Tales hinab.

Es gibt wohl selten ein eindrucksvolleres Bild als die Grandes Jorasses mit ihren unvergleichlichen Nordabstürzen im Hintergrund des Leschaux-Gletschers. Über 1000 Meter hoch ist diese Wand, und fast eineinhalb Kilometer breit, durchzogen und scheinbar gestützt von drei gigantischen Granitpfeilern, Kunstwerken der Natur. Man wird an die Pfeiler gotischer Dome erinnert, nur daß an den Grandes Jorasses alles mächtiger ist, als Menschenhand es je schaffen kann. An der Basis dieser kolossalen Mauer, in nahezu 3000 Meter Höhe, erstreckt sich ein wildes, zerrissenes Gletscherbecken, von dem sich ein langer Eisstrom zum Mer de Glace hinauswindet. Die Nordwand wirkt abenteuerlich, menschenfeindlich — abschreckend und anziehend zugleich. Gekrönt wird der Berg von einem etwa einen Kilometer langen Grat, der sieben Gipfelkuppen trägt, von denen fünf über 4000 Meter hoch sind. Über den Grat verläuft die französisch-italienische Grenze. Vom höchsten Punkt der Grandes Jorasses, der Pointe Walker, senkt sich in maßvoller Linienführung der Hirondelles-Grat in schwach nordöstliche Richtung.

Nicht annähernd so steil wie die Nordwand, nicht eisige Kälte ausstrahlend, sondern sonnenbeschienen, liegt die zum Teil vergletscherte Südseite hoch über dem Val Ferret, das sich von Courmayeur in nordöstliche Richtung erstreckt. Und durch diese, für Bergsteiger im Vergleich zur Nordwand geradezu einladend wirkende Flanke wurden die Grandes Jorasses auch erobert. Als erster Gipfel wurde die 4148 Meter hohe Pointe Whymper bestiegen, wie der Name verrät, durch Edward Whymper, am 24. Juni 1864, also ein Jahr vor seinem Erfolg am Matterhorn. Geführt wurde der Engländer von dem vierunddreißigjährigen Chamoniarden Michel Croz und den Schweizern Franz Biner und Christian Almer. Damals gab es noch keine Hütte auf der Südseite. Die letzten Häuser im Tal standen in Planpansier; von dort waren es über 2600 Höhenmeter zum Gipfel — über Gletscher und Felsen, die vorher noch keines Menschen Fuß betreten hatte. Die Pointe Walker wurde erst vier Jahre später, am 30. Juni 1868, von dem Engländer Horace Walker — ihm gelingt 1874 auch der Elbrus — mit den Führern Melchior Anderegg, Johann Jaun und Julien Grange bestiegen. Ihre Aufstiegsroute über die Reposoir-Felsrippe zwischen Grandes-Jorasses- und Planpansier-Gletscher durch die Südwestflanke ist der Normalweg unserer Tage und eine keineswegs leichte Tour.

Die Engländerin Elizabeth Fred Burnaby erklomm 1882 als erste Dame den Hauptgipfel. Sie war gerade einundzwanzig Jahre alt geworden und stand vor einer erfolgreichen Bergsteigerlaufbahn. Ihre Eltern waren allerdings dagegen, denn der Alpinismus war damals für Frauen nicht salonfähig. Elisabeth war dreimal verheiratet und wird von alpinen Chronisten unter den Namen Fred Burnaby, Main und Aubrey Le Bond geführt. Im Jahr 1907 gründete sie in London den »Ladies Alpine Club«. Außerdem war sie Autorin des ersten Buches über das Winterbergsteigen: »The High Alps in Winter«. Im Wallis hat man der agilen Engländerin ein unvergängliches Denkmal gesetzt: ein Nebengipfel des Bishorns heißt Pointe Burnaby.

Im Jahr 1891 kam der erste Deutsche zu den Grandes Jorasses. Es war Dr. Paul Güßfeldt, ein einundfünfzigjähriger Universitäts-Professor aus Berlin. Der schnauzbärtige Güßfeldt, dem 1868 die fünfte Begehung des Hörnligrates am Matterhorn gelungen war, bezwang in Begleitung von vier Führern die Pointe Walker zum ersten Mal im Winter. Heute hat man sich im Winter sogar schon an die schwierigen Nordwandrouten gewagt: Walter Bonatti und Cosimo Zapelli 1963 an den Walkerpfeiler, Claude Marmier und Georges Nominé 1971 an den Crozpfeiler, den Mittelpfeiler. Es wurden sogar neue Anstiege im Winter eröffnet, beispielsweise eine Route durch das Zentralcouloir zwischen Walkerpfeiler und Crozpfeiler 1972 von den Japanern Yasuo Kanda, Yashuou Kato, Hideo Miyazaki, Toky Nakano und Kasuhide Saito sowie eine weitere Route in der Wand links des Walkerpfeilers 1973 durch René Desmaison, Giorgio Bertone und Michel Claret.

Die Eroberung der Nordwand

Zu einer ersten Erkundung der Nordwand kamen im Sommer 1907 die Engländer Young und Jones mit den Führern Laurent Croux und Joseph Knubel zu den Grandes Jorasses.

Blick von der Tête d'Appy über das Tal von Courmayeur auf die Grandes Jorasses.

Young, ein dreißigjähriger Lehrer, hatte im Vorjahr mit Knubel die berüchtigte Täschhorn-Südwand erstmals durchstiegen; von den Grandes Jorasses kamen sie jedoch unverrichteter Dinge wieder zurück. Mit ihrer alpinen Technik war die Nordwand nicht zu bezwingen.

Am 10. August 1928 fand der erste wirkliche Versuch in der Nordwand statt, und zwar am Walkerpfeiler. Die Bewerber gehörten zu den besten Alpinisten ihrer Zeit: Armand Charlet und Evariste Croux aus Chamonix, die Italiener Piero Zanetti und Leopoldo Gasparotto sowie der Amerikaner Rand Herron. Sie stießen bis in eine Höhe von 3300 Meter vor, bis etwa unter die erste Plattenbarriere. Die nächsten Bewerber, Anderl Heckmair und Gustl Kröner, versuchten sich am 1. Juli 1931 im Zentralcouloir zwischen Walker- und Crozpfeiler. Auch die Bayern »blitzten« ab, holten sich aber als Entschädigung am 31. Juli die zweite Durchsteigung der Grands-Charmoz-Nordwand. Am 8. August stiegen die Münchner Hans Brehm und Leo Rittler in das stein- und eisschlaggefährdete Couloir ein. Es wurde ihnen zum tödlichen Verhängnis. Heckmair und Kröner fanden die Leichen der Freunde am 13. August, als sie selbst zu einem neuerlichen Versuch, die Nordwand zu bezwingen, starteten. In der Zwischenzeit war eine französische Seilschaft am Crozpfeiler gescheitert. Die Grandes Jorasses wurden zum Ziel der Fähigsten; die kleine Leschaux-Hütte sah die erfolgreichsten Bergsteiger der dreißiger Jahre. Zu ihnen zählten Franz Schmid, Hans Ertl, Ludwig Steinauer, Hermann Bratschko, Willo Welzenbach, Alfred Drexel, Gabriele Boccalatte, Renato Chabod, Giusto Gervasutti, Armand Charlet, Robert Gréloz, Raymond Lambert und auch eine Frau, die Genferin Loulou Boulaz. Am 29. Juli 1934 trafen sich gleich vier Seilschaften auf dem Crozpfeiler, eine französische, eine italienische, eine österreichische und eine deutsche. Das Wetter war ungewiß, die Verhältnisse erwiesen sich als nicht sehr gut. Nur die Deutschen, Rudolf Peters und Rudolf Haringer — sie hatten vor einem Monat die Schüsselkarspitze-Südostwand erobert —, kämpften sich bis in eine Höhe von etwa 4000 Meter empor, hatten die größten Schwierigkeiten schon bewältigt, wurden dann aber zur Umkehr gezwungen. Beim Rückzug stürzte Haringer tödlich ab. Peters mußte den Abstieg allein schaffen. Er wurde schneeblind, war verzweifelt. Erst nach fünf Tagen und vier Nächten gab ihn die Wand wieder frei. Doch Peters, von dem man sagte, er sei hart wie Granit, kam wieder zu den Grandes Jorasses. Ein Jahr darauf, vom 28. bis 29. Juli 1935, hatte er mit Martin Meier Erfolg. Sie durchstiegen erstmals die Nordwand über den 1100 Meter hohen Crozpfeiler, dessen Begehung selbst in unserer Zeit noch zu den ganz großen Unternehmungen in der Montblanc-Gruppe gehört. Er wurde erst 1972 im Alleingang gemeistert, von Jean Afanassief.

Nach dem Crozpfeiler wurde der Walkerpfeiler besonders heiß umworben. Pierre Allain, der beste französische Felsgeher seiner Zeit, fand am 1. August 1938 einen Weg durch den untersten Plattengürtel. Am gleichen Tag wanderten drei Italiener, Riccardo Cassin, Luigi Esposito, Ugo Tizzoni, über den Col du Géant zur Requin-Hütte. Einer von ihnen, Cassin, fragte den Hüttenwart unumwunden: »Bitte, wo befindet sich die Nordwand der Grandes Jorasses?« Der wies ungefähr die Richtung. Vom 4. bis 6. August 1938 bezwangen Riccardo Cassin und seine Leute, bekleidet mit Knickerbockerhosen und Filzhüten, ausgerüstet mit Hanfseilen, den 1200 Meter hohen Walkerpfeiler. Die Nacht zum 7. August verbrachte die Seilschaft im Schneesturm auf dem Gipfel. Der Walkerpfeiler ist nicht nur eine schwierige Tour (VI–/A1, die meisten Seillängen IV und V), sondern auch eine schöne, vielleicht die großzügigste kombinierte Bergfahrt im gesamten Alpenraum. Er dürfte inzwischen (1990) schon über 2000 Begehungen aufweisen. Aber er ist nicht mehr der Walkerpfeiler der vierziger und fünfziger Jahre. Heute stecken über 200 Haken am Walkerpfeiler, darunter sogar Bohrhaken. Cassin hatte nur 50 Haken verwendet!

Aufstiege

Pointe Walker

Vom Rifugio Boccalatte (Jorasses-Hütte) nordwärts auf Pfadspuren zunächst durch Geröll und Felsen, dann über den Plan-

Südseite der Grandes Jorasses, von rechts: Pointe Walker, Pointe Whymper.

pansier-Gletscher zur Basis der Reposoir-Felsrippe. Anschließend über den Felsenkamm, der später wieder von Firn abgelöst wird (an dieser Stelle ist etwa die Hälfte des Aufstieges bewältigt). In der Folge rechts queren durch eine steile Firnmulde, in der bei Neuschnee oder an heißen Nachmittagen Lawinengefahr besteht. Nun durch eine Steilrinne über die parallel zur Reposoir-Rippe verlaufende Whymper-Felsrippe in den obersten Gletscherkessel. Auf der flachen unteren Firnterrasse rechts (ostwärts) queren zu dem nur schwach ausgeprägten Südgrat, der zum Hauptgrat hochführt, auf dem man schließlich zur Pointe Walker hinaufgelangt. Von der Hütte 6 bis 8 Stunden.

Charakteristik: Es ist der am wenigsten schwierige Auf- und Abstieg an den Grandes Jorasses und verläuft überwiegend im Eis (steilste Stellen bis 45 Grad); die Felsen bieten kombinierte Kletterei im Schwierigkeitsbereich I bis II. Höhenunterschied 1400 Meter. Teilweise Eisschlaggefahr.

Übernachtung: Rifugio Boccalatte e Piolti (Jorasses-Hütte, 2803 m) auf einem Felssporn im Planpansier-Gletscher; bewirtschaftet vom 15. Juni bis 30. August, 25 Schlafplätze. Aufstieg von Planpansier (Val Ferret, Busverbindungen, 6 km von Courmayeur) 3 bis 4 Stunden; stellenweise gesichert.

Pointe Whymper

Wie beim Normalweg zur Pointe Walker zur Whymper-Felsrippe. Sie vermittelt den Weiterweg zum Gipfel in teilweise plattigem Fels. Von der Hütte 6½ bis 7 Stunden.

Charakteristik: Mit Ausnahme der Whymper-Felsrippe verläuft der Anstieg überwiegend im Firn. Schwierigkeit im Fels: II. Von der Pointe Whymper gelangt man in etwa 1 Stunde auf dem Hauptgrat hinüber zur Pointe Walker.

Für diese Überschreitung ist ein 50-Meter-Seil ratsam, wegen des Abstieges in die Scharte zwischen den Gipfeln.

Walkerpfeiler

Der Walkerpfeiler vermittelt bei guten Verhältnissen (wenig Schnee bzw. Eis) eine ausgesprochen schöne (freie) Kletterei in den oberen Schwierigkeitsbereichen in überwiegend festem Fels. Steinschlaggefahr besteht hauptsächlich im untersten Teil durch vorangehende Seilschaften (Jörg Lehne tödlich verunglückt!). Meist gute Standplätze, zahlreiche Biwakmöglichkeiten. Durchschnittliche Zeit für Zweierseilschaften 18 bis 24 Stunden; fast alle notwendigen Haken stecken. Außer der üblichen Schlosserei sind Steigeisen und Eisbeil erforderlich. Einstieg in etwa 3000 Meter. Von der Leschaux-Hütte in 2½ bis 3 Stunden zum Einstieg.

Schrifttum

Karten: Massif du Mont Blanc, 1:20000. Landeskarte der Schweiz im Maßstab 1:50000 Blatt Courmayeur (Nr. 292).

Führer: Königer/Schubert/Werner, Montblanc-Gruppe. Bergverlag Rudolf Rother, München.

Literatur: Gaston Rébuffat, Sterne und Stürme (Die großen Nordwände der Alpen). Verlag F. Bruckmann KG, München. Dumler/Burkhardt, Die Viertausender der Alpen. Bergverlag Rudolf Rother, München.

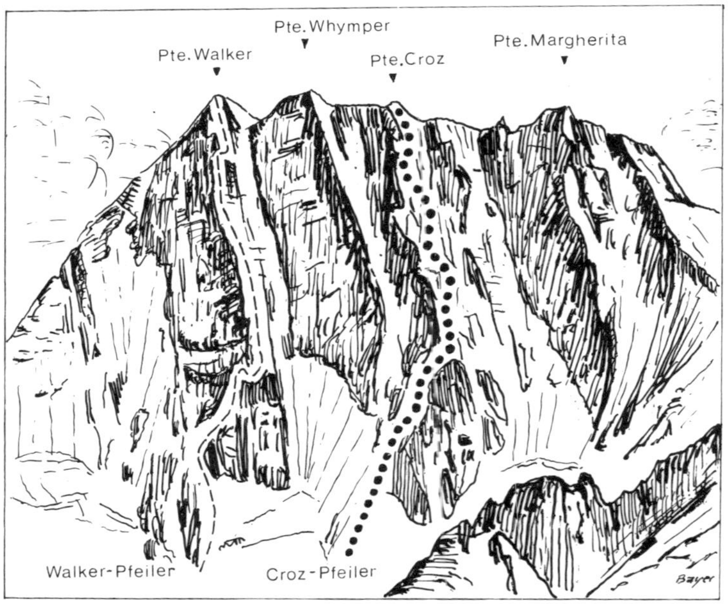

Petit-Dru-Westwand, dahinter Grand Dru, links das sogenannte Nischeneisfeld der Nordwand. Im Hintergrund der felsige Pic Sans Nom und die Aiguille Sans Nom sowie die Nant-Blanc-Flanke der Aiguille Verte.

Aiguille du Dru 3754 m

Granitbollwerke über dem Mer de Glace

Tausende von Touristen lassen sich jeden Sommer von Chamonix mit der Zahnradbahn nach Montenvers hochbringen, einem herrlichen Aussichtsplatz am Rande der Montblanc-Gruppe. Hier, wo sich die nördlichsten Ausläufer der Aiguilles von Chamonix in unbedeutenden Kuppen verlieren, ist die Vegetation dürftig. Man vermißt die Fichten und Lärchen, die weiter unten die Hänge bedecken. Dafür begeistern die Gipfel im weiten Halbrund und der riesenhafte Gletscherstrom des Mer de Glace unterhalb der Bahnstation und des Hotels. Hoch über Montenvers erhebt sich im Osten die Aiguille du Dru als Obelisk aus wildem Felsgestein. Für das Auge eine Einheit aus Granit, besteht dieser Berg jedoch aus zwei Gipfeln: Grand Dru und Petit Dru; dazwischen ist die Brèche du Dru eingelagert. Das ist sehr deutlich von Südwesten zu erkennen. Und von dort, vom Refuge de la Charpoua auf einer Felsinsel im gleichnamigen Gletscher, wird der Berg auch meist bestiegen, denn die Wände auf der West- und Nordseite bergen große Schwierigkeiten. Auch die Südostflanke, in welcher der Normalweg verläuft, ist nicht »leicht« — fast ununterbrochen im III. Schwierigkeitsgrad. Lange Zeit konnte sich der Dru des Ansturms zahlreicher namhafter britischer Bergsteiger erwehren. Im Sommer 1878 wurde jedoch auch sein Gipfel erobert, und zwar am 12. September durch die Engländer Clinton Dent, der eine Woche vorher das Zinal-Rothorn erstbestiegen hatte, und J. W. Hartley mit den Führern Alexander Burgener und Andreas Maurer. Die schwierigsten Felspassagen bewältigten die Engländer mit Hilfe einer Leiter.. Von diesem Tag an galt die Aiguille du Dru als damals schwierigste Felskletterei. Zwei Jahre danach wurde auch der gut 20 Meter niedrigere, westlich des Hauptgipfels aufragende Petit Dru bezwungen. Es sollte aber noch über ein halbes Jahrhundert vergehen, bis der Petit Dru zum Ziel der besten europäischen Felsgeher wurde. Vorläufig, 1887, führten E. Rey und F. Simond den Franzosen Henry Dunond über beide Gipfel. Diese Überschreitung zählt heute zu den klassischen und interessantesten derartigen Touren (III—IV) in der Montblanc-Gruppe. Die erste führerlose Überschreitung gelang im August 1899 den Deutschen Hans Pfann und Georg Leuchs. Drei Tage später kam der unvergessene Ludwig Purtscheller bei einem Besteigungsversuch im untersten Couloir durch fremde Schuld zum Sturz und starb am 3. März 1900 an einer durch die Verletzung bedingten Lungenentzündung.

Schon 1904 wagten sich Franz und Josef Lochmatter mit Captain Ryan in die 800 Meter hohe Nordwand. Doch dafür war die Zeit noch nicht reif. Im August 1932 glückte den Genfern Robert Gréloz und André Roch der Abstieg durch die Nordwand. Ein abenteuerliches Unternehmen! Die Schweizer führten 260 Meter Seil mit, mußten acht Ringhaken opfern und 125 Meter Seil zurücklassen. Aber es vergingen weitere drei Jahre, ehe die Nordwand erobert wurde. Es gelang der hervorragenden Seilschaft Pierre Allain und Raymond Leininger vom 31. Juli bis 1. August.

Nach dem II. Weltkrieg wagte sich eine neue Bergsteigergeneration an die Westwand, die endgültig im Juli 1954 bezwungen wurde. Im folgenden Jahr vollbrachte der Italiener Walter Bonatti eine der tollkühnsten Taten in der Geschichte des Alpinismus. Er überkletterte vom 18. bis 22. August 1955 erstmals den extrem schwierigen, 750 Meter hohen Südwestpfeiler — im Alleingang.

Vom 24. bis 26. Juli 1962 fanden die Amerikaner Gary Hemming und Royal Robbins zur Westwandführe eine ideale Einstiegsvariante: Sie umgeht das stein- und eisschlaggefährdete Einstiegscouloir und stößt am Beginn der 90-Meter-Verschneidung auf die Westwandroute. Eine der schwierigsten und anstrengendsten Klettereien an der Aiguille du Dru und wohl auch im gesamten Alpenraum ist die Westwand-Direttissima von John Harlin und Royal Robbins. Die Amerikaner waren im August 1965 vier Tage in der Wand und schlugen über 200 Haken, hauptsächlich »CVM-Haken« aus Hartstahl.

Wende im Alpinismus?

Die Franzosen Guido Magnone, Adrien Dagory, Lucien Bérardini und Marcel Lainé durchkletterten vom 16. bis 19. Juli 1952 erstmals die Westwand des Petit Dru, eine Wand, von der Pierre Allain in seinem Buch »Alpinisme et Compétition« schreibt: »Da herrscht wirklich die Vertikale ganz unerbittlich, lediglich von Zeit zu Zeit durch enorme Überhänge unterbrochen. Ungeheure Platten von Protogin (Graniteis) bilden fünfzig oder hundert Meter weiter eine makellos glatte Oberfläche, den Prototyp des Unmöglichen. Hier verliert der Alpinismus seine Rechte, nur einzementierte Sprossen oder ein ähnliches Verfahren können zum Ziel führen. Das wäre jedoch kein Bergsteigen mehr, sondern Berg-Arbeit.«

Allain gehörte der Generation an, die in den dreißiger Jahren die großen Probleme in der Montblanc-Gruppe löste. Nach dem II. Weltkrieg wuchs in Frankreich eine neue Bergsteigerelite heran. Sie waren in Städten aufgewachsen, in Paris, Lyon, Grenoble, Marseille. Das Handwerk hatten sie in den Klettergärten erlernt. Es waren ausgefeilte Techniker und elegante Freigeher. Einer von ihnen, Georges Livanos aus Marseille, versuchte sich 1945 in der Dru-Westwand. Das Granitbollwerk besaß von da an eine fast magische Anziehungskraft. 1946 und 1947 kam Rébuffat: er resignierte, als er die Plattenmauer über sich sah. Ein zweiter Versuch von Livanos, diesmal am Seil mit Robert Gabriel, scheiterte. Zur gleichen Zeit wagten sich die Pariser Jean Couzy und Marcel Schatz, die schwierigster Dolomitfels zusammengeschweißt hatte, an die abweisende Mauer. Das war 1949. Im darauffolgenden Jahr wurde die Wand von Bergsteigern aus Lyon und Paris belagert. Gilbert Vignes und Lucien Bérardini gelangten zwar über den höchsten bis dahin erreichten Punkt hinaus, doch dann mußten auch sie kapitulieren. Da trat Guido Magnone, Jahrgang 1917, auf den Plan: »Der Gedanke, aus eigener Kraft und durch meinen Willen diese unbekannte Wand zu bezwingen, begeisterte mich.« Magnone ist kein Mann von großen Worten, kein lauter Kumpel, eher zurückhaltend, still, ein Realist.

Im Sommer 1949 gehörte Magnone zu den ersten zehn Seilschaften in der Piz-Badile-Nordostwand. Die Dru-Westwand, darüber war er sich klar, konnte im herkömmlichen alpinen Stil nicht bezwungen werden. Für sie mußte eine Art Expeditionsstil angewandt werden. Es war nicht schwierig, Freunde für seinen Plan zu gewinnen und auch zu begeistern. Die Ausrüstung wurde zusammengestellt: unter anderem zwei 60 Meter lange, 8,5 Millimeter starke Nylonseile, 50 Leichtmetallkarabiner, 120 Haken, 30 Holzkeile in drei verschiedenen Größen. Die Verpflegung bestand aus drei Kilogramm Speck, drei Kilogramm Käse, ein Kilogramm Süßigkeiten, Nougat, Hühnersuppen, Kondensmilch in Tuben, Nescafé, Tee. Für den Kocher wurden zwei Liter Brennspiritus mitgenommen. Und dann begann die »Expedition in der Vertikalen«, wie Magnone das Unternehmen nannte. Beim ersten Versuch (1.—5. 7. 1952) schafften sie die 90-Meter-Verschneidung. Am 16. Juli stieg die Viererseilschaft in der Nordwand hoch, querte am nächsten Tag in die Westwand und kämpfte sich am 18. Juli vollends zum Gipfel durch. War damit eine »Wende im Alpinismus« eingetreten, wie Magnone im Untertitel seines Buches »Die Westwand der Drus« fragt? Die alpine Presse reagierte nicht gerade zustimmend: »Dieses Unternehmen ist tatsächlich nichts anderes als eine gymnastische Übung großen Stils an anderem Ort« (Rivista Mensile). Heute sprechen wir nicht von einer Wende im Alpinismus, Magnone und seine Gefährten haben nur die Art des Bergsteigens gewandelt, ähnlich wie Hans Dülfer und Emilio Comici. Von da an war im Fels nichts mehr unmöglich. Die Magnone-Führe ist heute eine der meistbegangenen extremen Granitklettereien.

Aufstiege

Grand-Dru-Normalweg

Vom Refuge de la Charpoua auf Wegspuren nordostwärts zum Glacier de la Charpoua und weiter in nordöstliche Richtung durch den Gletscherbruch. Weiter oben schwach linkshaltend (rechts P. 3208) in einer Gletscherbucht, die ansteigt und in Richtung Col du Dru führt. Über den Bergschrund und über einen steilen Firnhang zu einem 10 Meter hohen Kamin (III). Danach weniger steil und schwierig in einer seichten Rinne gerade aufwärts. Weiter oben über Terrassen und Absätze zunächst schräg links, etwas später mit einer Schleife rechtshaltend und weiter empor zur Basis eines Gendarmen (Felsturmes) unmittelbar links (westlich) des

Col du Dru. Querung nach links in einer Rinne. Auf ihrer linken Seite über eine steile Platte (IV—) zu einem Band (Standhaken). Auf dem Band nach links. An seinem Ende schräg links einige Meter abseilen zu einem anderen Bändchen. Anschließend durch eine schwach ausgeprägte Rinne etliche Meter hoch. In der Folge auf Bändern nach links traversieren. Danach durch einen 8 Meter hohen Kamin (III). Kurz rechts; dann folgen weitere kurze kaminartige Risse. Anschließend kurz nach links zu einem etwa 35 Meter hohen Kamin, der auch rechts umgangen werden kann. Man gelangt zu einer geröllbedeckten Terrasse in Gratnähe. Von dort linkshaltend über Blockstufen zum Gipfel. Von der Hütte 6 bis 8 Stunden.
Charakteristik: Abgesehen von der Gletscherbegehung ist die Tour überwiegend Felskletterei im II. und III. Schwierigkeitsgrad; eine Passage IV—. Bei starker Ausaperung kann der Bergschrund unbegehbar sein (im Führerbüro Chamonix erkundigen!). Seil, Steigeisen, Eispickel, 5 bis 7 Karabiner, Abseilschnüre, für den Notfall etliche Haken. Höhenunterschied ab Randkluft etwa 440 Meter.
Übernachtung: Refuge de la Charpoua (2841 m) auf einem Felssporn im Glacier de la Charpoua. Ständig offen, 15 Lager (Dekken), kein Brennholz. Von Montenvers (Endstation der Zahnradbahn ab Chamonix) 3 bis 4 Stunden.

Dru-Überschreitung

Vom Grand-Dru-Gipfel in Richtung der Verbindungslinie beider Gipfel durch eine steile, meist vereiste Rinne etwa 8 Meter absteigen zu einer ausgesetzten Kanzel (Gratschulter). Von dort etwa 16 Meter abseilen zum Fuße eines geschweiften Kamins. Erneut abseilen (etwa 20 m) zu einem Felsblock mit gutem Stand. Anschließend etwa 35 Meter abseilen in die Scharte (Brèche du Dru) zwischen Grand Dru und Petit Dru. Abschließend über einen kurzen Blockgrat hinauf zum Gipfel des Petit Dru. Vom Grand Dru etwa 1 Stunde.
Der weitere Abstieg wird größtenteils durch Abseilen bewältigt. Beschreibung im deutschen Monblanc-Führer.

Charakteristik: Die Überschreitung der Aiguille du Dru ist eine lange (meist ein Biwak notwendig) Hochtour mit Kletterstellen im III. und IV. Schwierigkeitsgrad. Zeit: etwa 10 bis 14 Stunden. Zwei Seile (je 40 m) wegen des Abstiegs notwendig. Die Abseilstellen sind eingerichtet (Haken und Seilschlingen), sollten aber unbedingt überprüft werden. Die Dru-Überschreitung in umgekehrter Richtung (Petit Dru — Grand Dru) ist um einiges schwieriger, das heißt, die Schwierigkeiten häufen sich teilweise in ununterbrochener Folge.

Schrifttum

Karten: Massif du Mont Blanc, 1 : 20 000. Carte Vallot 1 : 50 000 Massif du Mont-Blanc.
Führer: Königer/Schubert/Werner, Montblanc-Gruppe. Bergverlag Rudolf Rother, München. CAF-Führer La Chaine du Mont-Blanc, Band III.
Literatur: Guido Magnone, Die Westwand der Drus. Wende im Alpinismus. Nymphenburger Verlagshandlung GmbH, München.

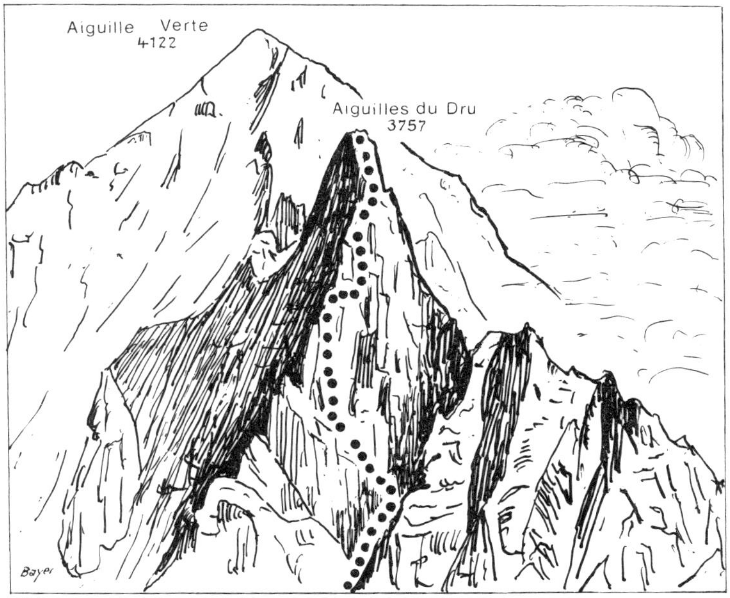

Matterhorn 4477 m

Der Löwe von Zermatt

Das Matterhorn von Findeln aus gesehen, mit (von links) Furggengrat, Ostwand, Hörnligrat, Nordwand, Zmuttgrat.

Das Matterhorn im Wallis gilt als schönster Berg der Alpen. Auch als eine Umfrage einer alpinen Zeitschrift nach den »Schönsten Bergen der Welt« suchte, erhielt der »Löwe von Zermatt« neben dem Montblanc und den Grandes Jorasses im Alpenraum die meisten Stimmen zugesprochen. Montblanc und Grandes Jorasses gefallen durch ihre ungeheure Wucht und die Masse ihres Bergkörpers, am Matterhorn dagegen begeistern die eleganten Linien der Grate in ihrer edlen Formschönheit. Den Gipfel bildet ein schmaler, fast in ostwestlicher Richtung verlaufender, 80 Meter langer horizontaler Felsgrat. Sein östliches Ende markiert der Schweizer Gipfel, das westliche der Italienische Gipfel mit dem Kreuz.

Ein formvollendetes Bild zeigt sich dem Besucher von Zermatt und vom Schwarzsee aus: schwungvoll erhebt sich der Hörnli- oder Gornergrat (NO-Grat) als Trennlinie zwischen Ost- und Nordwand. Über diesen Grat, auch »Schweizer Grat« genannt, kamen die Erstbesteiger — vor über hundert Jahren. Dieser Grat ist auch heute noch ein bevorzugtes Ziel und der Wunschtraum vieler Alpinisten, obwohl die Route alles andere als eine Genußtour darstellt. Man begeht nämlich nicht die von weitem gesehen schmal erscheinende Gratschneide, sondern steigt links davon in wenig schwierigem Felsgelände hinauf zur »Schulter«; es ist ein felsiger Steilaufschwung, über den starke Fixseile hinweghelfen. Außerdem ist der Hörnligrat an schönen Tagen überlaufen wie kaum ein anderer Anstieg. Man will halt auch einmal droben gewesen sein auf diesem einzigartigen Berg.

Der Normalaufstieg von der italienischen Seite ist der Liongrat, der Südwestgrat, an dem ebenfalls fixierte Seile das Klettern erleichtern. Über den Liongrat verlief damals am 17. Juli 1865 die zweite Besteigung des Berges durch die Italiener Jean-Antoine Carrel und Jean-Baptiste Bich. Carrel, der wagemutige »Bersagliere« aus Breuil im piemontesischen Valtournanche, war ein glühender Patriot und hätte gern die italienische Flagge auf dem umworbenen Gipfel gehißt. Aber da waren ihm Whymper und Gefährten zuvorgekommen. Carrel hatte in den Augen seiner Landsleute versagt; das konnte er Zeit seines Lebens nicht überwinden.

Alle anderen Routen sind wesentlich schwieriger. Zum Beispiel der Zmuttgrat, der Nordwestgrat, der die Nordwand rechts begrenzt. Er ist mit einer Länge von etwas mehr als drei Kilometer und einer Höhe von 1600 Meter der längste und der höchste der insgesamt vier Matterhorngrate. Seine Erstbegehung glückte am 3. September 1879 dem Engländer Albert Frederick Mummery mit den Führern Alexander Burgener, Johann Petrus und Augustin Gentinetta.

Einen tiefen Eindruck hinterläßt selbst schon beim Beschauer die 1200 Meter hohe Nordwand, eine abschreckende Mauer aus Fels und Eis über dem Matterhorngletscher. Ihre Erstdurchsteigung vom 31. Juli bis 1. August 1931 durch die Deutschen Franz und Toni Schmid — sie waren mit den Fahrrädern nach Zermatt gekommen — zählt zu den größten Leistungen in der alpinen Geschichte. Ein Jahr nach dem großen Erfolg stürzte der einundzwanzigjährige Toni Schmid in der Wiesbachhorn-Nordwestwand tödlich ab.

Den Spuren der Brüder Schmid folgten die fähigsten Alpinisten ihrer Zeit: Hermann Steuri (dritte Begehung), Gaston Rébuffat (fünfte Begehung), André Roch (sechste Begehung), Sepp Jöchler und Ernst Senn (siebente Begehung) und Kurt Diemberger (neunte Begehung). Der erste Alleingeher war Diether Marchart im Sommer 1959, die erste Dame in der Nordwand (1963) hieß Nadja Fajdiga, eine Maschinenbau-Ingenieurin aus Ljubljana.

Genau auf die Tage ein halbes Jahrhundert nach den Brüdern Schmid eröffneten die Schweizer Michel Piola und Pierre-Allain Steiner vom 28. bis 31. Juli 1981 eine neue Route — inzwischen die sechste durch die Nordwand —, und zwar in Fallinie der Zmuttnase. Dort mißt die Wand etwa 1000 Meter. Nach Angaben der Erstbegeher sind im Fels Schwierigkeiten im VI. Grad sowie Eispassagen bis 90 Grad zu bewältigen.

Sieg und Tragödie

Von den Männern, die sich sieben Jahre lang im Wettstreit um den Gipfelsieg gemessen hatten, blieben in der Endphase nur zwei Rivalen auf dem Kampffeld: Jean Antoine Carrel, der italienische Bergführer, und Edward Whymper,

Die Ostseite des Matterhorns mit Hörnligrat (rechts), Ostwand und Furggengrat (linke Begrenzung der Ostwand). Links die Dent d'Hérens.

der sportlich zähe, kühl berechnende Engländer aus London. In den entscheidenden Tagen des Juli 1865 läßt Carrel, der jahrelange Begleiter Whympers, seinen Herrn im Stich und steigt, ohne ihn zu verständigen, mit einer italienischen Gruppe von Breuil aus zum Südwestgrat hinauf. Whymper ist tief enttäuscht. Nur eine Möglichkeit gibt es für ihn, den Italienern zuvorzukommen: sofort nach Zermatt zu gehen und den Versuch über den bisher gemiedenen Nordostgrat zu wagen. Am 11. Juli schließt er sich mit dem Führer Croz aus Chamonix den Zermatter Führern Taugwalder, Vater und Sohn, sowie den Engländern Hudson, Hadow und Douglas zusammen und erreicht am 14. Juli mit seinen Gefährten als erster den Gipfel.

Dem zunächst glanzvoll erscheinenden Bergsieg folgte die Tragödie beim Abstieg. Edward Whymper berichtete: »Michel Croz hatte sein Beil bei Seite gelegt und beschäftigte sich mit Herrn Hadow, um demselben größere Sicherheit zu geben. Er hatte ihn an die Beine gefaßt und brachte seine Füße, einen nach dem anderen, in die richtige Lage. Soviel ich weiß, war keiner im eigentlichen Hinabsteigen begriffen. Mit Gewißheit kann ich nicht sprechen, weil ich die beiden Vordersten wegen einer dazwischen liegenden Felsmasse zum Theil nicht sehen konnte, aber aus den Bewegungen ihrer Schultern mußte ich schließen, daß Croz, nachdem er das eben Erwähnte gethan, sich umdrehen wollte, um einen oder zwei Schritte weiter zu gehen, als Herr Hadow ausglitt, gegen ihn fiel und ihn umwarf. Ich hörte von Croz einen Ausruf des Schreckens und sah ihn und Hadow niederwärts fliegen. Im nächsten Moment wurden Hudson und unmittelbar darauf auch Lord Douglas die Füße unter dem Leibe weggerissen.

Dies alles war das Werk eines Augenblicks. Sowie wir Croz aufschreien hörten, pflanzten der alte Peter und ich uns so fest auf, als das Gestein uns gestattete. Das Seil war zwischen uns straff angezogen, als wenn wir blos Einer wären. Wir erhielten uns, aber zwischen Taugwalder und Lord Douglas riß das Seil. Einige Secunden lang sahen wir unsere unglücklichen Gefährten auf den Rücken niedergleiten und mit ausgestreckten Händen nach einem Halt suchen. Noch unverletzt kamen sie uns aus dem Gesicht, verschwanden Einer nach dem Anderen und stürzten von Felswand zu Felswand auf den Matterhorn-Gletscher oder in eine Tiefe von beinahe viertausend Fuß hinunter. Von dem Augenblicke, wo das Seil riß, war ihnen nicht mehr zu helfen . . .

In den nächsten Stunden glaubte ich stets, daß der nächste Augenblick mein letzter sein werde, denn die Taugwalder hatten allen Muth verloren und konnten mir nicht blos keine Hülfe leisten, sondern befanden sich auch in einem solchen Zustande, daß sich jeden Augenblick ein Ausgleiten von ihnen erwarten ließ . . .

Um sechs Uhr Abends standen wir auf dem Schnee des nach Zermatt hinunterführenden Grats und hatten alle Gefahren überwunden . . .«

Aufstiege

Hörnligrat

Von der Hörnlihütte beziehungsweise vom Hotel Belvédère zunächst Wegspuren folgen zum Fuß der Felsen. Über eine Wandstufe und etwas weiter oben links in ein Couloir, das in einen Kamin übergeht. Anschließend etwa ¼ Stunde über den Grat, worauf sich die Route links in die Ostwand wendet. Nach etwa 50 Meter auf einem Band weiter. Von seinem obersten Ende gerade hoch bis etwa 25 Meter unter den Grat. Links zu einer Felsrippe. Auf ihr bis 50 Meter unter den Grat. Erneut linkshaltend zur Basis eines dunklen Turmes, der links umgangen wird. Kurz danach wird die Solvayhütte sichtbar, zu der es noch ¾ Stunden sind. Von der kleinen Hütte (4003 m, Notunterkunft) linkshaltend und über die »Obere Moseleyplatte« zum Grat, der zur Gipfelwand führt, die durch Fixseile begehbar ist. (Die Erstbegeher umgingen den Aufschwung rechts in der Nordwand, wo beim Abstieg das Unglück geschah.) Am Ende der fixen Seile erreicht man geneigteres Gelände, über das es zum Schweizer Gipfel geht. Von dort auf schmalem Grat hinüber zum Italienischen Gipfel. Von der Hörnlihütte 5 bis 6 Stunden.

Charakteristik: Der Aufstieg verläuft überwiegend im Fels; der oberste Teil des Gipfelaufbaues ist kombiniert; 1200

Meter Höhenunterschied. Steigeisen, Seil, Eispickel erforderlich. Schwierigkeitsgrad I, etliche Stellen III–; Steinschlaggefahr. Günstigste Jahreszeit: Spätsommer.
Übernachtung: Hörnlihütte (3260 m) oder Hotel Belvédère (2584 m). Von Zermatt auf markiertem Weg 4½ Stunden oder mit der Seilbahn zum Schwarzsee und von dort in 2 Stunden. Beide Hütten sind stark frequentiert.

Liongrat

Vom Rifugio Luigi Amédée oder vom Rifugio Carell um einen großen Felsturm herum zu einem Band und hinauf zu einer Scharte im Grat. Mittels eines Fixseiles hoch zu einem Sporn, hinter dem ein Band verläuft. Anschließend am Westrand eines kleinen Firnfeldes hinauf zum sogenannten »Tyndallseil«. Oberhalb weiter über den Tyndallgrat zur Enjambée (4249 m). Anschließend teilweise links und rechts vom Grat zu einem Band, von dem aus Fixseile weiter zur Höhe helfen. Vom Ende des obersten Seiles ist es dann nicht mehr weit zum Italienischen Gipfel. Von der Hütte 5 bis 6 Stunden.
Charakteristik: Kombinierter Aufstieg, wobei das Felsgelände überwiegt; 700 Meter. Steigeisen erforderlich. Schwierigkeitsgrad I bis III. Steinschlaggefahr durch Voraussteigende. Günstigste Jahreszeit: Spätsommer.
Übernachtung: Rifugio Luigi Amédée (3825 m) auf dem Liongrat. Von Breuil 6 bis 7 Stunden (kombinierter Aufstieg). Rifugio Carrel (3820 m) etliche Meter unterhalb der Amédée-Hütte. Beide Hütten sind ganzjährig geöffnet; Schlafräume, Kochgelegenheit.

Zmuttgrat

Von der Hörnlihütte beziehungsweise vom Hotel Belvédère zu Füßen der Nordwand über den Matterhorngletscher zur Firnschneide des Grates und auf ihm hinauf zu den »Zmuttzähnen« (3900 m). Weiter oben, in etwa 4150 Meter, rechts in Richtung Liongrat einem schwach ausgeprägten Band folgen. Von seinem Ende zur »Galerie Carrel«, die links zum Zmuttgrat zurückführt, der am Schluß durch eine Kaminreihe erreicht wird. In der Folge auf dem Grat empor zum Italienischen Gipfel. Von der Firnschneide 6 bis 8 Stunden.
Charakteristik: Kombinierter Anstieg. Im oberen Teil bei schlechtem Wetter schwierig zu finden. Schwierigkeitsgrad III bis IV–. Im oberen (felsigen Teil) Steinschlaggefahr durch vorangehende Seilschaften. Beste Jahreszeit: Spätsommer.
Übernachtung: Hörnlihütte oder Hotel Belvédère. Von der Schönbielhütte ist der Zugang zum Grat um etwa 1 Stunde länger und anstrengender.

Schrifttum

Karten: Landeskarte der Schweiz im Maßstab 1:50000 Blatt Arolla (Nr. 283) und Blatt Mischabel (Nr. 284).
Führer: Ludwig Weh, Auswahlführer Walliser Alpen. Bergverlag Rudolf Rother, München. – SAC-Führer Walliser Alpen, Band II.
Literatur: Dumler/Burkhardt, Die Viertausender der Alpen. Bergverlag Rudolf Rother, München.

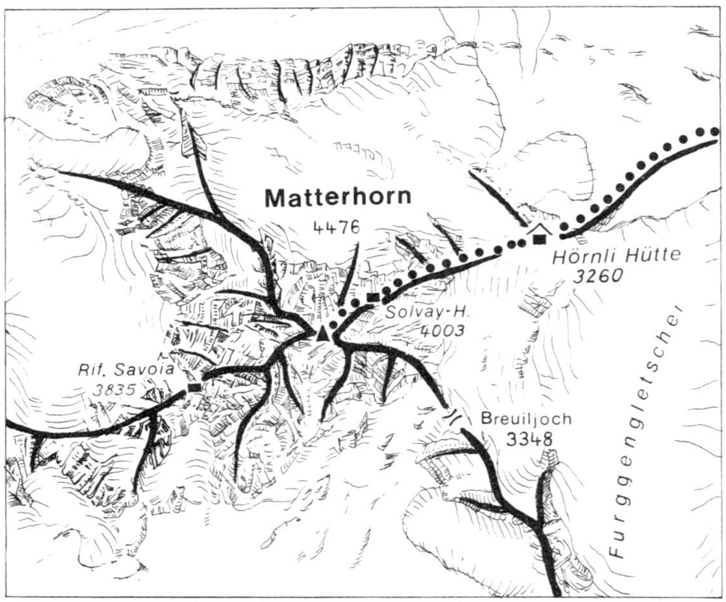

Monte Rosa 4634 m

Höchster Gebirgsstock der Alpen

Der Monte-Rosa-Stock ist eine kleine Gebirgsgruppe für sich und der höchste Bergstock der Alpen. Allein acht seiner Gipfel sind über 4000 Meter hoch. Die Dufourspitze, der Hauptgipfel des Massivs, ist der höchste Gipfel der Schweiz.
Die Bezeichnung »Monte Rosa« bedeutet soviel wie Gletscherberg; mit deutschem Namen hieß der Berg einst »Gornerhorn«. Die Dufourspitze wurde erst im Januar 1863 so getauft: nach Guillaume Henri Dufour, einem verdienstvollen Schweizer, der die sogenannte Dufour-Karte schuf, eine topographische Karte der Schweiz im Maßstab 1 : 100 000.
Der Monte Rosa hat drei Gesichter: von Osten gesehen zeigt er sich mit der ganzen Großartigkeit eines 2000 Meter hohen Wandabbruchs. Im Süden oberhalb von Alagna bietet er die günstigsten Aufstiege, die durch die Seilbahn zur Punta Indren erheblich verkürzt werden können. Auf der Schweizer Seite schließlich weist der Bergstock sanfte Formen auf.
Im Jahr 1778 brachen sieben junge Männer aus Gressoney auf, um nach dem sagenhaften »Thal der Glückseligkeit« jenseits der Eisberge des Monte Rosa zu suchen: Jean-Joseph Zumstein, Jean-Etinne Lisge, Jean-Joseph Beck, Franz Castell De Perletoe, Sebastian Linty und Nicolas Vincent. Sie erreichten das Lysjoch und blickten von einer kleinen Felsinsel, die später den Namen »Entdeckerfels« erhielt, ins »gelobte Land« des Mattertals. Heute ist das Lysjoch der beste Übergang vom Rifugio Gnifetti zur Monte-Rosa-Hütte und Ausgangspunkt für die Besteigung der Ludwigshöhe (4341 m) über den unschwierigen Nordwestrücken.
Als erster Viertausender im Monte-Rosa-Stock soll 1801 die Punta Giordani (4046 m) von dem Arzt Dr. Pietro Giordani aus Alagna bestiegen worden sein; es ist jedoch nicht sicher. Die Vincent-Pyramide (4215 m), der südlichste Gipfel im Monte-Rosa-Stock, wurde am 5. August 1819 erstmals bestiegen; es war Johann Niklaus Vincent, der Eigentümer der Goldminen am Monte Rosa, mit zwei Mineuren und einem Gemsjäger. Am 9. August 1842 fiel dann auch die Signalkuppe (4556 m), auf der die höchstgelegene Hütte (Rif. Margherita) der Alpen steht.
Beim Versuch, die Dufourspitze zu erreichen, war man in der ersten Hälfte des 19. Jahrhunderts schon einige Male bis zum Silbersattel, dem höchsten Paßübergang (4517 m) der Alpen gelangt. Der Weiterweg von dort zum Gipfel erwies sich aber für die damalige alpine Technik zu schwierig. Trotzdem wurde bei diesen Versuchen 1848 der 4596 Meter hohe Grenzgipfel erreicht. Am 1. August 1855 fiel dann die Entscheidung: Das englische Brüderpaar Grenville und Christopher Smyth, Charles Hudson, der spätere Matterhornbezwinger, John Birkbeck und E. J. Stevenson sowie die Führer Matthias und Johann Zumtaugwald und Ulrich Lauener fanden einen Weg zur Dufourspitze; er führte jedoch nicht über den Silbersattel, sondern über den Westgrat, den sie über den Monte-Rosa-Gletscher erreichten. Wie bei vielen anderen Gipfeln, ist auch bei der Dufourspitze die Route der Erstbesteiger der Normalweg der Folgezeit geworden (auch II). Skibergsteiger lassen in der Mulde unterhalb des Westgratsattels die Brettln zurück und müssen das letzte Stück zu Fuß schaffen, am besten mit Steigeisen.

Die Macugnaga-Wand

Der namhafte österreichische Bergsteiger Victor Wessely dürfte einer der ersten gewesen sein, der vom Mailänder Dom um die Jahrhundertwende die Monte-Rosa-Ostwand bewußt mit dem Auge suchte:
»Von den ungezählten Fremden, die jahraus, jahrein die Straßen Mailands durchwandern, versäumt es sicherlich keiner, den weltberühmten Dom zu besichtigen. Nur ein geringer Bruchteil von ihnen aber unternimmt es, die 494 Stufen zu erklettern, die auf den Rundgang seines gotischen Turmes führen. Diejenigen freilich, die sich dieser Mühe unterziehen, werden sich dafür durch die prachtvolle Rundschau reichlich belohnt sehen. Weithin fliegt der Blick über die lombardische Tiefebene und er findet erst seine Grenze an dem imposanten Bau der Alpen, die einer vielhunderttürmigen, schirmenden Festung gleich jene beherrschen . . .
Von allen Bergesgipfeln nun, die wir von hier aus erspähen, lenkt sich der Blick unwillkürlich einem Gebirgsstock zu, der mit weithin leuchtenden Schneefeldern vielzackig inmitten der Penninischen Alpen thront. Diese Gipfelzacken sind die

Blick vom Gornergrat zum mächtigen Monte-Rosa-Stock mit dem spitzen Gipfel des Nordends und der Dufourspitze (rechts davon).

Krone einer ungeheuren Wand, die aus arktischer Kälte bis in die heißen Gefilde Italiens herniedersteigt. Vom Dom aus kann man diese Wand allerdings nicht übersehen, wo immer sich aber ihr Anblick bietet, da wird er nicht verfehlen, auf den Beschauer den mächtigsten Eindruck auszuüben. Namentlich aus der Nähe, von Punkten, die ihr gegenüberliegen, aus betrachtet, so von der Alpe Pedriolo oder den Hängen des Colle delle Loccie aus, gewährt diese Riesenmauer ein Bild, dem an Majestät nur weniges in den Alpen gleichgestellt werden kann. Es gibt eben einzelne Schaustücke im Hochgebirge, die in ihrer Art nicht wiederkehren.

Nur der Montblanc kann sich des Pentereygrates rühmen, einzig ist die Gestalt des Matterhorns; es gibt aber auch in den gesamten Alpen keinen zweiten Wandabsturz, der in demselben Maß Höhe und räumliche Ausdehnung, Wildheit und Steilheit der Flanken ebenso in sich vereinigen würde, wie die Ostwand des Monte Rosa. Über 2000 m beträgt der Höhenunterschied zwischen dem Gipfelkamm und dem Fuß der Wand, und Stunden vergehen von dem Augenblick, wo des Sonnenballs helloderndes Licht die höchsten Zinnen beleuchtet, bis dahin, wo es die Bewohner Macugnagas aus friedlichem Schlummer erweckt. Von Osten, von der italienischen Seite muß man daher auch den Monte Rosa betrachten, um einen Begriff von der Großartigkeit des Berges zu erlangen, und nicht bloß von der Schweizer Seite, wo er weit sanftere Formen aufweist und gegenüber der Kolossalgestalt des Matterhorns nicht zur Geltung gelangt.«

Der erste Versuch in der »Macugnaga-Wand«, deren glitzernder Eismantel an besonders klaren Tagen sogar bis hinunter zum Golf von Genua blinkt, wird dem italienischen Grafen Morozzo im Jahre 1787 zugeschrieben. Auf einer Höhe von 2900 Meter weigerten sich seine Führer jedoch energisch, den Aufstieg fortzusetzen. Nach Morozzo wagte sich niemand mehr in die Wand. Hier wie im gesamten Alpenraum lebten damals die Menschen in abergläubischer Furcht vor dem ewigen Eis.

Erst im Jahr 1872 gelang es den Briten Richard und William Pendlebury sowie Reverend Charles Taylor, dem Schweizer Ferdinand Imseng, dem Italiener Giovanni Oberto und dem Tiroler Gabriel Spechtenhauser trotz ständiger Lawinengefahr in zwei Tagen die Monte-Rosa-Ostwand erstmals zu durchsteigen — eine für die damalige Zeit sensationelle Tour! Die Lawinengefahr wurde auch von den Zweitdurchsteigern, Robert von Lendenfeld mit den Führern C. Imseng, Joseph Knubel und einem Träger im August 1880 erkannt. Doch ein Jahr später, 1881, geschah dann das Unglück: Damiano Marinelli und die Führer Ferdinand Imseng und Battista Pedranzini wurden von einer 50 Meter breiten Eislawine in die Tiefe gerissen; nur der Träger Corsi überlebte. Er hatte die Rinne, durch welche die tödliche Lawine zu Tal donnerte, noch nicht betreten. Der Fehler der Seilschaft war gewesen, nicht auf dem »Jägerrücken« zu biwakieren, sondern höher in die Wand vorzudringen; so wurden die Männer bei der Querung des heutigen »Marinelli-Couloirs« von den Eismassen überrascht.

Die dritte Durchsteigung glückte dann 1883 dem Leipziger Professor Dr. Karl Schulz mit den Schweizer Führern Alexander Burgener und Clemens Perren bei sehr guten Firnverhältnissen in der für damals schon fast sensationellen Zeit von achteinhalb Stunden ab dem »Jägerrücken«, auf dem seit 1886 in 3036 Meter das Rifugio Marinelli steht.

Inzwischen ist die Ostwand schon mit Ski durchfahren worden, und zwar am 20. Juli 1969 von den Österreichern Kurt Lapuch und Manfred Oberegger in zwei Stunden von der Zumsteinspitze zum Rifugio Marinelli. Trotzdem ist die Wand heute noch so gefährlich wie vor hundert Jahren.

Aufstiege

Dufourspitze-Normalweg

Von der Monte-Rosa-Hütte zunächst über Geröll, dann in den Firn des Oberen Plattje. Es folgt die Querung eines Spaltengewirrs (anseilen!). Danach durch eine Mulde und in der Fortsetzung über den gleichmäßig geneigten Monte-Rosa-Gletscher in etwa 4 Stunden in eine Mulde, von der es nordseitig hochgeht, jetzt steiler, zum Sattel im Westgrat. Nun beginnen die eigentlichen Schwierigkeiten: Vom Sattel auf

Die Westflanke des Monte Rosa mit Gornergletscher. Links der Gornergrat.

dem Westgrat, der anfangs von einer breiten Firnrippe gebildet wird, empor. Danach über einen Felsbuckel hinweg, durch einen kleinen Firnsattel und hinauf zum Beginn des anfangs schmalen Gipfelgrates. Ein Aufschwung wird links (nördlich) durch ein Couloir ansteigend überwunden. Weiter in eine Scharte, von der ein kurzer Kamin zum Gipfel leitet. Von der Monte-Rosa-Hütte 5½ bis 6 Stunden.
Charakteristik: Der Aufstieg verläuft größtenteils auf dem Gletscher; Steilhang zum Sattel etwa 45 Grad. Ab dem Sattel über den Westgrat kombinierte Tour; bei normalen Verhältnissen I. bis II. Schwierigkeitsgrad. Höhenunterschied etwa 1850 Meter von der Monte-Rosa-Hütte bis zum Gipfel. Bei Sturm, starker Vereisung oder nach Neuschneefällen kann der Westgrat zum Problem werden. Steigeisen, Eispickel und Seil erforderlich.
Übernachtung: Monte-Rosa-Hütte (2795 m) über dem Grenzgletscher, eine der größten Schutzhütten in der Schweiz (128 Schlafplätze). Bewirtschaftet vom 15. März bis 15. September; viel besucht. Von der Station Rotenboden (Gornergratbahn von Zermatt) über den Gornergletscher 2¼ Stunden; Spaltengefahr.

Dufourspitze-Skiweg

Der Skiweg ist im großen und ganzen gleichlaufend wie der Sommerweg über den Monte-Rosa-Gletscher bis zur Mulde unterhalb des Sattels, in welcher die Ski deponiert werden. Von dort mit Steigeisen in den Sattel und weiter über den Westgrat zum Gipfel. Beste Zeit: Ostern bis Anfang Juni.

Ostwand

Vom Rifugio Marinelli absteigend (¼ Std.) zum »Marinelli-Couloir«, das an seiner schmalsten Stelle traversiert wird. Anschließend über den »Imsengrücken« hoch, bis die Felsen vom Eis abgelöst werden. Von dort am linken Rand des Couloirs die Firnhänge hoch; die Seracs läßt man am besten links liegen. In Höhe der obersten Seracs quert man links (südwärts), um anschließend den bis zu 55 Grad geneigten Hang des Grenzgipfels zu durchsteigen. Vom Grenzgipfel in ½ Stunde zur Dufourspitze. Im obersten Teil sind Varianten möglich. Vom Rifugio Marinelli zwischen 6 und 12 Stunden.
Charakteristik: Großzügige Eisfahrt, überwiegend etwa 40 Grad geneigt, steilste Stellen bis 55 Grad. Objektiv sehr gefährliche Stellen: »Marinelli-Couloir«, oberes Ende des »Imsengrükkens«, Gipfelhang.
Übernachtung: Rifugio Marinelli (3036 m) auf dem Crestone Marinelli, 12 Schlafplätze, Herd (kein Holz), wegen Schlüssel in Macugnaga-Staffa nachfragen. Von Belvedere (Seilbahn ab Macugnaga-Pecetto) über das Rifugio Zamboni-Zappa 3 Stunden.

Schrifttum

Karten: Landeskarten der Schweiz 1:50000 Blatt Mischabel (Nr. 284) und Blatt Gressoney (Nr. 294).
Führer: Ludwig Weh, Auswahlführer Walliser Alpen. Bergverlag Rudolf Rother, München. – SAC-Führer Walliser Alpen, Band III.
Literatur: Dumler/Burkhardt, Die Viertausender der Alpen. Bergverlag Rudolf Rother, München.

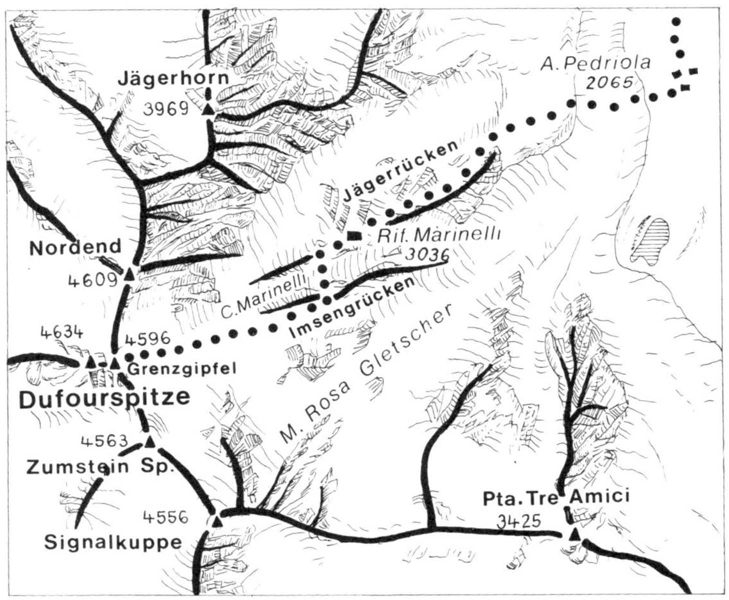

Eiger 3970 m

Das Ungeheuer

Die berühmt-berüchtigte Eiger-Nordwand. Deutlich sind die Eisfelder, die Rampe, der »Götterquergang« rechts in die »Spinne« und die Ausstiegsrisse zu erkennen. Rechts der Mönch (4099 m).

Nur 30 Meter fehlen dem Eiger, dem Eckpfeiler der Jungfrau-Gruppe in den Berner Alpen zu der für alpine Begriffe magischen Höhe von 4000 Meter. Und gerade weil er noch kein Viertausender ist, wurde seine gefährliche Nordwand — so unglaublich das auch erscheinen mag — in manchem Sommer fast ebenso oft durchstiegen wie die Westflanke, in welcher der Normalweg verläuft.

Was bedeutet Eiger? Der bekannte Genfer Alpinjournalist Dr. Guido Tonella leitet das Wort Eiger von »Ogre« beziehungsweise »Oger« ab, was im Dialekt des Berner Oberlandes und im Grindelwalder Tal soviel heißt wie Menschenfresser, menschenfressender Riese.

Die Erstbesteigung des »Menschenfressers« fiel in das Jahr 1858, also in das »Goldene Zeitalter« des Alpinismus. Charles Barrington wurde von den Grindelwalder Führern Christian Almer und Peter Bohren, dem »Gletscherwolf«, begleitet. Ihre Ausrüstung entsprach der damaligen Zeit. Die Erstbesteiger benützten am 11. August nicht den Normalweg unserer Tage, sondern hielten sich näher an den Westgrat. Während des ganzen Aufstieges soll der Brite und nicht etwa einer der Führer geführt haben. Der erste Schritt in der Eiger-Erschließung war damit getan; 1874 wurde der Südwestgrat bezwungen, zwei Jahre später der Südgrat. Die erste Winterbesteigung erfolgte am 7. Januar 1890 durch die Engländer Meade und Woodroff mit den Führern Ulrich Kaufmann und Christian Jossi. Einer Sensation gleich kam 1885 der Abstieg über den Mittellegigrat (Nordostgrat) durch Moritz von Kuffner mit den Führern Alexander Burgener, J. M. Biner und A. Kalbermatten; dabei wurde die obere Steilstufe des schmalen, türmereichen Grates mittels Abseilen bewältigt. Erst 1921 wurde dieser Grat auch im Aufstieg bezwungen: Fritz Amatter — er war schon 1904 und 1912 an Versuchen beteiligt gewesen —, Fritz Steuri und Samuel Brawand führten den siebenundzwanzigjährigen Japaner Yuko Maki, der dann fünfunddreißig Jahre später die erfolgreiche japanische Manaslu-Expedition leitete. Sie erreichten den Grat in einer Höhe von etwa 3354 Meter von der Station Eismeer der 1912 eingeweihten Jungfraubahn und gelangten am 10. September gegen 19 Uhr zum Eigergipfel. Als künstliches Hilfsmittel war »eine achtzehn Fuß lange Stange mit eingehängtem Seil, unten mit zwei festen und einer verschiebbaren Spitze beschlagen« mitgeführt worden. Darüber hinaus wurden 120 Meter Fixseile angebracht. Dieselben Führer überkletterten 1927 mit den Japanern Matsukata und Uramatsu auch den unteren Gratteil, das »Hörnli«, wobei Mauerhaken, Holzpflöcke und sogar Steinbohrer zur Anwendung gelangten.

Die Epoche der Nordwanddurchsteigungen wurde eingeleitet mit der Bezwingung der Nordostwand am 20. August 1932 durch Hans Lauper und Alfred Zürcher mit den Führern Alexander Graven und Joseph Knubel. Und dann, im Jahre 1938, wurde die 1600 Meter hohe Nordwand durchstiegen. Der Eiger rückte ins Blickfeld der Öffentlichkeit. Er wurde zu einem von Sensationen umwitterten Berg, an dem sich Tragödien abspielten. Die fähigsten Alpinisten ihrer Zeit maßen ihre Kräfte an der Wand. Die Eiger-Nordwand wurde im Winter (Almberger, Kinshofer, Mannhardt, Hiebeler) durchstiegen, im Alleingang (Darbellay) und natürlich auch von einer Frau (Daisy Voog). Im Februar und März 1966 eröffneten konkurrierende schwäbische und amerikanische Bergsteiger eine Direttissima. Dabei stürzte John Harlin in den Tod. Während der Monate Juli und August des Jahres 1969 arbeitete sich eine japanische Mannschaft rechts der klassischen Route zum Gipel hoch. Ausrüstung und Proviant wogen 1000 Kilogramm; das ganze Unternehmen kostete 80 000 Mark. Anfang einer »neuen« Epoche!

Nordwand — Mordwand

Die 1600 Meter hohe, von Eisfeldern durchsetzte Eigerwand ist eine ungewöhnliche Wand. Eingelagert in den Bergstock, leicht nach innen gerundet und beiderseits von steilen Felsabstürzen begrenzt, wird sie nur kurze Zeit am Tag von der Sonne gestreift. Dann erwacht die Wand und schickt Steinschlagsalven in die Tiefe. Da der Berg ein Eckpfeiler ist, also in vorgelagerter Position, ist er mehr als andere Gipfel dem Wetter ausgesetzt; die Schlechtwetterwolken bleiben am Eiger hängen, entleeren sich, bringen Hochgewitter, Sturm,

In der Westflanke des Eigers verläuft der Normalweg nahe des Grates; links die düstere Nordwand.

Regen, Schneefall. Darin liegen die Hauptgefahren der Eiger-Nordwand, und nicht, wie vielfach angenommen wird, in den klettertechnischen Schwierigkeiten. Außerdem ist die Nordwand nicht ganz so steil, wie es scheint. Die Eiger-Nordwand ist genau betrachtet verhältnismäßig gut gegliedert. Die Wertung »glatt und absolut unersteigbar . . .« hat vor über 100 Jahren der Engländer A. W. Moore ausgesprochen, als er vom Westgrat einen Blick in die Nordwand warf. Doch schon in den dreißiger Jahren unseres Jahrhunderts kannte man den Begriff »unersteigbar« nicht mehr. Man wagte sich an bis dahin für »unmöglich« gehaltene Felswände. In der Eigerwand erfolgte der erste bedeutende Vorstoß durch bayerische Bergsteiger: Max Sedlmayer und Karl Mehringer stiegen am 21. August 1935 gegen zwei Uhr morgens in die Wand ein. Sie hatten vorher die Nordwand tagelang beobachtet und waren sich der Größe ihres Unternehmens vollauf bewußt. Das geht schon aus der Tatsache hervor, daß sie Proviant für sechs Tage mitnahmen. Die Münchner kletterten vom Einstieg weg in der Gipfelfallinie, rund 200 Meter westlich der sogenannten Bügeleisen-Fallinie. Am ersten Tag kamen sie über das Fenster der Station Eigerwand hinaus. Das zweite Biwak wurde am oberen Rand des 1. Eisfeldes bezogen. Am dritten Tag zog Nebel in die Wand. Am folgenden Tag, einem Samstag, herrschte ununterbrochen schlechtes Wetter. Nur am Sonntag riß das wallende Gebräu für kurze Zeit auf. Sedlmayer und Mehringer wurden von der Kleinen Scheidegg aus beobachtet. Sie kletterten zu den Felsen des »Bügeleisens«: es war ihr letztes Lebenszeichen . . . Schon im folgenden Jahr (1936) stiegen gleich vier Mann in die Nordwand ein. Es waren die Berchtesgadener Anderl Hinterstoißer und Toni Kurz sowie die Österreicher Edi Rainer und Willi Angerer — alles ausgezeichnete Alpinisten. Sie folgten im unteren Wandteil nicht den Spuren der Verunglückten, sondern hielten sich an eine mehr von der Natur vorgeschriebene Route, die objektiv sicherer war. Hinterstoißer fand mit Hilfe eines Seilquergangs den Zugang zum 1. Eisfeld. Danach wurde das Quergangsseil abgezogen. Sie konnten nicht wissen, daß ihnen das zum Verhängnis werden sollte. Die Vier gelangten bis zum »Todesbiwak« ihrer Vorgänger. Doch einer von ihnen, vermutlich Angerer, war verletzt. Man entschloß sich zum Rückzug. Nach vier Tagen in der Wand erreichten sie wieder den sogenannten Hinterstoißer-Quergang, ohne ihn jedoch in der umgekehrten Richtung bewältigen zu können. Notgedrungen versuchten sie den direkten Abstieg. Ein Wettersturz kam. Die Wand war vom Toben der Elemente erfüllt; sie wurde zur Hölle. Alle vier mußten sterben, Toni Kurz in Reichweite einer Rettungsmannschaft. Diese damit insgesamt sechs Toten in der Wand veranlaßten die Berner Regierung zu einem Durchsteigungsverbot, das jedoch bald wieder aufgehoben wurde. Im August 1937 verbrachten Ludwig Vörg und Hias Rebitsch, vielleicht der beste Felsgeher seiner Zeit, über 100 Stunden in der Nordwand — und kehrten vom »Todesbiwak« wieder zurück. Sie hatten nämlich am »Hinterstoißer-Quergang« die Seile hängen lassen. Nun wußte man, daß die Eigerwand keine tödliche Falle sein mußte. Doch schon im nächsten Sommer ereignete sich das nächste Unglück in der Wand. Ihre Opfer waren am 21. Juni 1938 die hervorragenden Dolomitenkletterer Mario Menti und Bartolo Sandri. Erst Anderl Heckmair, Ludwig Vörg, Fritz Kasparek und Heinrich Harrer entrissen dem »Menschenfresser« sein Geheimnis; sie bezwangen die Nordwand vom 21. bis 24. Juli 1938. Es war eine der bedeutendsten Leistungen in der alpinen Geschichte. Wiederholer blieben nicht aus, aber auch der Tod hielt in der Folgezeit reiche Ernte. Über sechzig Bergsteiger sind bis zum heutigen Tag in der »Mordwand« tödlich verunglückt.

Aufstiege

Normalweg

Von der Station Eigergletscher (der Jungfraubahn) auf Pfadspuren um die Südbasis des Rotstockes herum und über geröllbedeckte Platten empor zur Einsattelung zwischen Rotstock (links) und Westflanke. Anschließend rechtshaltend entlang des linken Randes eines Firnfeldes hinauf zu dem meist schneegefüllten Couloir, dem man in kombiniertes Gelände folgt. Auf den Geröllhängen zunächst rechts, etwas

später links den Wegspuren folgen. Man hält sich in Richtung Westgrat, wobei über geröllbedeckte Bänder der »Frühstücksplatz« erreicht wird. Er befindet sich oberhalb des »Känzeli«, eines aus der Nordwand hervorragenden Felsturms. Anschließend hinauf zur Kante des Westgrates. Von dort hält man sich im großen und ganzen an die Gratnähe, kann aber auch teilweise weiter rechts in die Flanke ausweichen. Von der Station Eigergletscher etwa 4½ bis 5 Stunden.
Charakteristik: Kombinierter Anstieg, wobei das Felsgelände überwiegt, Höhenunterschied 1650 Meter, Schwierigkeit: I—II. Bei Nebel, Nachteinbruch oder Neuschnee ist die Route schwierig zu finden. Im unteren Teil Markierung durch Steinmänner. Stellenweise Steinschlaggefahr. Beste Jahreszeit: Juli bis September. Seil, Steigeisen, Pickel.
Übernachtung: Eigergletscher-Hotel (2320 m) an der Station der Jungfraubahn an der Basis des Eiger-Westgrates. Auffahrt mit der Bahn von Grindelwald oder Lauterbrunnen.

Mittellegigrat

Von der Mittellegihütte kurz ansteigen, dann Abstieg (II+) über eine Felsnase zur Scharte vor dem ersten fixierten Seil. Weiter den Sicherungen folgen. Der große, etwa 100 Meter hohe Grataufschwung, an dem alle früheren Besteigungsversuche (insgesamt 14) gescheitert waren, wird nordseitig mit Hilfe des längsten Fixseiles am Grat bewältigt. Danach folgen noch zwei weitere, niedrigere Grataufschwünge; dann wird das Gelände weniger steil. Anschließend über den verfirnten Gipfelrist. Die scharfe Firnschneide wird meist südseitig (links) auf schmalen, leicht geneigten Felsbändern umgangen. Von der Mittellegihütte 4 bis 6 Stunden.
Charakteristik: Trotz der Fixseile ist der Mittellegigrat eine hochalpine, keinesfalls leichte Tour; denn schon allein der Aufstieg zur Mittellegihütte wird stellenweise mit II+ bewertet. Das Hochziehen an den Seilen ist, vor allem bei Vereisung, sehr anstrengend. Höhenunterschied ab Mittellegihütte: 650 Meter, Gratlänge etwa 1500 Meter. Schwierigkeitsgrad: II—III. Seil, Pickel, Steigeisen, etliche Karabiner. Beste Jahreszeit: Juli bis September. Überschreitung Mittellegigrat-Westflanke etwa 10 Stunden. Bei Abstieg vom Eigergipfel zur Station Eigergletscher ist darauf zu achten, daß man nicht zu weit links in die Westflanke gerät!
Übernachtung: Mittellegihütte (3354 m) auf dem gleichnamigen Grat zu Füßen seiner Steilaufschwünge. 14 Lager, kein Hüttenwart. Bester Zugang von der Station Eismeer (Jungfraubahn ab Grindelwald) 1½ bis 2 Stunden.

Schrifttum

Karten: Landeskarte der Schweiz 1:50000 Blätter Jungfrau (Nr. 264), Interlaken (Nr. 254), Sustenpaß (Nr. 255), Nufenenpaß (Nr. 265) oder Sonderblatt Berner Oberland (Nr. 5004).
Führer: Werner und Margrit Munter. Gebietsführer Berner Alpen. Bergverlag Rudolf Rother, München.
SAC-Hochgebirgsführer Berner Alpen, Band IV.
Literatur: Toni Hiebeler, Abenteuer Eiger. Albert Müller Verlag AG, Rüschlikon-Zürich. Heinrich Harrer, Die Weiße Spinne. Die Geschichte der Eiger-Nordwand, Ullstein, Berlin.

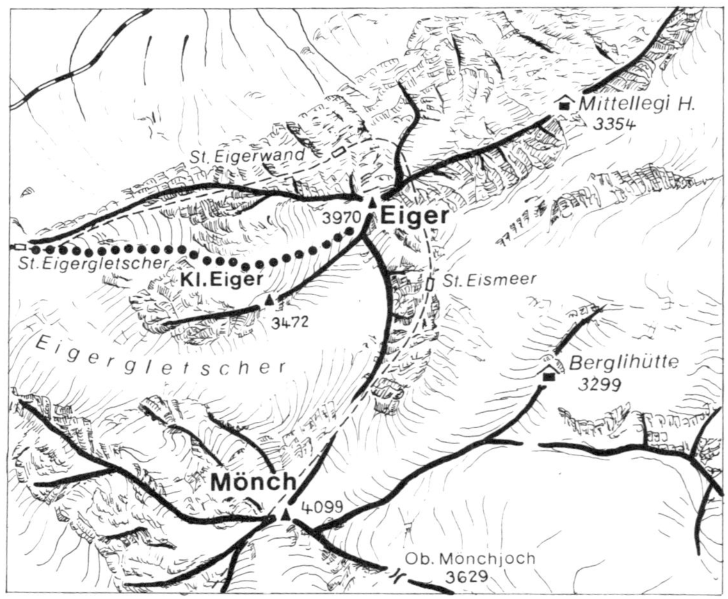

Pilatus 2128 m

Geisterberg am Vierwaldstättersee

Abgesondert vom Alpenhauptkamm erhebt sich bei Luzern am Vierwaldstättersee ein von Mythen und Sagen umwobener Gipfel, der Pilatus. Im 2. Jahrhundert vor Christus verehrte man ihn als heiligen Berg, und er war Schauplatz von Druidenzeremonien. Das Gebiet wurde von den Helvetiern, einem keltischen Bauernvolk, bewohnt. Als die Römer das Land besetzten, tauften sie den heiligen Berg »mons fractus«, das bedeutet »geborstener, zerbrochener Berg«. Zu jener Zeit — und damit beginnt die Pilatussage — hatte der Prokurator der römischen Provinz Judäa, Pontius Pilatus, Selbstmord begangen, weil er bei Kaiser Tiberius in Ungnade gefallen war. Sein Körper wurde in den Tiber geworfen. Da erhob sich ein furchtbarer Sturm und richtete schreckliche Verwüstungen an. Die Leiche wurde wieder geborgen. Auf Umwegen kam sie in die Schweiz nach Lausanne und wurde schließlich auf den Frakmont, den »mons fractus«, verbannt und dort in einen kleinen, sumpfigen Tümpel geworfen. Sogleich brachen heftige Stürme aus mit Hagel und sintflutartigen Regenfällen. Die Talbewohner gerieten in Panik. Man schickte einen Magier zum Gipfel, dem es gelang, den Geist des Pilatus zu beschwören. Danach kehrte wieder Friede in das Gebiet ein.

Im Mittelalter fürchtete man die Berge und mied sie aus abergläubischen Vorstellungen heraus, aber auch aus tief empfundener religiöser Ehrfurcht vor der Größe der Schöpfung. Mit der Renaissance, deren Beginn man etwa 1500 ansetzt, trat ein langsamer Wandel in der Einstellung des Menschen zu seiner Welt ein. Bisher hatte er geglaubt, jetzt wollte er wissen. Humanisten versuchten, den Aberglauben zu widerlegen.

Bereits 1387 hatten sechs Geistliche aus Luzern den Pilatus erklommen, den Anordnungen ihrer Vorgesetzten zuwider. Sie wurden zu Gefängnis verurteilt. Von nun an blieb der Berg bis ins späte Mittelalter ein Tabu. Es war sogar bei Strafe verboten, den Namen des Pilatus auch nur auszusprechen. Erst 1555 schwand dieser Bann: Konrad Geßner, Arzt und Naturforscher aus Zürich, bestieg den verfluchten Berg. »Ich für mich glaube«, schrieb Geßner, »daß Pilatus nie an diesen Orten war und, wenn er dahin gekommen sein würde, daß ihm niemals irgendeine Möglichkeit, dem Mensch nach seinem Tode Gutes oder Böses anzutun, gewährt worden sein würde.«

Im Jahr 1557 besuchte auch der Berner Pfarrer Benedikt Marti, dessen humanistischer Name »Aretius« war, den Pilatus. War damit der Aberglaube vertrieben? Noch fast ein halbes Jahrhundert sollte vergehen, bis der Luzerner Rat das Verbot, den Pilatus zu besteigen, aufhob. Aber auch das konnte den Spukglauben der Talbewohner nicht beseitigen. Als neuer »Geist« tauchte am Pilatus ein Drache auf. Er soll in »einer tiefen Höhle« gewohnt und ringsum alles Vieh geraubt haben. Schließlich verschlang er von zwei Jägern, die ihn erlegen wollten, den einen »ganz lebendig mit Haut und Haar«. Der andere aber erschlug den fürchterlichen »Drak« und schnitt seinen Kameraden »noch lebendig« heraus. Im Jahre 1648 will ein luzernischer Landvogt sogar folgendes Erlebnis gehabt haben: Während der Nacht sah er »einen glänzenden Drachen aus einem Loch einer sehr hohen Fels-Klippe an dem Pilatusberg mit sehr schnellen Bewegungen der Schwingen vorüberfliegen ... Im Fliegen warff er Funken von sich wie Eisen, wenn es geschmiedet wird«.

Seit Mitte des 19. Jahrhunderts ist der Pilatus zur Touristenattraktion geworden. 1856 erbaute man im Sattel südlich des Klimsenhorns das erste Hotel. Die Zahnradbahn, übrigens die steilste ihrer Art, auf der Südseite von Alpnachstad zum Kulm, wurde im Juni 1889 nach vierjähriger Bauzeit dem Verkehr übergeben. Inzwischen gibt es noch eine Gondelbahn. Vergessen sind die Zeiten, da alljährlich am Karfreitag Pilatus aus dem kleinen Tümpel stieg und sich in seiner Scharlachrobe am Ufer niederließ. Wer weiß noch, daß Richard Wagner etliche Male am Pilatus war, oder daß Königin Viktoria von England 1868 mit ihrem Gefolge auf Maultiersrücken seiner Gipfelwelt zustrebte. Der Pilatus ist zu einem Allerweltsberg geworden, beladen mit Hotels und Seilbahnen. Aber noch immer schauen die Bauern ehrfurchtsvoll hinauf zu seinen Gipfeln. Eine gerundete Wolkenkappe, ein »Hut« auf der Spitze besagt nämlich, daß der Tag schön bleibt; eine lange geschichtete Wolke, ein sogenanntes Schwert, bringt Regen.

Frühe Bewunderung der Berge

Es ist in unserer Zeit schwierig, die Anfänge des Alpinismus zu verstehen. Verbunden mit der Überwindung des allerorts noch vorherrschenden Aberglaubens, waren es Vorstöße in eine ganz neue Welt. Einen Aufschluß über Gefühle und Einstellung der ersten Bergsteiger mag nachstehend ein Auszug aus einem Brief von Konrad Geßner an einen Bekannten namens Vogel vermitteln:

»Ich habe mir vorgenommen, sehr gelehrter Vogel, fortan, so lange mir Gott das Leben gibt, jährlich mehrere, oder wenigstens *einen* Berg zu besteigen, wenn die Pflanzen in Blüte sind, teils um diese kennen zu lernen, teils um den Körper auf eine ehrenwerte Weise zu üben und den Geist zu ergötzen. Denn welche Lust ist es, und, nicht wahr, welches Vergnügen für den ergriffenen Geist, die gewaltige Masse der Gebirge wie ein Schauspiel zu bewundern und das Haupt gleichsam in die Wolken zu erheben. Ich weiß nicht, wie es zugeht, daß durch diese unbegreiflichen Höhen das Gemüt erschüttert und hingerissen wird zur Betrachtung des erhabenen Baumeisters. Die stumpfen Geistes sind, wundern sich über nichts, sie brüten in ihren Stuben und sehen nicht das Weltall ... Die nach Weisheit streben werden fortfahren, mit den Augen des Leibes und der Seele die Erscheinungen dieses irdischen Paradieses zu betrachten, unter welchen nicht die geringsten sind die hohen und steilen Firste der Berge, ihre unersteiglichen Wände, die mit ihren wilden Flanken zum Himmel aufstreben, die rauhen Felsen und die schattigen Wälder ...

Ich behaupte daher, daß ein Feind der Natur sei, wer die erhabenen Berge nicht einer eingehenden Betrachtung würdig erachtet. Gewiß scheinen die Gipfel des Hochgebirges bereits über ein gewöhnliches Schicksal erhaben und unsern Stürmen entzogen zu sein, als wären sie in einer anderen Welt gelegen. Ganz anders wirkt dort die Kraft der machtvollen Sonne, und der Luft, und der Winde. Ewig bleibt da der Schnee; und der weiche Stoff, der sogar bei der Berührung der Finger zerfließt, weist selbst die Angriffe der Sonnenglut ab. Er weicht auch nicht der Zeit, sondern gefriert nur immer mehr zu härtestem Eis und dauerndem Kristall ... Was die Natur an anderen Orten vereinzelt und spärlich hervorbringt, das zeigt, bietet und erklärt sie auf den Bergen zur Genüge und überall, gleichsam gehäuft, und sie stellt uns ihren ganzen Reichtum, alle ihre Kleinodien vor Augen.

Daher wird die höchste Bewunderung für alle Elemente und für die Mannigfaltigkeit der Natur durch die Berge erweckt ...

Es sind noch viele andere Gründe, derenthalb mich das Schauspiel der Berge über alle Maßen ergreift, und da die Berge bei uns am höchsten sind und, wie ich höre, an Pflanzen viel reicher als an anderen Orten, so kommt mit das Verlangen, sie zu besuchen, wozu mich eben deine Freundschaft einlädt ...

Leb wohl

Zürich, im Monat Juni, im Jahre des Heils 1541.

Aufstiege

Von Alpnachstad

Vom Dorfkern oder von der Zahnradbahn-Talstation (große Parkplätze) ansteigen gegen Obsee. Von dort führt der gute Wanderweg in einer langen Schleife nach Norden, kreuzt beim Obseewald die Zahnradbahn und verläuft über Großrüti in den Wald. Dort wird der Weg kehrenreich und windet sich hoch in 1½ Stunden nach Ämsigen. Anschließend in westliche Richtung, oberhalb der Bahnlinie empor nach Mattalp. Danach folgen wieder Kehren, etwa ein Dutzend, die sogenannten Mattzüge, hinauf zu den Chilchsteinen (Blick auf die Hotels). Noch ein letztes Mal im Zickzack, dann endet der Aufstieg am Pilatus Kulm in etwa 2067 Meter Höhe. Von Alpnachstad etwa 4 Stunden.

Von Kriens

Von Kriens (12 Busminuten von Luzern) bzw. von der Talstation der Gondelbahn südlich bergan zu den obersten Häusern von Kriens und unter der Seilbahn hindurch in den

Wald. Beim Bachtobel teilen sich die Wege. Wir halten uns links und gelangen zu einer Straße, der man ein kurzes Stück folgt. Anschließend wieder auf einem Wanderweg. Er mündet bald in die Streuibachstraße. Auf ihr über die Brücke. Nach drei Kehren, gleich nach dem Austritt aus dem Wald, vertrauen wir uns einem Pfad an, der über Almböden zu einer steilen Waldschneise der Gondelbahn geht. Diesem Steilstück folgt die Mittelstation Krienseregg der Seilbahn. Unterhalb der Mittelstation einem Weg in südöstliche Richtung folgen. Bei der ersten Abzweigung links hoch zur Höhe mit herrlichem Blick zum Vierwaldstättersee. Der Wegweiser erklärt den Weiterweg nach Fräkmünt. Etwas später stößt man bei der Waldhütte Schwand auf den Fräkmüntweg, auf dem der Aufstieg fortgesetzt wird zur Alpwirtschaft Fräkmünt, von wo es noch 10 Minuten zur Seilbahnstation sind. Von Kriens 2½ Stunden. Der Gipfelaufstieg über den »Gsäßweg« ist nur schwindelfreien und absolut trittsicheren Leuten bei gutem Wetter anzuraten. Am besten, man fährt von Fräkmünt mit der Seilbahn empor zum Pilatus Kulm.

Überschreitung

Zur Überschreitung des Pilatus fährt man am besten von Kriens mit den Seilbahnen zum Kulm und steigt von dort nach Alpnachstad ab: Vom Hotel Pilatus Kulm zunächst südlich, dann westwärts zu den Chilchsteinen. Davor wendet sich der Weg in südwestliche Richtung und senkt sich kehrenreich unter den Felsen und Schluchten des Matthorns zur Mattalp, deren Umgebung mit einer reichen Alpenflora aufwartet. Weiter unten sehen wir die Felsrippe des Galtigengrates, einem Klettergarten der Luzerner. Dann werden wir vom Widibach begleitet. Es folgt die Bahnstation Ämsigen mit dem Ausweichgleis der Zahnradbahn. Und schon bald umfängt uns der Pilatuswald. Dort folgen scheinbar zahllose Kehren. Nach etwa 1 Stunde kommt man oberhalb von Alpnachstad wieder auf freies Gelände mit prächtigen Ausblicken. Abstiegsdauer: 2 Stunden. Am schönsten ist die Rückfahrt von Alpnachstad mit dem Schiff über den Vierwaldstättersee.

Übersicht: Der höchste Gipfel des Pilatusstockes ist das Tomlishorn (2128 m). Es folgen: Esel (2119 m), Oberhaupt (2106 m), Widderfeld (2075 m), Matthorn (2041 m), Steiglihorn (1968 m) und Mittaggüpfi (1916 m), auch Gnepfstein genannt. Die Hotels Pilatus Kulm liegen etwas unterhalb des Esel.

Schrifttum

Karte: Landeskarte der Schweiz 1 : 50 000 Blatt Vierwaldstättersee (Nr. 5008).
Führer: Ineichen/Kalt, Wege und Routen am Pilatus. Murbacher Verlag, Luzern.
Literatur: Hugo Nünlist, Der Pilatus und seine Geheimnisse. August Petermann, Der Pilatus und seine Umgebung. Bernhard Zimmermann, Pilatus, der weltbekannte Berg der Schweiz (mehrsprachig).

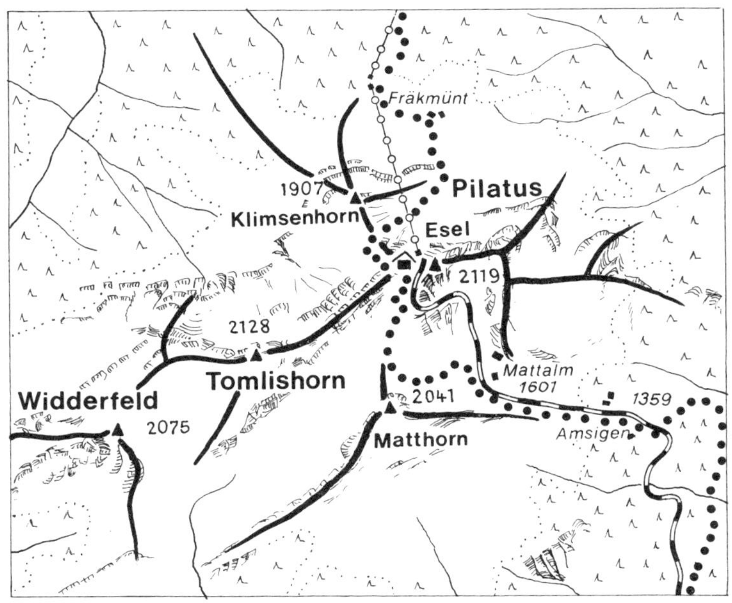

Churfirsten

Landschaftswunder in der Ostschweiz

Die Gipfelwelt des Pilatus hoch über dem Vierwaldstättersee.

Die Churfirsten gehören ihrer Form und ihrem Aufbau nach zu den eigenartigsten Berggruppen der Alpen. Betrachten wir sie zunächst von Süden, vom tiefblauen Walensee aus, den die Straße Zürich—Chur berührt, und an dem sogar an einigen Stellen, bei Quinten und Walenstadt, Wein wächst: Fast 2000 Meter über dem See türmen sich die Berge empor. Die sieben Gipfel, beinahe gleichförmige Zacken, stehen nebeneinander wie in Reih und Glied, militärisch stramm ausgerichtet. Ihre wuchtigen Kalkwände sind zwischen 300 und 500 Meter hoch — sonniges Felsland in einer Landschaft von seltsamem Reiz. Die topographische Situation ist unkompliziert, da der Gebirgszug zwischen Walensee und Toggenburg eine von Osten nach Westen verlaufende Kette mit folgenden Gipfeln bildet: Chäserrugg, 2262 Meter, Hinterrugg, 2306 Meter — er ist der höchste Churfirst — Schibenstoll, 2234 Meter, Zuestoll, 2235 Meter, Brisi, 2279 Meter, Frümsel, 2263 Meter und Selun, 2204 Meter. Zwischen den zentralen Gipfeln sind bis zu 200 Meter tiefe Sättel eingekerbt, sogenannte »Nidere«. Die Basis der Südwände bilden grasdurchsetzte Felshänge, die »Chämme«, die von mächtigen, teilweise senkrechten Felspfeilern gestützt werden, den »Stollen«, wie sie die Schweizer nennen, und dazwischen gähnen dunkle, schluchtartige Runsen oberhalb der lieblichen Alpmatten. Auf ihrer Nordseite laufen die Churfirsten in langgestreckte, überwiegend grasbewachsene Rücken aus. Dort reicht das Gras hinauf bis zu den Gipfeln. Tannenwälder durchsetzen die Hänge, und auf den üppigen Alpweiden grasen Kühe. Diese zahme Seite der Gruppe ist seit langem für die Schweizer Wanderer und Skiläufer ein Begriff, zumal fast alle Gipfel auch mit den Skiern erreicht werden können.
Die Churfirsten — ihr Name bedeutet soviel wie Grenzfirsten (gegen Chur bzw. Churrätien) — sind geologisch und botanisch gleichermaßen interessant; seit 1967 ist das gesamte Churfirstengebiet in der Liste der Landschaften und Naturdenkmäler von nationaler Bedeutung vertreten. Die Churfirsten bilden einen Teil der helvetischen Kalkalpen. Das Grundgestein entstand 60 bis 160 Millionen Jahre vor unserer Zeit. Damals war der größte Teil der heutigen Schweizer Alpen vom Meer bedeckt, so daß die Kalke und Schiefer der Churfirsten Ablagerungen des Meeres der Jura- und Kreidezeit sind. Dieser Teil der helvetischen Alpen ist in der letzten Phase der Gebirgsbildung geformt worden, also am Schluß der Tertiärzeit. Eine Besonderheit für den Botaniker sind der Lindenmischwald und die Trockenhänge am Südhang der Churfirsten. Das hängt mit den klimatischen Verhältnissen zusammen: Die Südseite bildet eine wärmere und trockenere Zone als die Nordseite, die verhältnismäßig niederschlagsreich und kühl ist. Die Felsbarriere der Bergkette hält die Nordwinde größtenteils vom Walenseetal ab.
Im Churfirstengebiet ist die Feuerlilie besonders stark verbreitet. Sie blüht von Mai bis Juli, wird bis zu 75 Zentimeter hoch und heißt hier auch »Stein-Ilge«. Andere seltene und schöne Blumen sind der Türkenbund, der Allermannsharnisch, die Späte Faltenlilie, die Strauß-Glockenblume, das Edelweiß. Erst in den sechziger Jahren wurde auch die Echte Alpenscharte (Saussúrea alpina) mit ihren violetten Dolden-Blüten entdeckt. Eine ausgesprochene Kostbarkeit ist der Ungarische Enzian mit seinen elliptisch bis länglich-lanzettlich geformten Blättern und der glockigen Krone.
Die Erstbesteiger der einzelnen Gipfel sind nicht bekannt. Mit größter Wahrscheinlichkeit waren es Hirten und Jäger im 18. oder 19. Jahrhundert. Die moderne »Erschließung« und damit der Tourismus haben auch vor den Churfirsten nicht haltgemacht: seit 1972 führt eine Seilbahn hinauf zum Chäserrugg. Dadurch kann der benachbarte Hinterrugg, der höchste Churfirstengipfel, mühelos in zehn Minuten erreicht werden. Abseits der Seilbahn findet man aber noch ursprüngliche Natur; dort ist es still geblieben, und das ist gut so.

Sonnenwände über dem Walensee

Es dürfte kaum einen Kletterer geben, den es nicht in den Fingern juckt, wenn er die herrlichen Felswände der Churfirsten hoch über dem Walensee sieht. Es ist schwer, sich für eine zu entscheiden. Da gibt es die prächtige Zuestoll-Südwand, fast 300 Meter hoch, VI. Schwierigkeitsgrad. Links daneben steht die Brisi-Südwand, die höchste und breiteste Churfirstenwand, mit annähernd 500 Meter schon an Do-

Die eindrucksvollen Südwände der Churfirsten über dem Walensee. Von rechts: Schibenstoll, Zuestoll, Brisi, Frümsel (vom Astwerk verdeckt).

lomitenausmaße heranreichend. Rechts vom Zuestoll bietet die gegliederte, von Bändern durchzogene Schibenstollwand gleich mehrere Routen. Die Hinterrugg-Südwestwand rühmt sich der absolut schwierigsten Führe an den Churfirsten.

Das sportlich orientierte Felsklettern, bei dem nicht mehr ausschließlich der Gipfel das Ziel, sondern für das die Route vorrangig war, ging am Schweizer Bergsteigen ohne nennenswerte Wirkung vorbei. Man zog, verständlicherweise, die eisigen Hochgipfel den weniger hohen Felsbergen vor. Die Eidgenossen blieben lange Zeit konservativ und vertrauten auf das sichernde Seil des Führers. Der führerlose Alpinismus hatte seine Wiege in den Ostalpen, wo Männer wie Hans Dülfer und Paul Preuß kurz nach der Jahrhundertwende bis dahin als unzugänglich geltendes Felsland erschlossen. Aber auch noch in den dreißiger Jahren, als die schwierigsten Dolomitenwände und die großen Nordwände der Alpen erobert wurden, waren keine Schweizer daran beteiligt, selbst nicht auf heimatlichem Boden in den Wänden von Eiger, Matterhorn und Piz Badile. So begann die Erschließung der Churfirstenwände erst in der Zeit nach dem Zweiten Weltkrieg. Als erste erkämpften sich 1948 die Schweizer Hans Frommenwiler und Fredy Bürke die Zuestoll-Südwand. Sie eröffneten in zwei Tagen einen äußerst schwierigen Anstieg; dabei wurde der erste Bohrhaken in den Churfirstenfels gedreht. Die Route, für die man mit einer Begehungszeit von vier bis sechs Stunden rechnet, gehört zu den lohnendsten Felstouren im höchsten Schwierigkeitsbereich in der Ostschweiz. Im Folgejahr, 1949, bezwangen Henni Mazzolini und Franz Cassani den rechten Teil der Schibenstoll-Südwand auf einer Führe im Schwierigkeitsgrad V. Im Sommer 1952 kam mit Seth Abderhalden einer der besten Schweizer Felsgeher an die Churfirsten. Der sechsundzwanzigjährige Appenzeller hatte in diesem Jahr mit Hans Frommenwiler als erste Schweizer Seilschaft die Piz-Badile-Nordostwand durchstiegen. Nun durchkletterten sie die Hinterrugg-Südwestwand auf einer Route, die heute noch als schwierigste an den Churfirsten gilt. In diesen fünfziger Jahren erlebte das Schweizer Felsklettern einen ganz unerwarteten Aufschwung. Die Jungen gingen über die heimatlichen Grenzen hinaus, richteten ihre Blicke zu den Dolomiten hin, wo die stolzesten Felsmauern stehen. Max Niedermann und Wisi (Alois) Fleischmann gehörten zu diesen Jungen. Im Sommer 1954 war ihnen die 13. Durchsteigung der Torre-di-Valgrande-Nordwestwand und die fünfte Begehung, die erste an einem Tag, der extrem schwierigen Vinatzer-Führe in der Marmolata-Südwand gelungen. An den Churfirsten gelang ihnen erstmals die Südwand des westlichsten Frümselgipfels. Die Frümsel-Ostwand und der Südpfeiler des Selun-Ostgipfels wurden 1955 von Gaby Steiger mit ihrem Mann Geny (Eugen) erklettert. Geny Steiger bezwang 1956 mit Abderhalden den linken Teil der Südwand des Schibenstoll-Westgipfels. Dort erkämpften sich Paul Etter und Ueli Gantenbein 1962 in siebzehn Stunden einen Direkteinstieg. Damit sind wir bei einer neuen Bergsteiger-Generation. Es sind Leute, die im Fels wie im Eis ihren Mann stehen. Herausragende Persönlichkeit ist Paul Etter aus Walenstadt, von Beruf Bergführer. Seine größten Unternehmungen (unter anderem Matterhorn-Nordwand: erste Winterdurchsteigung, Eiger-Nordwand: erster Abstieg) führte er aber mit Freunden aus, also nicht in seiner Eigenschaft als Führer. Auch darin haben sich viele Schweizer Bergführer von der alten Tradition gelöst: Sie sind von Beruf Bergführer und zugleich Bergsteiger aus Leidenschaft, sind aufgeschlossener als ihre manchmal recht engstirnigen Vorgänger; ihr Berufsstand hat dadurch neuen Glanz und großes Ansehen gewonnen.

Aufstiege

Hinterrugg von Norden

Von Alt St. Johann an der Straße Wattwil—Wildwasser im Thurtal bzw. von der Talstation des Sesselliftes über Wiesen rechtshaltend nach Espel und in den Pfruendwald. Etwas später wird der Lift gekreuzt. Schließlich geht es über die Chueweid hinauf zum Berggasthaus Selamatt. Eine Tafel erklärt, wie der Weg zum Hinterrugg weiter verläuft. Nun zwischen zwei Waldstücken über Wiesen nach Unterruestel. In der Folge bergan. Weiter oben wendet sich das Weglein

rechts zum Nordrücken des Hinterrugg. Auf dem zunächst noch schmalen Sporn erreichen wir bei Punkt 1910 (der Landeskarte) einen flachen Sattel. Die Route bleibt auf dem nun breiter werdenden Rücken und endet etwa 1 Stunde nach dem Sattel auf dem Gipfel des Hinterrugg. Vom Tal etwa 3½ Stunden.
Charakteristik: Wanderung ohne jegliche Schwierigkeit. Die Aufstiegszeit kann um 1 Stunde verkürzt werden, wenn man von Iltios, der Bergstation der Standseilbahn von Unterwasser, auf schönem Höhenweg in ½ Stunde zum Berggasthaus Selamatt wandert. Noch kürzer und fast mühelos ist der Übergang vom Chäserrugg, dessen Gipfel von Norden mit einer Seilbahn erreicht werden kann: Vom Gipfel-Restaurant (keine Übernachtung) in westlicher Richtung (Markierung: weiß-rot-weiß) über plattigen Fels ein kurzes Stück absteigen und im Gegenanstieg in 10 Minuten empor zum Hinterrugg.

Hinterrugg von Süden

Von Untersäß an der Straße Walenstadt—Walenstadtberg hinauf zum obersten Haus und anschließend am Südrand des Bergwaldes einem Wiesenweg folgen. Beim obersten Stall rechts in den Wald und hinauf in die bewaldete Schlucht des Berges Laui. Dort auf felsigem Pfad ansteigen. In etwa zwei Drittel Höhe der Schlucht wendet sich der Pfad links, führt im Wald kehrenreich aufwärts und liefert uns schließlich nach insgesamt 2 Stunden in der Alp Tschingel unter der Schibenstoll-Südwand ab. Danach in östliche Richtung etwa 10 Minuten dem Weg in Richtung Lüsis folgen. Bei Punkt 1543 (der Landeskarte) links ab und nun auf schmalerem Weg zum untersten Absatz der Tieregg. Es folgt eine weite Mulde zu Füßen der Hinterugg-Südabstürze. Von dort empor zur kleinen Schäferhütte auf dem Kammsässli in aussichtsreicher Lage. Bergan zum Eingang ins Valsloch, einer breiten Schlucht zwischen Hinterrugg und Chäserrugg. Kurz danach sehen wir rechts die Roskirche, ein 90 Meter hoher, freistehender Felsturm mit einigen Kletterrouten. Der Steig windet sich in der Schluchtmitte zur Höhe. Nach etwa ¾ Stunden muß eine Steilstufe links ansteigend überwunden werden. Dann, oberhalb eines Grasrückens rechtshaltend über dem sogenannten Loch zum Verbindungsgrat, der links zum Hinterrugg führt. Von Untersäss 4½ Stunden.
Charakteristik: Wanderung, die Trittsicherheit und Schwindelfreiheit erfordert. Günstigste Zeit: Spätsommer und Herbst; nach langanhaltenden Regenfällen sowie im Frühjahr sind die Grasschrofen sehr gefährlich.

Schrifttum

Karten: Landeskarte der Schweiz 1:50000 Blatt Walenstadt (Nr. 237).
Führer: SAC-Führer Speer-, Churfirsten- und Alviergebiet. Schweizer Alpen-Club.
BV-Tourenblätter, Mappe 11. Bergverlag Rudolf Rother, München.
Literatur: Zeitschrift ALPINISMUS Heft 3/1969 mit beigefügtem Wander-, Kletter- und Skiführer von Erich Grießl und Paul Etter.

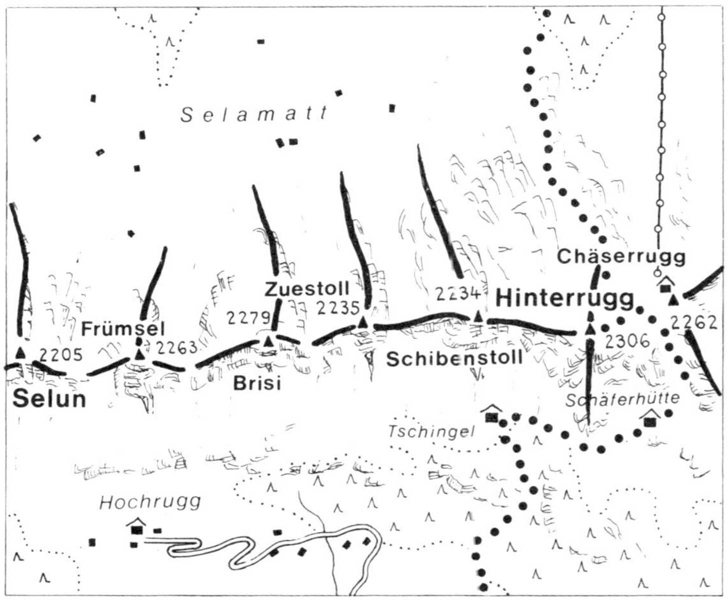

Piz Badile 3308 m

Granitmauer über dem Val Bondasca

Südwestlich der Bernina erhebt sich eine Berggruppe, die sich mit keiner anderen Hochgebirgsform vergleichen läßt: das Bergell. Heller Granit schwingt sich auf zu kühnsten Formen – eine urige Landschaft, so wild wie keine andere im weiten Halbrund der Alpen, nach Rébuffat die »herrlichste Gebirgslandschaft, die man sich nur denken kann«.
Der bekannteste Gipfel im Bergell ist der Piz Badile über dem Val Bondasca. Mit einer imposanten Granitmauer zeigt er sich über dem Tal. Es ist die Nordostwand, ein überdimensionaler Plattenschuß, in den von oben ein gefährlicher Trichter mündet. An der Basis der Wand gähnen mächtige Gletscherspalten – unheimliche Riesenmäuler, die auf Beute zu warten scheinen. Trotz seiner wuchtigen Formen auf der Nordseite ist der Piz Badile kein überaus bedeutender Berg; mit seiner Gipfelhöhe von 3308 Meter rangiert er im Reigen der Bergellspitzen nur unter anderen. Aber seine Nordostwand, dieses schaufelähnliche Ungetüm, hat einen großen Namen bei den Kletterern in ganz Europa.
Die Südseite ist dagegen unscheinbar, eine Felsflanke wie tausend andere auch. Sie wurde 1867 von dem Engländer W. A. Coolidge und seinen französischen Führern François und Henri Dévouassoud für den ersten Aufstieg zum Gipfel benützt. Die Seilschaft hatte den italienischen Badeort Bagni del Másino als Talort gewählt und gelangte am 26. Juli zur höchsten Spitze des Piz Badile. Die gewöhnliche Route von der Capanna Gianetti durch die Südostwand wurde am 9. August 1880 von F. Lurani und A. Baroni gefunden. Am 19. Juni 1893 überkletterte der 40jährige Schweizer Führer Christian Klucker mit Emile Rey und dem Russen A. von Rydzewsky den Ostgrat, der stellenweise mit dem Schwierigkeitsgrad III bewertet wird. Klucker und von Rydzewsky schafften auch als erste den Westgrat, am 14. Juli 1897 mit M. Barbaria. Die weniger empfehlenswerte Südwestwand wurde am 30. August 1904 von den Italienern A. Redaelli und B. Sertori bezwungen. Danach war es, was Neutouren betrifft, fast zwei Jahrzehnte still am Piz Badile.
Und dann fiel am 4. August 1923 die heißumworbene Nordkante durch Alfred Zürcher, einen 34jährigen Strickereikaufmann aus St. Gallen, mit dem Führer Walter Risch. Ihre Kletterzeit für die fast 1300 Meter lange Kante betrug 11½ Stunden. Heute kann man an schönen Wochenenden manchmal bis zu einem Dutzend Seilschaften an der Kante beobachten. Sie ist zu einer Modetour geworden.
Der dramatischen Eroberung der Nordostwand folgte die Erschließung einer neuen Route in der 700 Meter hohen Nordwestwand auf der Trubinascaseite durch die italienischen Spitzenkletterer Vitale Bramani und Ettore Castiglioni. Die Route mündet in den Westgrat. Im darauffolgenden Winter, im März 1938, erhielt der Piz Badile erstmals Winterbesuch von den Italienern Angelo Calegari und Giacomo und Virgilio Fiorelli.

Die Nordostwand im Wandel der Zeit

In den ersten Juliwochen des Jahres 1937 hatte die Piz-Badile-Nordostwand aufmerksame Betrachter, nämlich zwei konkurrierende Seilschaften: Riccardo Cassin, Gino Esposito, Vittorio Ratti aus Lecco sowie Mario Molteni und Giuseppe Valsecchi aus Como. Die besseren Erfolgsaussichten lagen zweifellos bei der Mannschaft aus Lecco, deren Seilschaftsführer Cassin im Vorjahr die äußerst schwierige Torre-Trieste-Südostkante und die Nordwand der Westlichen Zinne bezwungen hatte. Molteni und Valsecchi aus Como hatten zwar am Piz Badile eine schwere Route durch die Südostwand eröffnet, aber die ganz großen Wände fehlten noch in ihrem Tourenbuch. In der Sciora-Hütte mußten sie auf dem Fußboden der Küche liegen, weil sie keinen Schlüssel für den Schlafraum hatten. Während der Wartezeit bei regnerischem Wetter war ihr Proviant knapp geworden. Am 13. Juli 1937 gingen dann beide Seilschaften auf zunächst noch verschiedenen Routen die Wand an. Doch schon am Abend fanden sie sich zum ersten gemeinsamen Biwak. Am nächsten Tag schlug das bisher gute Wetter um. Die Nacht wurde recht unangenehm. Molteni und Valsecchi waren erschöpft und schlossen sich deshalb den Männern aus Lecco an. Es kam der dritte Tag in der Wand – vereister Fels, Nässe und unbarmherzige Kälte. Nur Cassins Wider-

Die Granitmauern des Piz Badile mit dem ausgeprägten Nordgrat; links davon die Plattenflucht der Nordostwand.

standsfähigkeit führte die Seilschaft zum Gipfel. Sie erreichte ihn gegen 16 Uhr. Ein furchtbarer Sturm raste um den Berg. Da starb Molteni an Erschöpfung. Die anderen suchten den Abstieg zum Rifugio Giannetti. Die Südflanke glich einer Winterlandschaft. Auch Valsecchi war am Ende seiner Kräfte; den Tod seines Freundes hatte er noch nicht wahrgenommen. Der Sturm peitschte Schneeschauer. Die Kleidungsstücke waren steif gefroren. Plötzlich begriff Valsecchi, ein Weinkrampf schüttelte ihn, dann starb auch er. Der Krieg, aber auch die Abgeschiedenheit des Piz Badile trugen dazu bei, daß die Eroberung der Nordostwand zwölf Jahre lang nicht wiederholt wurde. Fast wäre sie ganz in Vergessenheit geraten. Doch dann gelang Gaston Rébuffat mit Bernard Pierre die erste Wiederholung. Wie die Erstdurchsteiger mußten auch sie zweimal biwakieren. Der 19-jährige Walter Bonatti und sein Gefährte kamen im Juli 1949 mit einem Biwak aus. Aber erst die sechste Seilschaft, geführt von Lionel Terray, schaffte die Nordostwand 1949 an einem Tag. Alle sprachen mit großem Respekt von der Wand und von den Schwierigkeiten. Nur einen ließ das scheinbar kalt: Hermann Buhl. Der Innsbrucker war mit dem Fahrrad ins Bergell gekommen und durcheilte buchstäblich im Alleingang die Wand am 6. Juli 1952 in nur 4½ Stunden.

Die erste Winterdurchsteigung ließ lange auf sich warten: bis zur Jahreswende 1967/68. Vom 28. Dezember bis 2. Januar kämpften sich die Schweizer Michel Darbelay, Daniel Troillet, Camille Bournissen mit den Italienern Alessandro Gogna, Gianni Calcagno und Paolo Armando durch die eisigen Platten, und zwar im sogenannten »Expeditionsstil«. Bei dieser Art einer Durchsteigung werden die Akteure vom Wandfuß aus eine zeitlang mit Ausrüstung und Proviant versorgt, bis das letzte Stück gemeinsam in Angriff genommen wird. Mit dem Erfolg der Schweizer und Italiener schien die Erschließung der Nordostwand abgeschlossen zu sein. Aber noch immer dräuten links, östlich der Cassin-Route unberührte, fast 800 Meter hohe Granitfluchten — bis die Brüder Antonio und Giovanni Rusconi aus Valmadrera kamen. Antonio war 24, von Beruf Gießereiarbeiter, Giovanni 26, Bankangestellter. Acht Versuche waren schon fehlgeschlagen. Da wagte sich das Brüderpaar am 14. März 1970 zum letzten entschlossen an die tiefverschneite Wand und arbeitete sich in sieben Tagen zum Gipfel empor. Das waren sechs Biwaks bei extremen Kältegraden, ganz zu schweigen von den klettertechnischen Schwierigkeiten. Sie nannten ihre Route »Via del Fratello« zur Erinnerung an ihren Bruder Carlo, der als Bub tödlich abgestürzt war.

In der Nähe der »Via del Fratello«, fast schon in der Ostwand, hatte die italienische Seilschaft Corti-Battaglia 1953 eine schwierige Neutour eröffnet, die aber weitgehend unbekannt blieb. Erst als zu diesem Anstieg vom 8. bis 9. Juli 1968 durch die Engländer Mike Kosterlitz und Richard Isherwood eine Begradigung gefunden wurde, sprach man wieder von diesem abgelegenen Wandteil und der Corti-Führe. Den Schweizern Ruedi Homberger und Hansjörg Wellenzohn gelang im September 1972 die zweite Begehung. Nun hieß die Route bereits »Engländerweg«; allerdings ist diese Begradigung auch ihr schwierigster Teil.

Am 11. Juli 1987 eröffneten die Italiener Tarcisio und Ottavio Fazzini mit Livio Gianola in 8½ Stunden die »Diretta del Popolo« durch die Ostnordostwand: VI+, A0–A2. Sie verläuft in Gipfelfallinie links der Belica-Koller-Route und kreuzt in der Wandmitte die »Via Felice Battaglia«.

Aufstiege

Normalweg

Vom Rifugio Giannetti in nördlicher Richtung (schwache Pfadspuren) zur Basis des auffallenden Felssporns des Südwestgrates. Dort rechtshaltend über schmale Bänder auf einen Felsvorsprung. Dann rechts dem breiten Band folgen hinter einen Felskopf zu einem Kamin, in dem nun aufgestiegen wird (Eisenkreuz). Nach etwa 40 Meter erneut nach rechts, schräg abwärts zu einem breiten Band, das horizontal rechts in eine Schlucht führt. Jenseits in einem Kamin hoch, anschließend über ein Band und in gestuftem Fels gerade hoch. In der Folge linkshaltend über ein Band, dann kurz der

Piz Bernina mit Biancograt.
Links der Ostgrat, der in das »Labyrinth« hinunterreicht.
Über ihn erfolgte die Eroberung des Berninagipfels.

unten gequerten Wandschlucht folgen und danach wieder auf einem Band nach links. Schließlich wird ein schmales Gratstück erreicht. Von diesem rechts in die trichterförmige Schlucht. Am linken Schluchtrand hoch (II+) zu einem Band. Rechts zum Kamin, der in eine breite Rinne hochführt. Weiter zur Biwakschachtel bzw. zum Gipfel etwa in der Mitte des 280 Meter langen, ziemlich ebenen Gipfelgrates. Von der Hütte etwa 3½ Stunden.
Charakteristik: Felstour, Schwierigkeit bis zu II+. Höhenunterschied Hütte–Gipfel: 780 Meter. Markierung stellenweise durch Steinmänner. Beim Aufstieg die Route gut einprägen, damit sie im Abstieg gefunden wird. Bei schlechtem Wetter große Orientierungsschwierigkeiten. Günstigste Jahreszeit: Juli bis September.
Übernachtung: Rifugio Giannetti (2536 m) über dem Val Porcellizzo. 65 Schlafplätze, bewirtschaftet vom 1. Juli bis Ende September, im Juni an Wochenenden. Von Bagni del Masino 4¼ Stunden. Bivaco Redaelli (3300 m) unweit des Gipfels, 4 Lager, ständig offen.

Nordkante

Von der Sasc-Furâ-Hütte in 1½ Stunden zur Basis der Kante, von der Sciora-Hütte etwa 2 Stunden (weniger angenehm). Der unterste Aufschwung wird rechts über ein Firnfeld umgangen. Die Route hält sich im großen und ganzen an die Kante. Lediglich in ungefähr halber Kantenhöhe wird ein Aufschwung rechts umgangen. Von der Hütte 6 bis 8 Stunden.
Charakteristik: Genußvolle Kletterei (IV) in plattigem, festem Fels. Höhenunterschied Hütte–Gipfel: 1400 Meter. Kantenlänge: 1250 Meter.
Übernachtung: Sasc-Furâ-Hütte (1904 m) in einem Lärchenwald. 40 Schlafplätze, Hüttenwart von Anfang Juli bis Anfang September, sonst Schlüsseldepot in Bondo. Von Laret (bis dorthin Fahrsträßchen) im Val Bondasca 2½ Stunden.

Nordostwand

Der Routenverlauf ist mehr oder weniger durch die vorhandenen Haken vorgeschrieben. Die Route bietet extremen Felsgehern bei guten Verhältnissen eine ausgesprochen schöne Kletterei. Vom Einstieg etwa 8 bis 10 Stunden.
Charakteristik: Steinschlaggefahr aus dem Trichter. Um den Trichter (III) zu vermeiden, ist ein Direktausstieg (IV–V) möglich, und zwar vom Abseilhaken in den Trichter. Wandhöhe 900 Meter, Schwierigkeit IV und V, eine Stelle VI–/A1 (vor dem 1. Cassin-Biwak). Um den Weg über den Gletscher zu vermeiden, quert man von der Nordkante links hinüber zur Stelle, an der die Schwierigkeiten beginnen. Dafür ist die Sasc-Furâ-Hütte der günstigste Stützpunkt.

Schrifttum

Karten: Landeskarte der Schweiz 1:50000 Blatt Disgrazia (Nr. 278).
Führer: Paul Nigg, Bergell. Bergverlag Rudolf Rother, München. SAC-Führer Bündner Alpen, Band IV.
Literatur: Stiebler/Nigg, Alpinmonografie Bergeller Berge. Bergverlag Rudolf Rother, München.

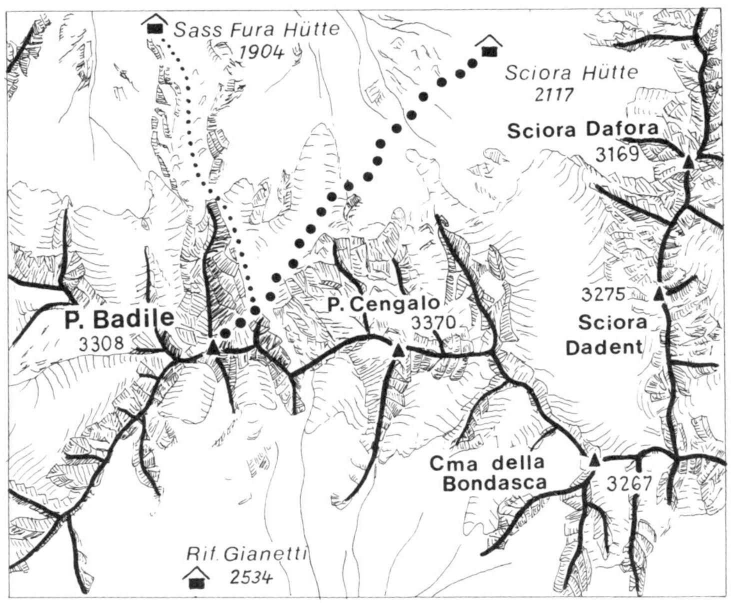

Piz Bernina 4049 m

Der weiße Grat

Einem König gleich erhebt sich der Piz Bernina aus dem Gipfelmeer der gesamten Bernina-Gruppe — wuchtig, eisgepanzert, mit eindrucksvollen Graten. In diesem »Festsaal der Alpen«, wie Walther Flaig das Bernina-Gebiet nannte, gehört der Piz Bernina noch zu dem in den Ostalpen liegenden Teil; die nahen Westalpen bestimmen jedoch den Charakter dieses zugleich höchsten Berges der Ostalpen.

Das Massiv des Piz Bernina besteht aus drei Gipfeln, dem Piz Bernina (4049 m), dem 500 Meter entfernten Südgipfel La Spalla (4020 m), der den höchsten Punkt der italienischen Bernina-Alpen markiert, und dem Piz Bianco (3995 m), dessen rätoromanischer Name Piz Alv lautet. Über den Gletscherströmen von Tschierva, Morteratsch und Scerscen steigen die Wände und Grate an. Überall erblickt man Eis, ob man den Berg von der Tschierva-Hütte, von der Bovalhütte, vom Rifugio Marinelli oder vom Gipfel des Piz Morteratsch bewundert.

Seinen Namen erhielt der Piz Bernina von dem Erstbesteiger Johann Coaz, dem späteren Oberforstinspektor. Am 13. September 1850 war Coaz mit den Bündnern Jon und Lorenz Ragut Tscharner um sechs Uhr früh von den Berninahäusern zum Gipfel aufgebrochen. Über den Morteratschgletscher und durch die heute noch berüchtigte Eiswildnis des »Labyrinths« erreichten sie den Ostgrat. Über diesen gelangte dann die Seilschaft nach insgesamt zwölf Stunden Gehzeit zum Gipfel. Heute ist der Ostgrat fast in Vergessenheit geraten. Der Normalweg unserer Tage führt über den Spallagrat, den Francis Fox Tuckett, F. A. Y. Brown mit den Führern Christian Almer und Franz Andermatten am 23. Juni 1866 erstmals bezwangen.

Der schönste Aufstieg zum Piz Bernina ist der Biancograt, der Weiße Grat, für viele wohl der prachtvollste Firngrat im gesamten Alpenraum. Die ersten Menschen, die den Zauber der »Himmelsleiter«, wie dieser Grat auch genannt wird, erlebten, waren Henry Cordier und Thomas Middlemore am Seil der Führer Johann Jaun und Caspar Maurer. Sie drangen am 12. August 1876 jedoch nur bis zum Piz Bianco, zum Endpunkt des eigentlichen Biancograts vor. Als die Bergsteiger dort die Scharte zwischen Piz Bianco und Piz Bernina aus der Nähe sahen, verloren sie den Mut und kehrten über die Aufstiegsroute wieder um. Die erste vollständige Begehung des Grates von der Fuorcla Prievlusa zum Piz Bernina gelang dem achtunddreißigjährigen Berliner Paul Güßfeldt am 12. August 1878; er wurde dabei von Hans Grass und Johann Gross geführt. Damit war einer der beliebtesten hochalpinen Gratwege eröffnet: die Überschreitung des Piz Bernina von Norden nach Süden. Diese Tour wurde am 15. März 1929 von Carl Colmus mit den Führern Chasper Grass und Ulrich Grass erstmals auch im Winter unternommen.

Die anderen Anstiege sind bedeutend schwieriger. Zum Beispiel die bis zu sechzig Grad steile Direktführe durch die 500 Meter hohe Westwand von Thomas Graham Brown, Alfred Zürcher, Alexander Graven und Joseph Knubel aus dem Jahre 1930 zum Piz Bernina, oder die am 9. März 1969 durch eine Schweizer Seilschaft gelegte Westwandroute zum Piz Bianco. In der Nordostwand kommt zu den rein technischen Eisschwierigkeiten noch eine enorme Gefahr hinzu, der Eisschlag. Um so höher muß die Erstdurchsteigung am 5. Oktober 1879 durch J. M. Ludwig, Hans Grass und Abraham Ardüser geschätzt werden. Einen nahezu geraden Durchstieg schafften Ludwig Norman-Neruda und Christian Klucker am 18. Juni 1890. Ihre Route wurde erst 1911 wiederholt und erfuhr 1931 die dritte Begehung. Das Problem, die 1000 Meter hohe Piz-Bianco-Nordostwand zu erklettern, lösten die Tiroler Hannes Gasser, Andi Schlick, Hansjörg Hochfilzer und Hermann Danler schließlich vom 29. bis 30. Juni 1969.

Der Piz Bernina genießt auch bei Skibergsteigern einen hervorragenden Ruf. Allerdings sind die Zustiege sehr lang, anstrengend und teilweise auch gefährlich, so daß die Tour nur von Bergsteigern angetreten werden sollte, die über Erfahrung in den Westalpen verfügen.

Beste Jahreszeit: April bis Juni. Das Skidepot befindet sich am Beginn des Spallagrates, über den es zum Gipfel geht. Dessen erste Winterbesteigung war übrigens bereits 1880 den Engländern Parnell und Watson mit drei Führern gelungen.

Auf der Himmelsleiter

Vom Weißen Grat berichtet Arwed Möhn: Vom Biancograt sehen wir zunächst nichts als das kurze, felsige Gratstück, mit dem er beginnt ... Die Grathöhe gibt den Blick auf den Eisgrat frei. Macht Rede und Gegenrede verstummen. Dort, vor uns, läuft kühn geschwungen der eisige Scheitel empor, mit scharfer, steilflankiger Schneide!
Auf dem letzten Felsen klopfen wir mit dem Hammer die Steigeisen scharf. Das Seil spannt sich: Der Gang auf der ragenden Schneide von Eis hat begonnen.
Ihrem Charakter entspricht sein Erleben. Erleben, das überwältigend wirkender Eindruck sein kann: Das Tatsache gewordene Empfinden, auf einer gleißenden Himmelsleiter zu steigen. Man sieht über sich ein Stück blinkendes Eis, das frei im Weltraum zu stehen scheint, in schmerzend strahlender Helle. Weit unter den Füßen gähnt dunstige Tiefe, wachsen die Linien der Nachbarberge, wälzen die Eisströme ihre welligen Massen.
Ziemlich hoch schon führt Bertl die Stufenreihe weiter. Mit größerer Wucht prasseln die tanzenden Splitter auf Kopf und Achseln herunter. Jedesmal, wenn der Pickel zum Schlag ausholt, bildet der Weg der Haue im Sonnenlicht einen blitzenden Streif. Eine Seillänge unter den Füßen bricht das Eis ab. Dort setzt in größerer Steilheit der Fels an, der zum Firn des Tschiervagletschers abstürzt in ununterbrochener Flucht. Packend der Blick in der Fallrichtung der Eisflanke! Sie scheint im Raum zu schweben. Erst tief, tief unter ihrer Begrenzung schimmert der Gletscher herauf, mit seinen schwarzen Linienreihen: den Spalten.
Mit den Steilstufen wechseln immer wieder flachere Gratstücke. Bis ein letzter kühner Aufschwung die Nähe des Piz Bianco vermuten läßt. Hier gibt's erwünschte Rast.
Die gemütliche Stimmung, in die »Essen« und Schauen versetzt, verscheucht ein Ausruf des Schreckens: hinter dem Piz Bernina steigt windesschnell eine Wolke auf — umhüllt ihn und fingert gierig den Felsgrat entlang, der hinabzieht zum Piz Bianco. Da wird es sichtbar, wie ausgedehnt und zernagt der Felskamm ist, der das letzte Gratstück bildet.
Im Nu sind die Säcke gebuckelt. Dann ein langer Blick auf den rassigen Hang, der hierher geführt. Und mit gewaltigen Sätzen geht es der nächsten Scharte entgegen.
Was kurze Zeit vorher noch düstere Ahnung war — jetzt wird es Wahrheit. Wirklichkeit, die das ausbrechende Toben der Elemente formt: Schwefelgelb rauchender Dunst, Nacht, Wasser, Neuschnee. In flammendem Licht ragen dann jäh die schwarzen, nässetriefenden Felsen, gegen die Wolken und Sturm die Böen schleudern und Garben geißelnden Hagels. Nochmal führt luftige Kletterei auf langsam vereisender Gratkante abwärts. Wieder verlieren wir mühsam errungene Höhe durch eine tief eingerissene Schlucht. Doch jenseits scheinen durch fallenden Schnee die finsteren Umrisse des Gipfelmassivs erkennbar. Weiß schimmern bereits die steilen Rinnen. Und als wir dort sind, wühlen wir schon bis an die Knie in der lockeren Decke. Doch die Geborgenheit vor dem Sturm läßt uns dies Ungemach wenig empfinden.
Als wir uns am Gipfel die Hände reichten, tobte des Sturmes Haß mit verdoppelter Wut. Jetzt aber kamen seine Klänge aus dem Leben, das alle Kämpfe überwinden hilft!

Aufstiege

Spallagrat

Vom Rifugio Marco e Rosa über den Firnrücken in nördliche Richtung ansteigen bis unterhalb des Grates (hier Skidepot für Winterbesteiger). Anschließend auf dem Grat zunächst in westliche Richtung zur Spalla (Südgipfel), wo der Grat in Nordrichtung umbiegt. Nun über firnige Grathöcker (Wächten!) abwärts in die felsige Einsattelung zwischen Spalla und Hauptgipfel. Wenn das folgende Gratstück aper ist, quert man rechts (ostseitig) etwas unterhalb der Gratschneide entlang und erreicht zuletzt über schrofigen Fels den Piz Bernina. Von der Hütte etwa 2½ Stunden.
Charakteristik: Kombinierte Tour mit Felsschwierigkeiten I–II. Der obere Teil des Spallagrates ist im Hochsommer meist ausgeapert. Der untere Teil des Grates ist stellenweise durch Drahtseile gesichert. Seil, Steigeisen, Pickel. Höhen-

Der Bernina-Hauptkamm mit seiner Nordwestflanke. Piz Bernina mit Biancograt, Piz Scerscen (3971 m) und Piz Roseg (3920 m).

unterschied ab Hütte: etwa 500 Meter. Günstigste Zeit: Juli und August.
Übernachtung: Rifugio Marco e Rosa (3597 m) westlich der Fuorcla Crast'Agüzza auf der italienischen Berninaseite. Von Juli bis Mitte September bewirtschaftet, 45 Schlafplätze. Im Altbau (ständig offen) 20 Schlafplätze. Von der Bovalhütte (2¼ Stunden ab Bahnstation Morteratsch) durch den »Buuch« 5 Stunden, gleiche Zeit von der Diavolezza (Seilbahn). Vom Rifugio Marinelli (4 Stunden ab Campo Moro) 2½ Stunden.

Biancograt

Von der Tschiervahütte den Weg- und Steigspuren folgend in etwa 1½ Stunden zum Gletscher, von dem der Aufstieg in die Fuorcla Prievlusa ansetzt: Auf der rechten Seite des Firnhanges hinauf in eine Firnmulde unterhalb der Scharte. Anschließend wieder etwas steiler in ¾ Stunden vollends empor in die Fuorcla Prievlusa. Von der Hütte etwa 3½ Stunden.
Von der Scharte zum Fels, etwa 1 Seillänge rechts auf der Tschiervaseite queren, dann linkshaltend hoch zur Gratschneide und zum Gipfelkopf mit herrlichem Blick über den Biancograt. Anschließend links in der Bovalseite schräg abwärts in eine Scharte am Beginn des Firngrates. Von der Hütte etwa 4½ Stunden.
Die ersten Meter auf schmaler Gratschneide zum breiten, steileren Gratfirn. Etwas rechts des Grates (links oft Wächten!) in knapp 2 Stunden (bei guten Verhältnissen) zum Piz Bianco. Anschließend über den Felsgrat bzw. links dicht unterhalb der Gratschneide auf der Bovalseite. Danach abklettern (III–IV) oder abseilen (Haken vorhanden) in eine Scharte. In der Folge durch eine weite Verschneidung auf den Schartenturm. Wieder Abstieg in die nächste Scharte und über den Nordgrat zum Hauptgipfel. Von der Hütte etwa 7 bis 8 Stunden.
Charakteristik: Eis- und Felstour. Schwierigkeit II–III, einige Stellen IV. Seil, Steigeisen, Pickel. Höhenunterschied ab Tschiervahütte: etwa 1500 Meter. Abstieg über den Spallagrat in 1¾ Stunden zum Rifugio Marco e Rosa. Lohnend ist am folgenden Tag der Weiterweg über den Piz Palü zur Diavolezza. Beste Jahreszeit: Juli und August. Der Zugang von der Bovalhütte in die Fuorcla Prievlusa ist schwieriger und objektiv gefährlich.
Übernachtung: Tschiervahütte (2580 m) oberhalb des nördlichen Ufers des Tschiervagletschers. Bewirtschaftet über Ostern und Pfingsten sowie von Mitte Juni bis Oktober, 100 Schlafplätze. Von Pontresina durch das Rosegtal etwa 3½ Stunden.

Schrifttum

Karte: Landeskarte der Schweiz 1 : 50000 Blatt Julierpaß (Nr. 268).
Führer: Günther Flaig, Gebietsführer Bernina. Bergverlag Rudolf Rother, München.
SAC-Führer Bündner Alpen, Band IV.
Literatur: Stiebler/Nigg, Alpinmonografie Bernina. Bergverlag Rudolf Rother, München.
Arwed Möhn, Der Weiße Grat. Deutsche Alpenzeitung 1932, Seite 37–39.

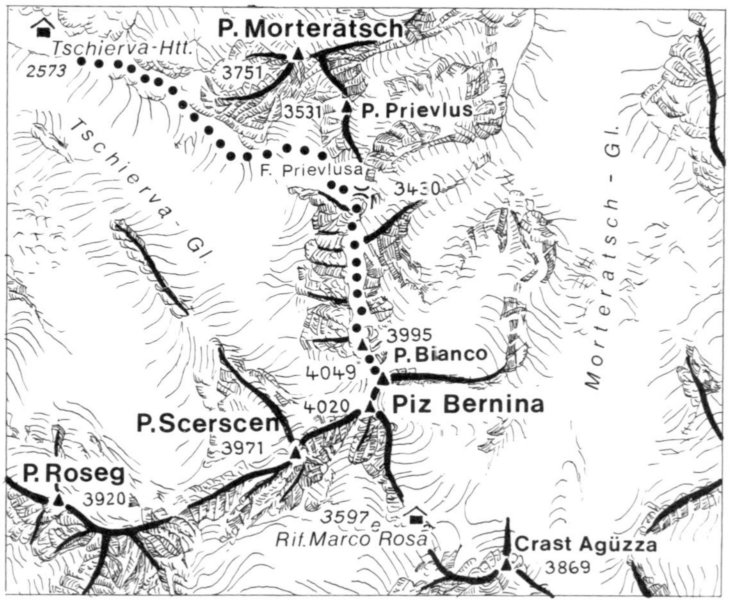

Südansicht der Drusentürme mit (von links) Großem, Mittlerem und Kleinem Drusenturm, durch dessen 350 Meter hohe Südostwand die Dietrich-Führe (IV) verläuft.

Drusentürme 2830 m

Felswände im Rätikon

Aus dem Rätikon, einem malerischen Gebirgszug der Nördlichen Kalkalpen sind besonders die Drusentürme hervorzuheben; von der Lindauer Hütte in die Nordabstürze gesehen, bilden sie den krönenden Abschluß des Gauertals, eines südlichen Seitentals des Montafon. Der Große und der Mittlere Turm brechen senkrecht zum eigenartigen Plattendach der Sporerplatte ab, die sich nach Norden keilförmig zuspitzt. Die nördliche Spitze geht in einen flachen Sattel über; jenseits dieses Sattels steigt dann die Gamsfreiheit an. Nicht minder eindrucksvoll ist die Südseite mit ihren harmonischen Formen: Wenn man von Partnun über die Garschinafurka aufgestiegen ist oder das Drusentor, die österreichisch-schweizerische Grenze, überschritten hat, steht man einer 500 Meter hohen, architektonisch schönen Felsflucht mit hervortretenden Pfeilern gegenüber.

Die höchste Erhebung der »Drei Türm« — so der Volksmund — ist der Große Turm. Der Mittlere Turm ist, genau genommen, nur eine Rückfallkuppe, die dem Großen Turm östlich vorgelagert ist. Zwischen Mittlerem und Kleinem Turm öffnet sich der Sporertobel auf der Nordseite. Die Südseite der Drei Türme ist eine geschlossene Wandfront zwischen Drusentor und Eisjöchl, das die Grenze zur Drusenfluh hin bildet.

Will man den Gebirgsstock Drusentürme-Sulzfluh in seiner imponierenden Gesamtheit erleben, sollte man ihn einmal umwandern. Es ist eine der schönsten Wanderungen im Rätikon. Sie nimmt von der Lindauer Hütte und zurück nur etwa fünf Stunden in Anspruch (siehe Trenker/Dumler »Die schönsten Höhenwege der Ostalpen«). Auch der Große und der Mittlere Turm können von jedem trittsicheren Wanderer bestiegen werden.

Wann und von wem der Große Turm erstmals bestiegen wurde, ist nicht bekannt. Es dürfte in der ersten Hälfte des 19. Jahrhunderts anläßlich von Vermessungsarbeiten gewesen sein; denn als der Bregenzer Augenarzt Karl Blodig am 17. September 1887 den Gipfel des Großen Turms erreichte, fand er eine Holzstange. Den Kleinen Turm bestiegen die Vorarlberger Walter Rüsch, B. Hämmerle und Karl Blodig am 29. Juni 1892 durch die Westflanke im Schwierigkeitsgrad II—III. Eine Steigerung war das Ostwand-Abenteuer (III+) im Sommer 1901 von K. Reif mit dem Führer Obermüller. Drei Jahre vorher waren Hock und Schottelius am Seil des Schrunser Führers Josef Both aus dem Eistobel über das Eisjöchle und durch die Westseite auf den Großen Turm gestiegen, nachdem ihnen am Vormittag schon die Drusenfluh-Überschreitung gelungen war. Übrigens wurde die Westflanke vom Gipfel weg schon mit Ski befahren; ein extremes Unternehmen. Im Jahre 1920 wagte sich die erste Seilschaft in die Südabstürze: H. Schmid aus Ragaz wurde von Walter Risch durch die 450 Meter hohe Wand an ihrer niedrigsten Stelle links des Mittleren Turms geführt. Danach ging die Erschließung des Kleinen Turms weiter: Südwand, Südostwand, Ostwand: Letztere bezwang der dreißigjährige Pforzheimer Lehrer Walter Stösser mit seinem Gefährten Seyfried am 10. Juni 1930. Am darauffolgenden Tag gelang der gleichen Seilschaft die Nordwestkante des Großen Turms. Fünf Jahre später stürzte der erfolgreiche Alpinist Walter Stösser in der Morgenhorn-Nordwand in den Tod.

Während des Sommers 1933 durchstieg erstmals im Rätikon im VI. Schwierigkeitsgrad Ernst Burger mit K. Bizjak und F. Matt die Südwand des Großen Turms auf einer geraden Führe mit der heute kaum noch begangenen Schlüsselstelle, dem sogenannten Burger-Überhang.

Klettern, klettern, klettern ...

In den fünfziger Jahren nahm die Erschließung der Drusentürme ein bis dahin nicht gekanntes Ausmaß an. Den Beginn hatte der achtzehnjährige Bludenzer Toni Hiebeler mit Richard Blacha am 1. September 1948 in der Nordwand des Großen Drusenturms gemacht. In sieben Stunden war ihnen eine anspruchsvolle Route durch die 200 Meter hohe Wand gelungen, die erst am 2. Januar 1964 von Siegfried Hupfauer und Roland Votteler auch im Winter bezwungen wurde. Hiebeler, einem Draufgänger, der später noch alpinen Ruhm erntete, gelang mit Günther Flaig am 2. Januar 1950 die erste Winterdurchsteigung der Kleinen-Drusenturm-Südostwand; im gleichen Jahr, am 11. Juli, legte er mit Wendelin Lutz aus

Nenzing eine Direktführe durch die 250 Meter hohe Ostwand des Mittleren Drusenturms.
Ab 1954 kamen auch Ostschweizer, vor allem Mitglieder des »Kletter-Clubs Alpstein« zum Südwandfels der Drusentürme. Am 6. September 1954 stiegen Max Niedermann aus Winterthur und Wisi Fleischmann in den Südpfeiler des Großen Turms ein. Sie waren gut in Form. Im Sommer war ihnen die dreizehnte Durchsteigung der Torre-di-Valgrande-Nordwestwand und die fünfte Begehung der Vinatzer-Route an der Marmolada gelungen. Den Südpfeiler überkletterten sie in zehn Stunden und schlugen dabei etwa 75 Haken. Das Urteil von Wiederholern lautete: »Es ist die in ihrer Linienführung großartigste Führe durch die Südwände.«
Am 12. Juli 1956 machte wieder Toni Hiebeler von sich reden. Mit dem Wiener Raimund Heinzel bezwang er in neuneinhalb Stunden die Nordwand des Mittleren Drusenturms, nachdem seit 1948 sechs Versuche gescheitert waren. Die Hiebeler-Route glückte dem achtzehnjährigen Gymnasiasten Ralf Deseke aus Singen am 19. August 1960 in fünf Stunden im Alleingang. Es war die neunte Begehung überhaupt; Deseke war 1959 in der Seilschaft schon die achte Begehung gelungen. Erste Winterdurchsteiger waren die Ulmer Siegfried Hupfauer und Heinz Kaiser am 29. Dezember 1963, als erste Dame kam die Tschechin Sylvia Kysilkova mit Gerhard Baur aus Friedrichshafen am 19. Juli 1965.
Im westlichen Teil der Südwand des Großen Turms fand der Schweizer Seth Abderhalden mit dem gebürtigen Sachsen Peter Diener vom 28. bis 29. September 1957 eine neue Route links des Anstieges von Ernst Burger und seinen Gefährten. Sie heißt nun »Abderhalden-Gedächtnis-Führe«, zur Erinnerung an diesen erfolgreichen Appenzeller Bergsteiger, der am 20. November 1960 im Alter von dreiundzwanzig Jahren im Säntisgebirge in einer Lawine ums Leben kam. Abderhalden eröffnete auch in der Südwestwand eine äußerst schwierige Tour. Auch diesmal, am 25. und 26. Mai 1958, war Peter Diener am anderen Seilende, als es in sechzehnstündiger Kletterzeit durch die fast 500 Meter hohe Wand ging. Allerdings weicht die Originalführe im obersten Wandteil links zum Sauzahn aus, einem markanten Gratturm. Diesen »Schönheitsfehler« korrigierte Diener mit E. Neeracher am 21. September 1958 durch einen geraden Ausstieg. Die erste Winterbegehung am 14. Januar 1974 in sechs Stunden gelang den Schweizern Hansjörg Wellenzohn und Toni Holdener.
In den sechziger Jahren wurde es ruhiger an den Drusentürmen. Alle Anstiege wurden zwar wiederholt, vor allem die Niedermann-Fleischmann-Führe, doch wesentliches Neuland blieb vorläufig unangetastet.
Zum Anfang der siebziger Jahre entdeckte Gerhard Baur, Kameramann von Beruf, den 500 Meter hohen Südostpfeiler rechts des »Niedermann-Pfeilers« rechtzeitig vor seinen Konkurrenten und bezwang ihn mit Otto Sittel am 11. Juni 1971 nach Vorbereitungsarbeiten in 11 Stunden. Die Schlüsselstelle, eine Platte an der Grenze des Menschenmöglichen (VI+), wurde später von den Drittbegehern durch einen Bohrhaken entschärft. Eine der anspruchsvollsten Rätikonführen gelang am 13. Juli 1982 den Schweizern Thomas Burtscher, Wolfgang Loacker und Beat Kammerlander mit ihrer Route »Vergißmeinnicht« in der markanten Verschneidung in der Südwand des Großen Turmes. Nur 15 Meter sind technisch (A4), ansonsten VI und VI+ mit mehreren Passagen VII und einer Stelle im Schwierigkeitsgrad VII+.

Aufstiege

Von Norden

Von der Lindauer Hütte zwischen Alpengarten (rechts) und Porzalengawand (links) kurz westwärts. Anschließend über einen latschenbewachsenen Moränenrücken. An seinem oberen Ende (20 Minuten von der Hütte) weiter mit Serpentinen durch den Grashang, dann durch Latschen und über Geröll zunächst in Richtung Drei Türme, etwas später linkshaltend in Richtung (Süden) Drusentor und durch eine Rasenrinne zur Weggabelung (1 Stunde von der Hütte). Von dort rechtshaltend (links zum Drusentor) in Richtung des Sporerturms an der Basis des Kleinen-Turm-Nordgrates. Etwa ½ Stunde nach der Abzweigung folgen kurze Kehren in einem Geröllhang (etliche Meter unterhalb ein mächtiger Felsblock mit Steinmann). Man gelangt in eine mit grobem Blockwerk gefüllte Mulde unter der Steilstufe zwischen Kleinem Turm und Sporerturm. Anschließend beschreibt die Route eine Rechtsschleife, wird steiler und auch etwas ausgesetzt. Auf gut sichtbarer Steigspur wird dann der Sattel zwischen Sporerturm und Kleiner-Turm-Nordgrat erreicht (der gerade Aufstieg von der Blockmulde durch das Bothaloch ist schwieriger, I—II). Der Wegspur weiter folgend in südliche Richtung ansteigen durch das Hoch- und Steilkar des Sporertobels (im Frühsommer Schneefelder), wobei man sich im unteren Teil schwach links, im oberen Teil mehr rechts hält. Am oberen Rand des Tobels teilen sich die Wege erneut:

Kleiner Drusenturm

Von der Wegeteilung in die Sattelmulde zwischen dem Kleinen und dem Mittleren Turm. Von dort in 10 Minuten nordostwärts hinauf zur Basis des Gipfelaufbaus. Einstieg unter einem kleinen, aber gut erkennbaren Schärtchen im Südgrat. Durch eine rißartige Verschneidung (II) in das Schärtchen. Nun rechts (östlich) um den Turm in eine weitere Gratscharte. An der folgenden Steilstufe links empor (II) zu einem Abseilring und über den Grat zum Gipfel. Vom Einstieg etwa 20 Minuten.
Charakteristik: Bis zum Einstieg Wanderung, dann Kletterei im II. Schwierigkeitsgrad. Seil, Karabiner.

Großer Drusenturm

Von der Wegeteilung kehrenreich in Geröll und Schrofen durch die Südost- bzw. Ostflanke in ½ Stunde zum Großen Turm. Von der Hütte etwa 3½ Stunden.
Charakteristik: Wanderweg. Im Frühsommer stellenweise Firn, der vor allem bei der kurzen Steilstufe unter der Einsattelung zwischen den beiden Türmen unangenehm werden kann. Beste Jahreszeit: Juli bis Spätherbst. Höhenunterschied ab Lindauer Hütte: etwa 1100 m.
Übernachtung: Lindauer Hütte (1744 m) am Westrand des Porzalengawaldes. Bewirtschaftet an Ostern, Pfingsten sowie von Anfang Juni bis Mitte Oktober, Lager und Betten. Winterraum mit Kochgelegenheit, Holz und Decken. Von Latschau (Auffahrt von Tschagguns, auch Postbusverkehr) etwa 2½ Stunden, von der Bergstation der Golmerbahn großartige Höhenwanderung in etwa 2 Stunden.
Bei der Lindauer Hütte ist ein botanisch hochinteressanter Alpengarten angelegt worden.

Schrifttum

Karten: Freytag & Berndt Umgebungskarte Feldkirch–Bludenz–Schruns 1:50000 Blatt 371. Kompaß-Wanderkarte 1:50000 Blatt 32 Rätikon mit Kurzführer.
Führer: Günther Flaig, Alpenvereinsführer Rätikon. Bergverlag Rudolf Rother, München.
Literatur: Walther Flaig, Das Rätikongebirge. Jahrbuch des Österreichischen Alpenvereins und des Deutschen Alpenvereins 1959 und 1960. ALPINISMUS Heft 8/1966, Durch den Rätikon.

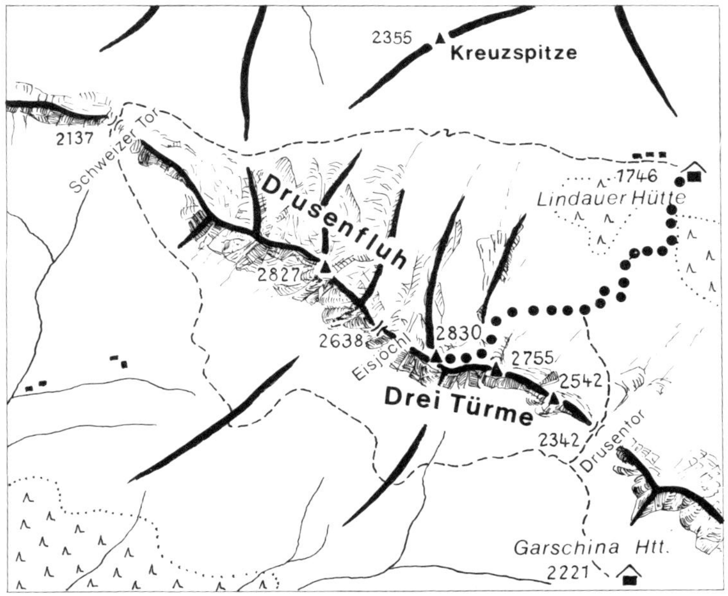

Fluchthorn 3399 m

Der gewaltigste Silvrettaberg

Der höchste Gipfel der Silvretta ist mit 3410 Meter zwar der Piz Linard; das Fluchthorn, oder genauer die Fluchthörner sind jedoch der gewaltigste Bergstock in dieser Gruppe der Nordrätischen Alpen. Über das Fluchthornmassiv verläuft die österreichisch-schweizerische Grenze. Der Zackenbau der von drei Gipfeln gekrönten Fluchthorn-Mauer ruht auf einer mächtigen, von Süden nach Norden gestreckten Basis, die nach Westen und Osten sehr steil abfällt und in südwestliche Richtung einen mit bizarren Türmen besetzten Seitenkamm weit in das obere Futschöltal vorschiebt. Zu Füßen des Berges erstreckt sich östlich der Kronenferner, über dem Zahnjoch der Untere Fimberferner und im Westen der Untere Fluchthornferner, der mit dem Kronenferner eine hohe Flachterrasse im Futschöltal bildet. An die Westseite des Seitenkammes schmiegt sich der Obere Fluchthornferner.
Hauptgipfel ist das 3399 Meter hohe Südliche Fluchthorn; die anderen Gipfel erheben sich in seinem Nordgrat. Der Mittelgipfel, 3397 Meter, wurde früher auch Rennerspitze genannt, nach dem verdienstvollen Erschließer der Jamtalberge, dem Stuttgarter Finanzrat E. Renner. Zwischen Hauptgipfel und Mittelgipfel ist die Fluchthornscharte eingekerbt, zu der vom Unteren Fluchthornferner eine ziemlich steile, von der Jamtalhütte aus gut sichtbare Eisrinne hochzieht. Südlich des Hauptgipfels ist zwischen dem Gipfelaufbau und dem Südwestkamm die durch einen Felsklotz gedoppelte Südscharte zu erkennen. Der Nordgrat des Mittelgipfels wird durch senkrechte Abbrüche treppenartig gestuft und erhebt sich aus dem flachen Sattel der Nordscharte. Sie ist mit dem Unteren Fluchthornferner durch eine breite, ab Mittag dem Steinschlag ausgesetzte Schneerinne verbunden.
Aus der Nordscharte gelangt man über Stufen zum Nordgipfel. Er wird von einigen niedrigen Türmen umgeben und zeigt sich über dem Larainferner mit einer imposanten 500 bis 600 Meter hohen Steilwand.
Die frühe Entdeckung der Fluchthorngipfel durch den Bergsteiger ist auf ihre imposanten Formen zurückzuführen. Der Aufstieg von Weilenmann aus dem Jahr 1861 ist noch heute der Normalweg von Süden, beziehungsweise von der Jamtalhütte durch die »Weilenmannrinne«, deren Namensgeber Walther Flaig war, in die Südscharte und von dort zum Hauptgipfel. Von Westen, von der Heidelberger Hütte über den Fluchthornferner, ist der Zugang in die Südscharte schwieriger; er sollte nur bei guten Verhältnissen (harter Firn) mit Steigeisen unternommen werden. Diese Route wurde 1876 erstmals im Abstieg von dem Montafoner F. J. Battlog, Pfarrer in Gaschurn, mit den Führern Gapp aus Bludenz und Vincenz Saler aus Gaschurn begangen. Nachdem Battlog am 11. September des gleichen Jahres auf seiner Route auch im Aufstieg die Südscharte erreichte, war dies lange Zeit ein bevorzugter Weg. Das änderte sich erst im Jahr 1882 nach der Erbauung der Jamtalhütte, die zugleich die erste Alpenvereinshütte in der Silvretta war.
Eine klassische Tour und eine der schönsten Grattouren (III) in der Silvretta ist die Überschreitung der Fluchthörner. Sie gelang erstmals dem zweiunddreißigjährigen Bregenzer Victor Sohm mit K. Eyth am 25. August 1901. Allerdings von Süden nach Norden, während man heute die Gipfel meist von Norden nach Süden traversiert, vor allem um dem Steinschlag in der Rinne der Nordscharte zu entgehen und um die Steilaufschwünge vor dem Mittelgipfel im Aufstieg leichter bewältigen zu können, als es im Abstieg möglich wäre.

Johann Jakob Weilenmann

Zählt man die erfolgreichsten ostalpinen Bergsteiger aus der zweiten Hälfte des 19. Jahrhunderts auf, darf Johann Jakob Weilenmann nicht fehlen.
Weilenmann wurde am 24. Januar 1819 in St. Gallen geboren. Der Vater, ein Lehrer, starb, noch ehe der Sohn zehn Jahre alt war. Johann Jakob erlernte den Beruf des Kaufmanns und wurde dann später in eine Zweigstelle seines Betriebes nach Nordamerika versetzt. Als ihn dort die Büroarbeit nicht mehr befriedigte, schlug er sich auf eigene Faust nach Brasilien durch. Dort legte er innerhalb von 10 Monaten eine wertvolle Insektensammlung an. Doch dann vertrug er das Klima nicht mehr und reiste wieder zurück in die Heimat. Inzwischen war Weilenmann bereits über dreißig Jahre alt geworden, aber das hinderte ihn nicht, nun in den

Schweizer und Tiroler Bergen nach Gipfeln Ausschau zu halten, die noch kein Mensch bestiegen hatte. Mit seinem weißleinenen Anzug, dem breitrandigen Panamahut, dem einäugigen Fernglas und dem mannshohen Bergstock war der bärtige Eidgenosse dort, wo er auftauchte, bald eine bekannte Erscheinung. Tagelang konnte Weilenmann nur von Milch, Brot und Käse leben. Er schlief in Höhlen, im Heu bei Hirten — er war so anspruchslos, wie ein Bergsteiger in der damaligen Zeit sein mußte. Im Juli 1861 kam er in die Silvretta; Franz Pöll, der »Pöllele«, ein bärenstarker flinker Gemsjäger und Schäfer aus Mathon, begleitete ihn. Das Wetter war schlecht. Als Quartier diente eine Alphütte im Laraintal, in der Pöll während der Sommermonate hauste. Als sich die Wetterlage endlich besserte, brachen sie am 12. Juli 1861 auf. Zunächst hielt Weilenmann den falschen Berg, die Krone, für das Fluchthorn; deshalb strebten sie dem Joch zwischen den beiden Bergen zu. Erst dort wurde der Irrtum erkannt. Auf der Suche nach einem Aufstieg entdeckte Weilenmann schließlich einen gangbaren Weg in die Südscharte der Fluchthörner. Von dort kletterten sie über verschneite Felsen zum Hauptgipfel empor. Mit dieser Route hatte Weilenmann den besten, heute noch gebräuchlichen Anstieg auf das Fluchthorn eröffnet.
Das Fluchthorn war nur eine seiner zahlreichen Erstbesteigungen: 1862 sah man ihn auf dem Ramolkogel und auf der Hohen Wilden, 1865 auf dem Piz Buin. Selbst im hohen Alter, mit über siebzig Jahren, ging Weilenmann noch auf die Sulzfluh im Rätikon — als Alleingänger. Dann wurde er drei Jahre ans Krankenbett gefesselt. Vorbei waren die Zeiten, da er, schon bejahrt, im eiskalten Bergsee gebadet und auf die erstaunte Frage eines Vorbeikommenden geantwortet hatte, er habe das Wasser in den Bergseen »nie unter 8 Grad gefunden!« Als er am 8. Juni 1896 mit 77 Jahren starb, hinterließ er 150 000 Franken, die dem Kanton St. Gallen für wohltätige Zwecke zuflossen.
Den Spuren von Weilenmann am Fluchthorn folgte am 26. Oktober 1872 eine zweite Seilschaft: es waren J. A. Specht aus Wien und Franz Pöll. Diesmal stiegen sie aus dem Jamtal kommend über den Oberen Fluchthornferner. Die erste Dame auf dem Gipfel war Hermine Tauscher-Geduly mit ihrem Mann und den Führern Alois Pinggera und Josef Reinstadler aus Sulden sowie Gottlieb Lorenz aus Galtür am 18. Juli 1885.
Hart umkämpft wurde der Mittelgipfel. Am 28. Juli und am 12. September 1888 schlugen Wetterstürze den Stuttgarter E. Renner zurück; im gleichen Jahr scheiterte auch der Schwabe Hermann Schmidt. Erfolg hatte erst Gustav Schwarz mit den Führern Ignaz Lorenz und Gustav Walter aus Galtür am 22. August 1889. Sie gelangten von Westen durch die Eisrinne in die Fluchthornscharte und anschließend von Süden auf den Mittelgipfel.
Am 21. August 1890 wurde dann auch der Nordgipfel erobert, und zwar durch Egon Stücklen aus Stuttgart mit Ignaz Lorenz. Auch sie waren von Westen her aufgestiegen und erreichten durch eine Eisrinne die Nordscharte.
Den Reigen der schwierigen Kletterführen eröffnete der vierunddreißigjährige Dresdener Schneidergeselle Emanuel Strubich. »Mani«, wie ihn seine Freunde riefen, war einer der besten Freikletterer seiner Zeit und stand Größen wie Dülfer oder Preuß kaum nach. Das bewies er am 17. August 1921, als er sich allein — und barfuß in die Nordwand des Nordgipfels wagte. Die Verhältnisse waren denkbar schlecht, der Fels vereist. Strubich mußte sein ganzes, im heimatlichen Elbsandstein erworbenes Können ausspielen. Er schaffte die abweisende Wand über dem Larainferner: neun Stunden nach dem Verlassen der Heidelberger Hütte schwang sich der Sachse auf den obersten Gipfelfelsen. Es ist heute noch eine der schwierigsten kombinierten Silvrettafahrten. Der kleine Mann aus Dresden hat sie damals, ohne einen einzigen Haken zu schlagen, geschafft.

Aufstiege

Normalweg

Vom Wegzeiger auf der Südseite der Jamtalhütte in östliche Richtung taleinwärts, auf einer Brücke über den Futschölbach und an ihm links entlang zum »Breiten Wasser«, einer fla-

Fluchthorn. Die Weilenmannrinne (Bildmitte) führt in die Südscharte zwischen Südwestgrat und Gipfelpyramide.

chen Talstufe. An ihrem linken Rand wird eine Quelle passiert. Von dort halbrechts (südostwärts) durch den Bachgraben hinauf zu einer zweiten begrünten Stufe. An ihrem linken Rand gabeln sich die Wege beim »Finanzerstein«. Alpenvereinsweg links in Richtung Zahnjoch. Rote Markierung; steiler bergan und oben durch ein Moränental; rechts hoch zur nördlichen Seitenmoräne des Kronenferners. Anschließend auf dem Moränenrücken noch ein Stück in Richtung Zahnjoch, bis in einem groben Blockfeld die Route in die Südscharte links abzweigt. Nun ansteigen über Geröll oder im Firn in die »Weilenmannrinne«. Im oberen Teil rechtshaltend zu einer Felsrippe, über die es gutgestuft vollends hochgeht in die Südscharte. Von der linken (westlichen) Scharte ostwärts und links auf der Nordseite um einen Felskopf herum in die östliche Scharte und zum Gipfelaufbau. Auf einem kleinen Geröll-(Firn-)winkel kurz rechts absteigen zu einem Spalt. In ihm 7 Meter hoch (II—III), dann rechts in eine Rinne, die gequert wird. In der Folge 2 Seillängen über Geröllstufen schräg ansteigend auf ein großes, firnbedecktes Schuttfeld. Über den Firn schräg rechts hoch, anschließend über kurze Felsaufschwünge und durch Rinnen hinauf zum obersten Südostgrat. Auf ihm weiter zum Gipfel; Steilstufe links ansteigend. Von der Hütte etwa 5 Stunden.
Charakteristik: Je nach Verhältnissen mehr oder weniger kombinierte Tour, ab der Südscharte Schwierigkeitsgrad II bis III. In der »Weilenmannrinne« sind bei hartem Firn (frühmorgens) Steigeisen eine spürbare Hilfe. Vorsicht: kein leichtsinniges Abfahren in der Rinne! Höhenunterschied ab Jamtalhütte: etwa 1300 m. Beste Zeit: Anfang Juli/Ende Sept.
Übernachtung: Jamtalhütte (2165 m). Bewirtschaftet von Mitte Februar bis Ende Mai und vom 1. Juli bis Ende September, 220 Schlafplätze. Winterraum ständig offen, 12 Lager. Von Galtür 3 bis 3½ Stunden, von der Bielerhöhe über die Getschnerscharte 4½ Stunden.

Überschreitung

Von der Jamtalhütte wie beim Normalweg zum »Breiten Wasser«. Von dort in das moränengefüllte Gletscherkar und weiter ansteigen in Richtung Larainscharte, die am Westgratende des Nordgipfels eingekerbt ist. Von der Scharte auf den Nordgipfel, Abstieg in die Nordscharte, empor zum Mittelgipfel, Abstieg in die Fluchthornscharte und zum Südgipfel, von wo auf dem Normalweg abgestiegen wird. Von der Hütte und zurück: etwa 8 bis 10 Stunden.
Charakteristik: Großzügige kombinierte Tour mit Felsschwierigkeiten im II. und III. Grat. Pro Seilschaft ein Eisbeil und Steigeisen. Ausführliche Beschreibung im Alpenvereinsführer. Günstigste Jahreszeit: Mitte Juli bis Herbst.

Schrifttum

Karten: Kompaß-Wanderkarte 1:50000 Blatt 41 Silvretta-Verwallgruppe. Spezialkarte: Alpenvereinskarte Silvrettagruppe 1:25000.
Führer: Günther Flaig, Alpenvereinsführer Silvretta. Bergverlag Rudolf Rother, München.
Literatur: Walther Flaig, Das Silvrettabuch. Bergverlag Rudolf Rother, München. H. Cranz, Die Jamtalgruppe. Zs. des Dt. und Österr. Alpenvereins 1909, Seite 213 bis 237.

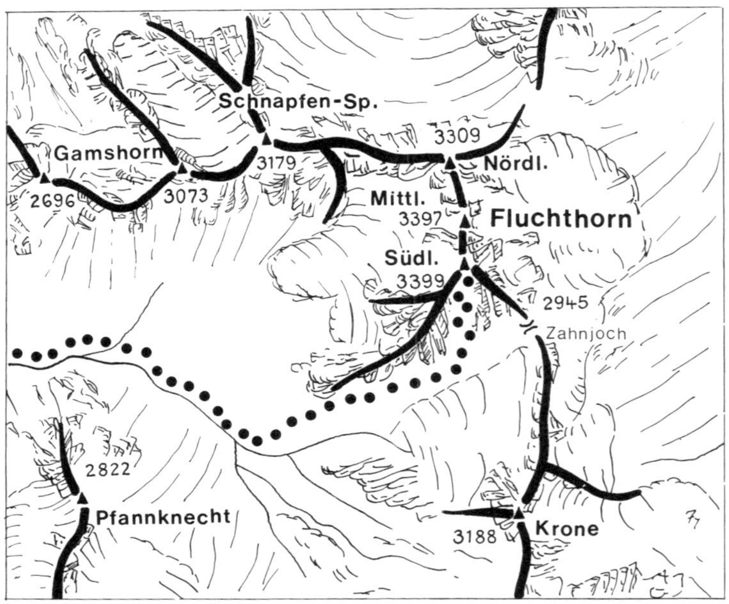

Die in den Ötztaler Alpen alles überragende Wildspitze; rechts davon der Hintere Brochkogel. In der Bildmitte der Taschachferner.

Wildspitze 3770 m

Höchster Gipfel der Ötztaler Alpen

Die mächtigste Berggruppe der Ostalpen sind die Ötztaler Alpen. Ein Blick auf ihre ausgedehnte Eiswelt macht es verständlich, daß einst der naive Glaube vorherrschte, das ganze Gebiet sei von einem einzigen großen Gletscher bedeckt. Das ist nicht einmal so falsch gesehen: nimmt man nämlich den Hauptstock zwischen Wildspitze und Weißkugel als Beispiel, dann zeigt er sich als weites, nahezu geschlossenes Gletschermeer.

Höchste Ostalpen-Gipfel finden sich zwar in den Ötztaler Alpen keine, doch dafür stehen hier allein 253 Dreitausender. Charakteristisch ist die beträchtliche Höhe der Kämme. Dadurch fehlen zahlreichen Gipfeln ausgesprochen hervorragende Formen.

Der höchste Gipfel im Weißkamm, im Ötztaler Bergraum überhaupt sowie in ganz Nordtirol ist die Wildspitze, zugleich der zweithöchste Berg Österreichs. Ihre herrlich geschwungenen Grate über den Eisbrüchen des Taschach-, Rofenkar- und Mitterkarferners vereinigen sich im Nord- und Südgipfel.

Beide Gipfel sind durch eine 300 Meter lange, manchmal stark verwächtete scharfe Firnschneide verbunden. Das Kreuz steht auf dem Südgipfel. Nach Südosten entsendet die Wildspitze zwischen Rofenkarferner und Mitterkarferner einen breiten, felsigen Zweigkamm mit dem 3556 Meter hohen Ötztaler Urkund als eigenständigen Gipfel, der bei einer Begehung des Südostgrates erklommen wird. Auf den begrünten, südlichen Ausläufern des Kammes steht die Breslauer Hütte, der idealste Stützpunkt auf der Südseite der Wildspitze. Vom Gipfelstock senkt sich westwärts eine gratartige Schneide in das Mitterkarjoch.

Jenseits des Joches steigt der Hintere Brochkogel an. Ausgeprägter und alpin sehr anspruchsvoll ist der lange Nordostgrat in Richtung Rechter Fernerkogel. Von dort, genau gesagt über den Mittelbergferner beziehungsweise von der Braunschweiger Hütte, führt der Skiweg über das Mitterbergjoch zur Wildspitze. Den prachtvollsten Anblick bietet die Nordseite: Über dem von wilden Gletscherbrüchen durchzogenen Taschachferner erhebt sich das formvollendete Dreieck der ungefähr 300 Meter hohen Nordwand des Nordgipfels. Diese Eisflanke vermittelt einen lohnenden Durchstieg; seine Neigung reicht nur im untersten Teil an etwa fünfzig Grat heran und liegt sonst bei fünfundvierzig Grad. Schwierigkeiten kann lediglich die Überwindung der Randkluft bereiten. Wer von der Breslauer Hütte zur Nordwand geht, quert am besten über den Nordwestgrat in die Flanke.

Der meistbegangene und kürzeste Aufstieg zur Wildspitze verläuft von der Breslauer Hütte über das Mitterkarjoch. Es ist bei gutem Wetter auch eine Tour für Anfänger im Eis.

Von der Braunschweiger Hütte muß man länger gehen; dieser Anstieg ist vor allem für Skibergsteiger oder für Alpinisten interessant, die zum Nordostgrat wollen. Dessen Gesamtüberschreitung vom Sattel südwestlich des Rechten Fernkogels ist eine der großzügigsten Fahrten in den Ötztaler Alpen. Der obere Gratabschnitt kann, jahreszeitlich verschieden, stark überwächtet sein. Dort stürzte der bekannte Ulmer Bergsteiger Georg Maier am 24. Juli 1967 tödlich ab; Maier war unangeseilt gegangen!

Vom Taschachhaus sind es auf dem Rimlsteig nur vier Stunden zum Wildspitzgipfel, doch ist diese Route schwieriger als die bereits erwähnten Wege und birgt darüber hinaus auch noch objektive Gefahren. Der Weg von der Vernagthütte über das Brochkogeljoch nimmt ebenfalls etwa vier Stunden in Anspruch, wird aber verhältnismäßig wenig begangen.

Empfehlenswert ist der Nordwestgrat, die rechte Begrenzung der Nordwand. Man erreicht den Grat, wenn man vom Normalweg nach dem Mitterkarjoch nicht rechtshaltend hochsteigt, sondern unterhalb der Nordwestflanke in östliche Richtung quert. Der Grat selbst ist nicht wesentlich schwieriger als die übliche Route, aber weit weniger überlaufen. Er endet auf dem Nordgipfel, so daß man im Anschluß noch etwa zehn Minuten zum Südgipfel hinübergehen muß: insgesamt eine genußvolle Überschreitung der Wildspitze.

Von Franz Senn zu Eugen Guido Lammer

Der Name Franz Senn ist eng mit der Erschließung der Ötztaler Alpen verbunden. Außerdem war Senn, seines Amtes Kurat in Vent, einer der sechsunddreißig Bergfreunde, die sich am 9. Mai 1869 in München im Saal der »Blauen Traube« zusammensetzten und den Deutschen Alpenverein gründeten.

Franz Senn, der »Gletscherpfarrer«, hatte schon früh erkannt, wie ideal die Ötztaler Alpen für den Bergsteiger sind. Ideal deshalb, weil die meisten Gipfel und Pässe keine außerordentlichen Schwierigkeiten bergen und die Täler bequeme Zugänge bilden. Doch der Weg zum eigentlichen Tourismus war weit. Vent konnte 1854 nur fünf Besucher verzeichnen, und in Gurgl wurden zwischen 1830 und 1855 lediglich 362 Fremde registriert. In diese Zeit fiel der erste Versuch, die Wildspitze zu erobern: Nachdem die Münchner Naturwissenschaftler Adolf und Heinrich von Schlagintweit 1845 erste Gletscherstudien betrieben hatten, stießen sie 1847 an der Wildspitze bis in eine Höhe von 3500 Meter vor. Ein Jahr später soll — es ist bis heute nicht bestätigt — Leander Klotz mit einem Bauern aus Vent den Südgipfel erreicht haben. Nachweislich als erste stiegen aber erst am 26. August 1857 der Wiener J. A. Specht und die Brüder Leander, Nicodemus und Hans Klotz auf die Wildspitze. Leander Klotz, der erfolgreichste aus der Familie der »Klötz von Rofen«, betrat 1861 auch als erster den Nordgipfel, und zwar über den Verbindungsgrat vom Südgipfel. Erstmals Besuch von Touristen erhielt der Nordgipfel am 24. September 1870: Moritz von Statzer und Franz Senn erreichten mit den Führern Alois Ennemoser und Gabriel Spechtenhauser den Hauptgipfel. Diese Besteigungen erfolgten von Vent über das Mitterkarjoch, also in etwa auf der Route des Normalweges unserer Tage. Die Gipfelbesteigung selbst wurde von den meisten, so auch von Anton von Ruthner 1861, als gefahrvoll und schwierig geschildert.

Vor 1870 entdeckten die Pitztaler Führer Abraham, Franz und Isaak Dobler mit Dominikus Schöpf eine Anstiegsroute über das Mittelbergjoch. Ihre Ausrüstung bestand aus langen Bergstöcken und, in Ermangelung von Eispickeln, aus Holzbeilen ...

Franz Senn war es zu verdanken, daß sich der Deutsche Alpenverein beziehungsweise einige seiner Sektionen intensiv für den Hüttenbau in den Ötztaler Alpen einsetzten. Im Tourengebiet um die Wildspitze entstand 1874 das Taschachhaus, 1882 die erste Breslauer Hütte und 1892 die Braunschweiger Hütte. Bald erwiesen sich die Hütten als zu klein und mußten nach und nach erweitert werden.

Im Jahr 1865 pflanzte der Führer Cyprian Granbichler auf beiden Wildspitzgipfeln Fahnen auf. Drei Jahre danach starb er an Erschöpfung im Schneesturm am Hochjoch; Franz Senn entging dem Tod damals nur mit knapper Not.

1865 war auch das Jahr, in dem G. H. Fox aus Falmouth, Douglas William Freshfield aus Oxford, Francis Fox Tuckett aus Bristol und J. H. Backhouse aus Darlington mit dem Chamoniarden François Devoussoud, Peter Michel aus Grindelwald und dem einheimischen Benedict Klotz den Südgrat, den »Urkundgrat« erstbegingen.

Im Sommer 1878 gingen der Wiener Professor Josef Plank und der Venter Führer Johann Schreiber über den herrlichen Nordwestgrat. Und am 4. September 1880 gelangte der Prager Moritz Umlauft mit Johann Falkner und Caspar Grüner aus Vent erstmals vom Rofenkarferner über den Nordostgrat zum Nordgipfel.

Am 16. August 1893 kam der dreißigjährige Wiener Dr. Eugen Guido Lammer, eine der profiliertesten Gestalten des Alpinismus, zur Wildspitze. Wie auf fast allen seinen Touren, war Lammer, der romantisch-idealistische Geist, auch diesmal allein: »Rotglühend lohte in meinem Busen die Sehnsucht nach alpiner Tat, unlöschbar der Durst nach Todesgefahr. Ich war entschlossen, das Höchste zu wagen, das Leben jederzeit hinzuwerfen, wie einen zerbrochenen Bergstock.« Lammer kämpfte sich durch die eisige Südostwand zum Gipfel. Die Überwindung der Gratwächte war seinen Angaben nach »unheimlich« gewesen. Wieder war ihm ein schöner Erfolg zuteil geworden.

Aufstiege

Von der Breslauer Hütte

Von der Hütte in nordwestliche Richtung mäßig ansteigend auf gutem, rot markiertem Steig zum Mitterkarferner. Anschließend im Bogen um den Südwestsporn der Wildspitze herum in die hintere Gletscherbucht. Danach wird das Eis steiler. Die Route führt hinauf in die tiefste Einsattelung zwischen Wildspitze (rechts) und Hinterem Brochkogel (links) in das Mitterkarjoch. Nun rechtshaltend, schwach nordostwärts fast eben in eine weite Firnmulde. Weiter durch den Hang (Spaltengefahr!), nun wieder steiler, empor in weniger geneigtes Gelände. Dort rechtshaltend (südlich) hinauf zum Grat und auf ihm weiter zu dem schon sichtbaren Gipfelkreuz. Von der Hütte 3½ Stunden.

Charakteristik: Die Tour verläuft überwiegend im Gletschergelände; nach dem Mitterkarjoch besteht Spaltengefahr. Seil, Steigeisen, Eispickel. Höhenunterschied ab Hütte: 950 Meter. Beste Jahreszeit: Juli bis September.

Übernachtung: Breslauer Hütte (2840 m) am Nordhang des Rofentales. Bewirtschaftet von Ende Juni bis Anfang Oktober, 220 Schlafplätze. Winterraum ständig offen, 12 Lager. Von Stablein (Lift ab Vent) 1¼ Stunden, von Vent 3 Stunden.

Von der Braunschweiger Hütte

Zunächst Abstieg über den Karlesferner auf den Mittelbergferner. Über ihn in einem schwachen Rechtsbogen durch zwei Gletschermulden hinauf in das Mittelbergjoch. Von dort in blockigem Fels südwärts hinunter zum östlichsten Rand des Taschachferners. In der Folge in südwestliche Richtung auf den oberen Taschachferner, wo man sich etwas rechts hält, um im Bogen die Spaltenzone zu umgehen (manchmal kann die Spaltenzone auch direkt durchschritten werden). Nach dem Rechtsbogen hält man sich links und gelangt über die Gletscherfläche unterhalb des Mitterkarjochs in östliche Richtung zum Wegverlauf von der Breslauer Hütte und vollends hoch zum Gipfel. Von der Braunschweiger Hütte etwa 5 Stunden.

Charakteristik: Gletschertour. Nur bei guten Sichtverhältnissen. Seil, Steigeisen, Pickel. Der Aufstieg von der Braunschweiger Hütte wird meist als Skitour im Frühjahr unternommen. Skidepot im Hang unterhalb des Gipfelgrats. Höhenunterschied ab Hütte: etwa 1100 Meter.

Übernachtung: Braunschweiger Hütte (2759 m) auf einer Kuppe über dem Karlesferner im hintersten Pitztal. Bewirtschaftet von Anfang März bis Ende April sowie von Mitte Juni bis Mitte Oktober, 150 Schlafplätze; Winterraum ständig offen, 11 Lager. Von Mittelberg (Ski- und Rucksacktransport, Material-Seilbahn) etwa 3 Stunden. Von Sölden bzw. Parkplatz der Gletscherstraße über das Pitztaler Jöchl etwa 1 Stunde. Vom Rettenbachjoch (Lift) ¾ Stunden.

Schrifttum

Karten: Kompaß-Wanderkarte 1 : 50 000 Blatt 43 Ötztaler Alpen. Spezialkarte: Alpenvereinskarte Ötztaler Alpen 1 : 25 000, Blätter Weißkugel und Gurgl (mit Skirouten).
Führer: Heinrich Klier, Alpenvereinsführer Ötztaler Alpen. Bergverlag Rudolf Rother, München.
Literatur: Richard Schucht, Das Pitztal. Zeitschrift des Deutschen und Österreichischen Alpenvereins 1906, Seite 283 bis 286. Hannes Gasser, Erlebnis Ötztal. Leopold Stocker Verlag, Graz.

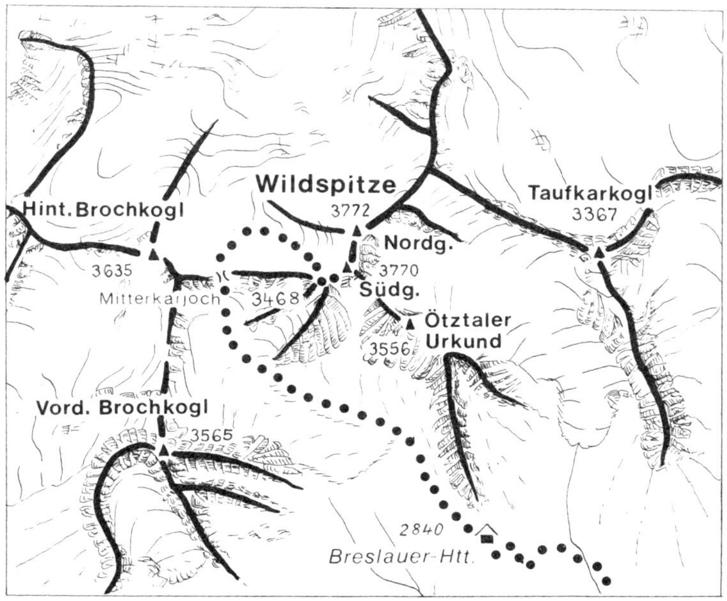

Habicht 3277 m

Leichtester Ostalpen-Dreitausender?

Der Habicht, im Volksmund auch »Hager« genannt, ist nicht nur der bedeutendste Gipfel in dem ungefähr fünfzehn Kilometer langen Habichtkamm zwischen Gschnitz und Stubai, ihm wird auch seit jeher eine gewisse Vorrangstellung eingeräumt, obwohl es in den Stubaier Alpen und im übrigen Tirol wesentlich höhere Berge gibt. Schon in einem alten Tiroler Spruch heißt es: »Der Hager im Gschnitz, der Villerspitz und die Martinswand sind die höchsten im Land.«
Wer auf dem Gipfel steht, glaubt im Mittelpunkt der Tiroler Berge zu sein, denn der Blick reicht von den Dolomiten zur langen Kette der Nördlichen Kalkalpen, vom Passeier zum Dachstein, von der Wildspitze zum Großvenediger.
Vom Gipfel beziehungsweise westlich und östlich des höchsten Punktes verlaufen zwei Grate nahezu parallel in nördliche Richtung. Dazwischen liegt der Mischbachferner. Gegen Südosten senkt sich der Gipfelstock mit einem nur mäßig geneigten Firnfeld, dem kleinen Habichtferner. Von dort, über das Pinnisjoch, erreichten die Erstbesteiger, Thurwieser und Krösbacher, 1836 den Gipfel, der bereits vorher schon vermutlich von Gemsjägern oder Gehilfen der Militärvermessung erklommen worden war. Der von Thurwieser eingeschlagene Weg ist ab dem Pinnisjoch weitgehend identisch mit dem Normalweg unserer Tage. Bereits vor der Jahrhundertwende hat die Alpenvereinssektion Innsbruck das kurze Wegstück vom Habichtferner zum Gipfel durch Drahtseilversicherungen und ausgesprengte Passagen für jeden Wanderer begehbar gemacht. Das hat dem Habicht den Ruf eingebracht, der am wenigsten schwierige Dreitausender der Ostalpen zu sein.
Die schönste Tour am Habicht ist zweifellos der Eisweg über den Mischbachferner. Der westliche, weniger steile Arm des Mischbachferners wurde am 7. September 1867 erstmals von Johann Stüdl aus Prag mit dem einheimischen Führer Pankraz Gleinser im Abstieg bewältigt. Etwas schwieriger ist die Route über den Äußeren Mischbachferner. Sie steht als Erstbegehung im Tourenbuch der Prager Dr. Otto Biermann und Dr. Ferdinand Löwl sowie ihres Führers Josef Pfurtscheller. Inzwischen hat es die Steigeisentechnik ermöglicht, direkt über den östlichen, bis zu 50 Grad steilen Arm des Mischbachferners dem Gipfel zuzustreben. Bei Winterbegehungen wurden sogar größtenteils die Skier benützt. Voraussetzung dabei waren jedoch außergewöhnlich gute Verhältnisse.
Der Östliche Nordgrat, kurz Nordgrat genannt, gilt als eine der großzügigsten Klettereien (III–IV) in den Stubaiern. Erstbegeher waren am 29. Juni 1901 die Innsbrucker Otto Ampferer und Wilhelm Hammer, eine starke Seilschaft. Trotz ihrer Leistungsfähigkeit benötigten sie von der Karalm über den Ostgrat zum Schaufelspitzl und weiter zum Habicht elf Stunden. Im gleichen Jahr gelang den Tirolern auch noch der Südwestgrat von der Äußeren Glättenieder. Der Nordgrat erlebte erst im Jahr 1952 seine erste Winterbegehung durch R. Glockengießer.
Weniger anspruchsvoll und schwierig (III) ist der Westliche Nordgrat oder »Mischbachgrat«, den Hermann Delago und K. Hagenspiel 1921 überkletterten. Die Plattenschüsse sind stellenweise mit Moos und Flechten überzogen. Delago überschritt übrigens auch als erster den gesamten Habichtkamm. Der Aufstieg durch die von weitem recht eindrucksvolle Nordostwand über dem Pinnistal, den Hermann Moschitz, Emil Hensler und F. Pfeifer erschlossen, bietet mühsame Schroffenkletterei im III. Schwierigkeitsgrad. Felstechnisch am schwierigsten (IV+) ist der 1951 von H. Weber mit I. und W. Reder erstbegangene Südwestpfeiler.

Peter Carl Thurwieser und der Habicht

Die Epoche der eigentlichen ostalpinen Hochtouristik wurde von zwei geistlichen Herren eingeleitet: Valentin Stanig und Peter Carl Thurwieser. Thurwieser, am 30. Mai 1789 als Sohn eines Müllers in Kramsach bei Brixlegg geboren, dürfte über siebzig Gipfel aus ihrem weltalten Schlaf gerissen haben. Er war Theologe in Salzburg, und dort am Franziskaner-Refektorium Professor für orientalistische Sprachen. Bisweilen sah man das magere, unscheinbare Männlein mit dem wallenden Haar, den scharfen Brillengläsern, dem langschößigen, dunkelblauen Rock, den Kniehosen und Schnürschuhen mit Erzherzog Johann durch die Berge ziehen.
Am 31. August 1836 verließ Thurwieser Innsbruck mit dem

Ziel, den Habicht zu erklimmen. In Fulpmes verpflichtete er den Feilenhauer Ingenuin Krösbacher als Führer. Sie nächtigten in der Pinnisalm und stiegen am 1. September zum Pinnisjoch empor. Über den weiteren Verlauf der Fahrt schrieb Thurwieser in der Zeitschrift des »Ferdinandeums« (Innsbruck 1840):

»Gleich nach 8 U. wurde die Reise fortgesetzt und statt der südlichen Richtung nun die westliche eingeschlagen. Anfangs gingen wir grossentheils auf der Schneide, hier in das Pinniser, dort in das Gschnitzerthal schauend, sodann links umbeugend, hinter der Speikrathöhe über ›die Platten‹ hinan, worauf wir abermals zur Hütte im Pinnis und sogar in den obersten Winkel des langen Lähners, einen grausen Abgrund, niedersahen. Auf der Strecke vom Joche bis hierher zeigt sich der Habicht so steil, daß man seine Ersteigbarkeit an dieser Seite beinahe nicht glauben sollte. Vom Lähner weg traten wir hinter die jähe Kante, wo auch für uns sogleich der rasche Aufschwung des Berges anfing. Lange stiegen wir, aufs Gerathewohl uns wendend, über rauhe Felsen, in ausgewaschenen Runsen oder auf begrasten Strichen, bis — nach gänzlichem Verschwinden der Erde und des Grün — unser Weg über lauter grobes Gestein führte, welches da fest, dort locker aufsass, an vielen Stellen mit drohend vorgeschobenen Platten oder Klötzen. Die Steilheit änderte sich wenig; und obschon wir dieselbe durch Hin- und Hergehen milderten, oft mussten doch die Hände aushelfen ... Vom langen Lähner an forderte beinahe jeder Tritt besondere Aufmerksamkeit, und trotz allem Reize der immer herrlicher sich gestaltenden Aussicht konnte ich bei unserer Eile nur verstohlene Blicke in die Ferne werfen. Auf den Grat wieder hervorkommend, erblickte ich Pinnis, bereits tief unten liegend, 28 Minuten nach 9 U. aufs Neue und zugleich wenige Schritte vor uns einen beträchtlichen Schneestreifen mit seinem in den genannten Lähner ablaufenden Bächlein, eine Stelle, die zur Ruhe und Erquickung einlud ... schnell verfloß mir die Zeit; erst 9 U. 57 verliessen wir diesen Ort, stiegen — den Schnee zur Linken — auf rauhen, übereinander geschobenen Felsentrümmern mühsam hinan, erreichten einen sehr steilen Rücken und um 10 U. 31 das ›Köpfl‹. Hier öffnete sich eine neue Ansicht, und ein Weg ganz anderer Art musste betreten werden. Der düstere, scharfe Abhang war erklettert, und vor uns lag westlich ein blendendes Schneefeld, links gegen die Wände des Berges gesenkt, rechts hinanziehend auf eine lange Schneide, welche in zwei Spitzen ausläuft, die untere nach Ostnordost, die obere — der Gipfel des Habicht — nach Westsüdwest. ... Von der ersteren streckt sich ein Fernergrat südlich herab, welcher zuletzt an beiden Seiten furchtbar abschüssig wird und in Gestalt eines Kirchendaches das Köpfl mit dem Gletscher verbindet. Nur diese Kante machte den Uebergang möglich, und wir warteten auf derselben in halbweichem Schnee, jeder die Rechte des Anderen haltend und mit der Linken den Stock führend. Klüfte unterbrachen unseren Gang fast keine, wir sanken aber tief ein und hatten in der Mittagssonne und durch das Zurückprallen ihrer Strahlen eine drückende Hitze. Nach und nach plagte uns der Ferner auch durch zunehmende Steile; allmälig schaute fleckweise das glatte Eis hervor und endlich lehnte dieses beinahe senkrecht an den Felsen, worauf die höchste Spitze ruht. ... Uns wechselseitig helfend, überschritten wir die Querspalte auf einem Stege von erhärtetem Schnee, stiessen jenseits Löcher zum Halt für Hand und Fuss in den jähen, schlüpferigen Abhang und erreichten etwas nach 11 U. das letzte Geschröff. Es besteht aus Schiefer und erhebt sich grösstentheils gerade oder überhängig. Seine Brüche und Scharten erlauben zwar das Hinansteigen, forderten aber nicht wenig Mühe und Vorsicht. ... Jedoch wurde auch diese Strecke ohne Unfall besiegt, und 11 U. 25 stand ich freudig ergriffen auf der Spitze des Hagers.«

Aufstiege

Normalweg

Von der Innsbrucker Hütte auf gutem Steig über eine, dem Habicht südöstlich vorgelagerte Rampe gegen Westen zu einer Gratrippe. Auf ihr kehrenreich hoch, dann die Rampe zur Pinniser Seite hin überschreiten und dort in der Flanke erneut im Zickzack empor zur Ostecke des Gipfelaufbaues.

Blick vom Aufstieg zum Burgstall über das Stubaital hinweg zum Habicht. Unten rechts die Starkenburger Hütte.

Anschließend über den kleinen Habichtferner zum steilen Gipfelaufbau, an dem Drahtseile über die schwierigen Stellen hinweghelfen. Zuletzt über Blockwerk zur Spitze. Von der Hütte 2½ bis 3 Stunden.
Charakteristik: An den schwierigen Stellen mit Drahtseilen versicherter Aufstieg, Schwierigkeitsgrad I+. Nur für trittsichere und schwindelfreie Wanderer. Kinder oder wenig Geübte sind ans Seil zu nehmen! Höhenunterschied ab Hütte: 910 Meter. Günstigste Jahreszeit: Von Mitte Juni bis Spätherbst. Achtung: Beim Abstieg nicht über den Habichtferner abfahren, da der Gletscher gegen das Pinnistal steiler wird und bei einer Wandflucht endet! Dagegen ist im Frühsommer bei reichlicher Schneelage folgender Abstieg zu empfehlen: Vor dem östlichen Vorgipfel südwärts durch eine Rinne in die Glättegrube abfahren (oder absteigen). Vom Kar aus in östliche Richtung hinunter zu den Böden zum Verbindungsweg Bremer Hütte—Innsbrucker Hütte; übrigens einer der schönsten Höhenwege im Stubai.
Übernachtung: Innsbrucker Hütte (2369 m) in Höhe des Pinnisjoches. Bewirtschaftet von Ende Juni bis Ende September, 160 Schlafplätze. Von der Pinnisalm (Jeep-Verkehr von Needer, Abfahrt 10.30 und 16.30 Uhr) etwa 2 Stunden, Übernachtungsmöglichkeit besteht auch in der Pinnisalm (6 Betten) und in der Pinniskaralm (Heulager).

Mischbachferner

Von der Mischbachalm in südöstliche Richtung durch grobes Blockwerk in die Innere Mischbachgrube und zum Ferner (2 Stunden ab Hütte). Der erste Bruch wird von links nach rechts bewältigt. Danach etwa in der Mitte durch die flache Mulde und etwas weiter oben erneut die Eisbrüche von links nach rechts ansteigend überwinden. Es folgt ein dritter Bruch, der am besten in der Mitte durchstiegen wird. Aus der obersten Gletschermulde entweder gerade durch die steile Gipfelwand (bei guten Firnverhältnissen) oder von der Randkluft unter dem Gipfel rechtshaltend hoch zum obersten Teil des »Mischbachgrates« und über ihn zum Gipfel. Von der Mischbachalm (je nach Verhältnissen) 4 bis 6 Stunden.

Charakteristik: Eistour mit Passagen bis zu 50 Grad. Der Gipfelhang ist zeitweise objektiv gefährlich (Steinschlag infolge der Ausaperung). Seil, Steigeisen, Pickel, einige Eisschrauben. Beste Jahreszeit: Ende Juni bis Juli. Höhenunterschied ab Mischbachalm: 1430 Meter. Der Aufstieg über den rechten Teil des Ferners ist weniger steil.
Übernachtung: Mischbachalm (1850 m), einige verfallene, kleine Hütten ohne eigentliche Schlafgelegenheit; Biwak. Vom Ortsanfang Krößbach (Schild: Mischbachalm) oder von Gasteig beziehungsweise 100 Meter hinter dem Krößbacher Fußballplatz auf rot markiertem Weg in etwa 2½ Stunden.

Schrifttum

Karte: Kompaß-Wanderkarte 1:50000 Blatt 36 Innsbruck-Brenner.
Führer: Walter Klier, Alpenvereinsführer Stubaier Alpen. Bergverlag Rudolf Rother, München.
Literatur: Karl Krall, Der Habichtkamm in den Stubaier Alpen. Zs. des Dt. und Österr. Alpenvereins 1936, S. 257–280.

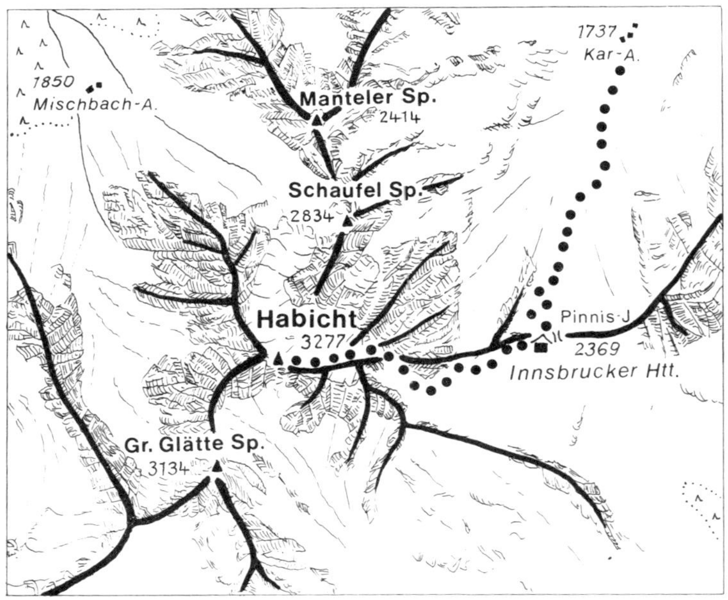

Der Olperer von Nordosten. Rechts der Nordgrat, links der Südostgrat. Im Hintergrund der Fußstein.

Olperer 3476 m

Eis und Fels

Im Westen der Zillertaler Alpen erstreckt sich der Tuxer Kamm über eine Länge von etwa 31 Kilometer. Sein südwestlicher Teil, vom Hühnerspiel zum Wolfendorn, gehört zu Italien, zwischen Wolfendorn und Hoher Wand markiert er den Grenzverlauf, dann gehört er zu Österreich. Hoch über dem Kamm ragt sein Hauptgipfel auf, von dem man eine herrliche Aussicht genießen kann, der Olperer — einer der berühmtesten und meistbestiegenen Berge im gesamten Raum der Zillertaler Alpen. Stattlich erhebt er sich über vier Gletschern, dem Wildlahner Kees (westlich), dem Gefrorene-Wand-Kees (nördlich), dem Großen Riepenkees (östlich) und dem Unterschrammachkees (südlich).

Schon in der Frühzeit des Alpinismus, in der ersten Hälfte des 19. Jahrhunderts, kam der Nestor der österreichischen Bergsteiger, Peter Carl Thurwieser, zum Olperer. Doch der Versuch, ihn zu besteigen, blieb in den Anfängen stecken, da im Schmirner Tal niemand bereit war, Thurwieser zu begleiten. Ein weiterer Versuch unter Führung des Bauern Felix Hannes anläßlich der Kastralvermessung von Tirol scheiterte Mitte der fünfziger Jahre auf der Südostseite. Im Sommer 1866 reiste der Wiener Hofadvokat und Präsident des Österreichischen Alpenvereins, Dr. Anton von Ruthner, ins Schmirner Tal und suchte in Inner-Schmirn die Brüder Felix und Toni Hannes auf, die als beste Bergsteiger im Tal galten. Zusammen stiegen sie am 26. August durch das Wildlahnertal hinauf in Richtung Olperer, nächtigten in einem Heustadel und setzten die Tour am Tag darauf fort. Der erfahrene von Ruthner wollte den Olperer vom Wildlahner Kees aus oder über den Kaserergrat ersteigen. Doch seine Führer machten nicht mit. Sie gingen den Berg erneut von der Südostseite an; wieder wurden sie zurückgeschlagen. Aber sie waren immerhin bis zum sogenannten Schnee-Gupf im Südostgrat, etwa 200 Meter unter den Gipfel, vorgedrungen. Über diesen Weg bestieg 1867 Grohmann als erster den Olperer.

Am 2. August 1879 brach der Wiener Dr. W. Fikeis um fünf Uhr morgens mit dem Senner Johann Ofer von der Alpeiner Ochsenhütte auf und erreichte durch die steinschlaggefährdete Eisrinne der Westwand kurz vor zehn Uhr den Gipfel. Einen Tag zuvor war Emil und Otto Zsigmondy mit Dr. August von Böhm erstmals der Abstieg über den Nordgrat in die Wildlahnerscharte gelungen. Im Aufstieg wurde der Nordgrat — er ist heute teilweise versichert — erst im August 1883 von Dr. Eduard Suchanek mit dem Stabeler Hansl aus Taufers bezwungen. Zu dieser Zeit galt der Grat zwischen Olperer und Fußstein als besonderes Problem in den Zillertalern — bis Eugen Guido Lammer kam. Am 13. August 1884 brach er allein von der Olpererhütte auf und stand schon drei Stunden später auf dem Olperer; von dort ging er um 8.45 Uhr den Verbindungsgrat an. Das Wetter war ungewiß. Lammer ließ sich jedoch davon nicht zurückhalten. Mit sicheren Bewegungen turnte er über den wilden, zackigen Felsgrat, der an manchen Stellen recht brüchig war. Einmal mußte er sogar seine genagelten Schuhe ausziehen, um eine schwierige Stelle barfuß zu überwinden. Nach kaum sechs Stunden seit seinem Aufbruch vom Olperer betrat Lammer dann den Gipfel des Fußsteins. Dieser Grat, im großen und ganzen mit III und IV eingestuft, ist durch einen Felsausbruch unter dem Olperergipfel heute noch schwieriger (IV+).

Durch die Südwand führte Hans Hörhager aus Dornauberg im Sommer 1895 seinen Touristen Ludwig Grün. Die 200 Meter hohe Nordostwand wurde 1910 von Meisterkletterer Hans Fiechtl aus dem Zillertal mit Heinz Pauksch und Hans Hotter erobert. 1940 tauchte der Tiroler Wastl Mariner am Olperer auf. 1939 war ihm mit Paul Aschenbrenner die Überkletterung des 800 Meter hohen, berüchtigten »Sagwandpfeilers« gelungen. Mit Cilli Dejaco legte er eine kühne Route durch die etwa 400 Meter hohe Westflanke des Olperers; Schlüsselstelle war dabei eine 50 Meter hohe, nahezu senkrechte Eiswand im unteren Wandteil sowie ein schwieriger Eiskamin zur Terrasse unter der Gipfelwand.

Paul Grohmann bezwingt den Olperer

Als 1862 in Wien der Österreichische Alpenverein ins Leben gerufen wurde, gehörte zu den Gründungsmitgliedern auch der vierundzwanzigjährige, in Sachsen geborene, in der Donaumetropole aufgewachsene Paul Grohmann. Ein Jahr später, am 29. August 1863, stand er als erster Mensch auf der Tofana di Mezzo, dem Hauptgipfel der drei Tofanen. Damit begann die eigentliche Erschließung der Dolomiten. Noch im gleichen Jahr gelang Grohmann die zweite Besteigung des Monte Pelmo. Und als der Wiener Anfang September 1867 zum Olperer kam, war er auch in den Zillertaler Alpen kein Unbekannter mehr. Grohmann hatte nämlich schon 1865 den Hochfeiler, den höchsten Gipfel der Zillertaler, erobert, und 1866 war ihm die Besteigung der herrlich geformten Reichenspitze gelungen. Am Hochfeiler hatte ihn der Granatsammler Georg Samer, genannt »Steinklauber Josele«, begleitet. Mit diesem tüchtigen Steiger und mit einem weiteren Einheimischen, Jackl Gainer, kam Grohmann im Herbst 1866, nach dem vergeblichen Versuch von Ruthners, zu der Überzeugung, daß dem Berg von Südosten beizukommen sein müßte. Die Behauptung von Dr. Ferdinand Löwl, Samer sei schon damals zum Gipfel gestiegen, wies Grohmann auf das bestimmteste zurück.

Am 10. September 1867 brach das Trio von den Zamser Hütten auf. Über die Talstufe des Riepenbaches erreichten sie das Riepenkar; von dort ging es über das Riepenkees hinauf zum Südostgrat, der dieses vom Unterschrammachkees trennt. Anschließend arbeitete sich die Seilschaft über gestuften Fels zum sogenannten Schnee-Gupf; sie erreichte ihn drei Stunden nach dem Aufbruch von den Zamser Hütten. Hier waren Grohmanns Vorgänger gescheitert. Doch er war hartnäckiger — und erfahrener. Zwar erschien auch ihm der wilde Felsgrat zum Weitergehen nicht gerade einladend, doch er umging ihn in der Südseite, bis sich ein senkrechter, etwa fünf Meter hoher Kamin öffnete und einen Zugang durch die plattige Wand zum Hauptgrat vermittelte. Dann kletterten die Alpinisten etwa eine Viertelstunde über den zerscharteten Grat. Plötzlich tauchte, nicht mehr weit vom Gipfel entfernt, ein glatter Felsblock als Hindernis auf. Erst als sie diesen glücklich nach rechts in der Nordseite umgangen hatten, standen Grohmann, Samer und Gainer auf der Spitze.

Die zweite Besteigung ließ neun Jahre auf sich warten: Am 30. Juli 1876 folgte der Prager Dr. Ferdinand Löwl mit dem Führer Stefan Kirchler aus Taufers in fünf Stunden ab den Zamser Hütten den Spuren Grohmanns zum Olperer-Gipfel. Weitere Versuche scheiterten wieder an den Felsen des Gipfelgrates. Erst 1878 wurde eine neue Besteigung bekannt. Wieder war Löwl dabei. Der Karlsruher W. Gräff und Veit Hans Schnorr sowie die Führer Hans Pinggera aus Sulden und David Fankhauser aus Roßhag im Dornaubergtal begleiteten ihn bei dieser dritten Ersteigung. Ohne Führer meisterten den Olperer erstmals im August 1879 die Wiener Emil und Otto Zsigmondy mit Dr. August von Böhm. Sie umgingen den Gipfelblock links in der Südseite.

Der Olperer erfreute sich nun in Bergsteigerkreisen immer größerer Beliebtheit. Im Jahr 1881 erbaute die Alpenvereinssektion Prag im Riepenkar unter dem Großen Riepenkees, westlich über der Einmündung des Schlegeisgrundes in den Zamser Grund eine Hütte, die heutige Olpererhütte. Dadurch verkürzte sich die Olperertour um zwei Stunden. Außerdem wurde die Besteigung durch das Anbringen von Eisenstiften an den schwierigsten Stellen am Gipfelgrat, im Kamin und am Felsblock erleichtert. Unter diesen Bedingungen wurde der Olperer am 14. August 1883 erstmals von einer Dame, Fräulein Anna Voigt aus Erfurt, bestiegen, und zwar in Begleitung der Führer Stefan Kirchler und Maierl. Eine Gewalttour unternahm Eduard Wagner aus Prag, als er im August 1893 mit dem Führer Hans Hörhager innerhalb von zweiundvierzig Stunden sämtliche Hochgipfel im Tuxer Hauptkamm überschritt.

Noch heute ist die Grohmann-Route einer der Normalwege auf den Olperer. Seit man aber das Spannagelhaus mit dem Sessellift erreichen kann, entfallen die früher üblichen vier Aufstiegsstunden zur Hütte, und die meisten steigen aus der Wildlahnerscharte über den Nordgrat zum Olperer.

Aufstiege

Nordgrat

Vom Spannagelhaus zur Moräne und hinauf zu dem schwach geneigten, aber spaltenreichen Gefrorene-Wand-Kees, das in südliche Richtung überschritten wird bis in das weite Glet-

scherbecken unter dem Riepensattel. Von dort in südwestliche Richtung ansteigen zur Wildlahnerscharte (von der Hütte etwa 1¼ Stunden). Von der breiten Scharte zunächst rechts (westlich) des Grates im Firn ein Stück aufwärts, dann links über die Randkluft zum Grat. Es folgen glatte Platten (Eisenstifte). Danach in gestuftem Fels höher. Eine kurze Wandstelle wird direkt erklettert (II–), worauf es über Blockwerk zum Gipfel geht. Vom Spannagelhaus etwa 3½ Std.
Charakteristik: Bis in die Wildlahnerscharte eine Gletschertour, am Nordgrat kombiniertes bzw. felsiges Gelände (II–); an einigen Stellen Eisenstifte. Seil, Steigeisen, Pickel, etliche Karabiner. Günstigste Jahreszeit: Mitte Juli bis Herbst. Höhenunterschied ab Spannagelhaus: 950 Meter. Die Wildlahnerscharte kann auch von der Geraer Hütte (etwa 2½ Stunden) und von der Olpererhütte (etwa 3¼ Stunden) erreicht werden. Lohnend ist die Überschreitung Nordgrat–Südostgrat und Rückkehr über den Riepensattel zum Spannagelhaus.
Übernachtung: Spannagelhaus (2533 m) unter dem Gefrorene-Wand-Kees über dem Talschluß von Hintertux. Bewirtschaftet im März und April sowie vom 1. Juli bis 30. September, Betten und Lager; herrliches Skigebiet. Von Hintertux über die Wasserfälle 3½ bis 4 Stunden; am schnellsten mit den zwei Sektionen des Sesselliftes zum Felskopf oberhalb des Spannagelhauses, von dort 10 Minuten.

Südostgrat

Von der Olpererhütte den Steigspuren folgend in nordwestlicher Richtung bis unter das Große Riepenkees, das rechts liegen bleibt. Durch Geröll und an großen Blöcken vorbei an den Riepengrat. Hinauf zur Grathöhe und auf ihr zum Firn. Das steile Firnfeld wird auf seiner linken Seite bewältigt, worauf der sogenannte Schnee-Gupf erreicht wird. Links in der Wand folgen Eisenstifte; auch der Kamin, der zum Grat hochführt, ist mit solchen Steighilfen versehen. Anschließend auf der Gratschneide zum Gipfelblock, der entweder gerade überstiegen (sofern die Sicherungen vertrauenswürdig sind) oder rechts in der Nordseite umgangen wird. Von der Hütte 3 Stunden.

Charakteristik: Kombinierte Tour; Seil, Steigeisen, Pickel, etliche Karabiner. Schwierigkeit: I–II, teilweise versichert. Beste Jahreszeit: Juli bis Herbst. Höhenunterschied ab Olpererhütte: 1100 Meter.
Übernachtung: Olpererhütte (2389 m) im Riepenkar unterhalb des Großen Riepenkeeses. Bewirtschaftet von Anfang Juni bis Anfang Oktober, 48 Schlafplätze. Winterraum ständig offen, 14 Lager. Vom Schlegeis-Stausee 1½ Stunden.

Schrifttum

Karten: Kompaß-Wanderkarte 1:50000 Blätter 36 und 37.
Spezialkarte: Alpenvereinskarte 1:25000 Zillertaler Alpen, Westblatt.
Führer: Walter Klier, Alpenvereinsführer Zillertaler Alpen. Bergverlag Rudolf Rother, München.
Literatur: Carl Diener, Die Zillertaler Gruppe. Erschließung der Ostalpen III. Band, Seite 3 bis 109. Berlin 1894. Hannes Gasser, Erlebnis Zillertal. Leopold-Stocker-Verlag, Graz.

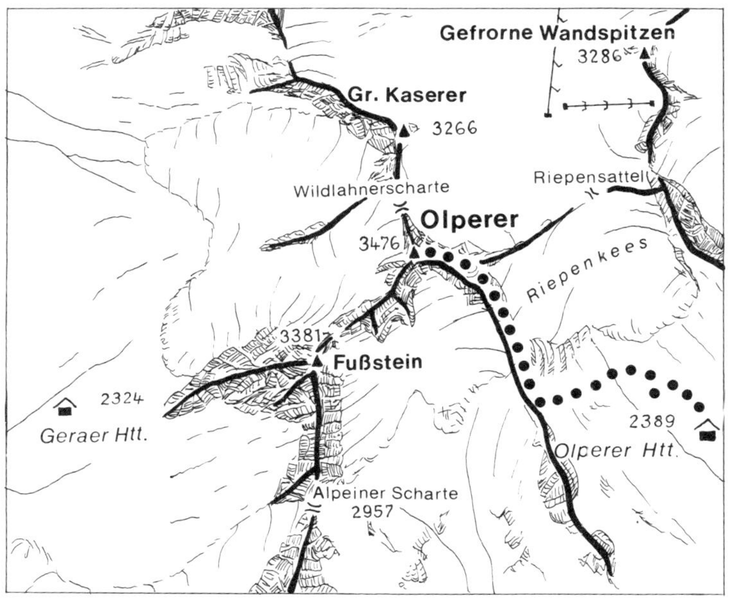

Höfats 2269 m

Wahrzeichen der Allgäuer Alpen

Der Vierzink der Höfats wurde zum Wahrzeichen der Allgäuer Bergwelt. Dabei ist sie bei weitem nicht die höchste Erhebung, denn der Große Krottenkopf übertriff sie um fast 400 Meter. Ihre kühnen, faszinierenden Formen und ihre Grasflanken, Graswände haben die Höfats so bekannt gemacht. Der Name wurde von dem alten Flurnamen »Uff'r Heafats« abgeleitet. So hießen früher die Grashänge am Westfuß des Berges.

Den Gipfelaufbau teilt die Höfatsscharte in zwei Gipfelpaare; diese sind wiederum durch kleinere Einschnitte voneinander getrennt. Höchster Punkt ist der Ostgipfel, zu dem vom Älpele in eleganter Linienführung der überwiegend grasige Südostgrat hochführt. Über diesen geht der am wenigsten schwierige Aufstieg, den am 23. Juli 1892 die Bergsteiger Kranzfelder, Jordan und Stritzl als erste begingen. Fünf Tage später wagte sich Kranzfelder mit Platz und Stritzl an die stellenweise sehr ausgesetzte Überschreitung aller vier Gipfel. Stritzl hatte schon im Vorjahr den Ostgipfel von der »Gufel« (Südseite) über steile Grashänge erreicht, wenn auch nicht als erster. Die Erstbegeher des Ostgipfels waren Einheimische gewesen, vermutlich im Jahr 1818 oder 1819 anläßlich der bayerischen Triangulierung. Ähnlich verhält es sich auch mit dem Aufstieg zum Westgipfel.

Die Namen der Nordgrat-Bezwinger sind bekannt. Es waren Dorn und Plattner, zwei verwegene Jäger in der ersten Hälfte des 19. Jahrhunderts — sie gingen ohne Seil. Dieser lange Zeit vergessene Aufstieg wurde am 25. Oktober 1892 von Joseph Enzensperger und Frau von Chelminsky wiederentdeckt. Enzensperger, der 1873 in Rosenheim geboren und 1903 auf den Kerguelen gestorben ist, ist mit der Erschließung des Allgäus und vor allem mit der Ersteigungsgeschichte der Höfats aufs engste verbunden. Zusammen mit seinem Bruder Ernst, Julius Bachschmid, Emanuel Christa und A. Weixler schaffte er am 7. Oktober 1895 die Südostwand des Ostgipfels. Ihr Urteil lautete: »Sehr schwierig und äußerst ausgesetzt, schönste Graswand der Höfats«. Am 15. April 1895 war dem Brüderpaar Enzensperger bereits die erste winterliche Ersteigung des Berges gelungen.

Die zweite Epoche der Höfats-Erschließung setzte in den dreißiger Jahren ein: Faschingleitner und Zint glückte 1930 die kurze, aber äußerst schwierige Westwand des Westgipfels. Sie wagten sich 1932 auch als erste in die unheimlich erscheinende, sehr steile und mit Gras durchsetzte Nordwand, wo sie im westlichen Teil eine Route ausfindig machen konnten. Die 300 Meter hohe Ostgipfel-Nordwand — brüchiger, grasiger Steilfels — holten sich 1933 Anton Stolze und Karl Schwarz. Ostern 1934 war Stolze wieder in der Wand. Am anderen Seilende ging Sepp Prinz. Die Verhältnisse waren denkbar schlecht, der Fels wies stellenweise eine Eisschicht auf. Trotzdem durchstiegen die beiden den östlichen Wandteil — in mühsamen vierundzwanzig Stunden. Jetzt stand nur noch eine »Direkte« aus. Sie wurde am 31. Juni 1935 von Stolze und Prinz in zehn Stunden eröffnet. Dabei mußte die Schlüsselstelle, eine 60 Meter hohe Platte in der Wandmitte, barfuß erklommen werden, weil die Manchon-Sohlen der Kletterschuhe auf dem mit nassem, feinem Geröll bedeckten Fels keinen Halt mehr fanden.

Im gleichen Sommer riskierten Fuchs und Ritter den 200 Meter hohen, sogenannten Schärtelekamin in der 300 Meter hohen Nordwand; dabei mußten sie sich in dem mehrfach überhängenden Kamin Steinschlag aussetzen.

Eine der gewagtesten Touren an der Höfats war die erste Winterbegehung der Direkten Nordwand durch den dreiundvierzigjährigen Ulmer Malermeister Georg Maier und seinen Freund Hannes Niederberger am 9. und 10. April 1955. Genau genommen kann der Chronist dieses Unternehmen nicht mehr als »Winterbegehung« führen, weil derartige Touren nur vom 21. Dezember bis 21. März so genannt werden; doch Maier und Niederberger hatten winterähnliche Verhältnisse in der Wand.

Der Grasberg

Das Allgäu wird nicht zu Unrecht »Land der Grasberge« genannt. Die meisten Berge sind dort mehr oder weniger mit Gras bewachsen.

Die Höfats stellt den Idealtyp des Grasberges dar. Dabei ist sie kein Berg mit sanftgeneigten Wiesenmatten; sie hat einen kühnen, ganz eigenartig aussehenden Gipfel, der allseits steil abbricht. Die Höfats verdankt ihre Form der Einlagerung von scharfkantig verwitternden grauen Aptychenkalken sowie einer Schicht kieselreicher, rötlicher Hornsteinkalke im Fleckenmergel. Seine weichen Verwitterungsformen und die dadurch bedingte Fruchtbarkeit begünstigen einen Graswuchs an steilsten Hängen, ja sogar in ausgesprochenen Wänden, und bis in Höhen, die normalerweise dem nackten Fels vorbehalten sind. Auf der Südseite der Höfats wächst eine zusammenhängende Grasdecke. Auch die wesentlich steileren Nord-, Nordwest- und Südostwände sind über weite Flächen mit Gras überzogen. In der Ostseite jedoch ist der Grasmantel uneinheitlich und stark unterbrochen.

Die an der Höfats bestimmenden Gesteine lassen keine ausgeprägte Kaminbildung zu. Nur an der Basis findet man im Fleckenmergel tief eingerissene Schluchten, Trichter und Tobel. Der größte Tobel ist der Rauhenhalstobel in der Nordostseite; von dort kann man gelegentlich gewaltige Schutt- und Lawinenmassen ins Oytal donnern hören.

Die Bodenverhältnisse, das heißt hier sein quarzhaltiges Gestein und der Grasmantel sind die Ursachen für den weitberühmten Blumenreichtum des Berges. Dort wachsen zahlreiche schöne und seltene Pflanzen, die teilweise für den bayerischen Alpenraum, ja sogar für das gesamte Gebiet der Nördlichen Kalkalpen einmalig sind. Leider hat die einst überwältigende und herrliche Blumenfülle an der Höfats durch unverantwortliches Plündern sehr abgenommen. Inzwischen ist die Höfats jedoch zum Naturschutzgebiet erklärt worden, und es darf dort keine Blume mehr gepflückt werden. Außerdem setzt die Allgäuer Bergwacht in der Hauptblütezeit zum Schutz der Pflanzen einen ständigen Posten an der Höfats ein. So ist es möglich geworden, den Edelweißbestand — um nur ein Beispiel zu nennen —, der 1923 auf zehn Prozent des Standes von 1900 gesunken war, bis zum Jahr 1973 wieder auf fast 100 Prozent anwachsen zu lassen. Die Suche nach dem silbernen Stern, dem Wahrzeichen des Deutschen und Österreichischen Alpenvereins, hat schon manchen ins Unglück geführt, denn viele Bergsteiger sind es nicht gewöhnt, im Grasgelände zu gehen. Es erfordert eine besondere Technik, die man am besten den Einheimischen abschaut. Erhöhte Gefahr droht auf grasbewachsenem Fels und in Grashängen bei Reifbildung, Neuschneebelag und Nässe. Auch muß man wissen, daß Neuschnee auf bergwärts geneigten Rasenschöpfen sehr leicht als Lawine abgeht. Bei starker Schneeschmelze und bei länger anhaltendem Regen wird das Gras glitschig, so daß Schuhe ohne Steigeisen leicht abrutschen. Außerdem werden die im trockenen Zustand fest im Boden haftenden Rasenpolster durch Aufweichen des Humusbodens so locker, daß sie bei Belastung ausbrechen. Besondere Vorsicht im Frühjahr! Nicht ganz so gefährlich, doch keineswegs leicht zu nehmen, ist andauerndes Trockenwetter.

Aufstiege

Durch die Wanne

Von Oberstdorf (Trettachbrücke) auf guten, beschilderten Wegen in etwa 2 Stunden nach Gerstruben, einer alten Alpsiedlung. Von dort im Dietersbachtal weiter, ungefähr ½ Stunde, bis links der Innere Höfatstobel herabkommt. Unter seiner Mündung links über einen grasigen Kegel ansteigen und dem schmalen Steig folgen. Weiter oben wird der Tobel gekreuzt. Über steile Grashänge, über Felsstufen und durch Gehölz linkshaltend zum untersten Rücken des Südwestgrates. Es folgt eine lange Querung nach rechts in die Höfatswanne über dem Abbruch des Tobels. Nun gerade hoch, etwas später rechts eine Runse querend zur sogenannten Gufel, einer spaltartigen Höhle im Hornsteinkalk (von Gerstruben 2 Stunden). In der Nähe befindet sich ein Bergwachtposten. Anschließend etwas absteigend nach links zu einer schiefrigen Rippe. An ihr und über den folgenden Grashang sehr steil empor. Nach 30 Meter links in eine rötliche Runse, die sich zur Höfatsscharte hinzieht. Rechts der Runse über steile Grasstufen hinauf in Richtung Scharte. Etwa 70 Meter unterhalb linkshalten zu einer auffallenden Felsklamm, die aus dem Schärtchen rechts des Westgipfels kommt. Über die Felsen, etwas später links davon zur Gratschneide. Zum Westgipfel. Von Oberstdorf 4¾ bis 5¼ Std.

Der kühn geformte Allgäuer Grasberg Höfats (im Hintergrund) von Norden.

Charakteristik: Tour in stellenweise steilem Gras mit Felsschwierigkeiten II. Nur bei trockenem Wetter durchführen! Der am wenigsten schwierige Höfatsaufstieg. Botanisch sehr interessant. Höhenunterschied ab Oberstdorf: 1450 Meter. Beste Jahreszeit: Spätsommer.

Südostgrat

Von der Käseralp auf bezeichnetem, rot markiertem Weg in etwa 1 Stunde hinauf in den Älpelesattel (von Oberstdorf über Gerstruben 3½ Stunden), wo der Südostgrat ansetzt. Nun auf dem Grat und streckenweise links neben ihm den Steigspuren folgen. Nach etwa 35 Minuten wird der Grat steiler. Über teilweise erdige Hänge erreicht man den schmalen Gipfelgrat. Auf ihm, zum Schluß über die steile Felsschneide (II) oder rechts davon in der Flanke zum Kreuz auf dem Ostgipfel. Von der Käseralp etwa 2½ Stunden.
Charakteristik: Tour in stellenweise steilem Gras, Felsschwierigkeiten I—II. Nur bei trockenem Wetter begehen! Lohnendster und leichtester Aufstieg zum Ostgipfel. Winterweg, wobei die Ski im Älpelesattel zurückgelassen werden; Abfahrt ins Dietersbachtal meist lawinengefährlich. Höhenunterschied ab Käseralp: 870 Meter. Beste Zeit: Spätsommer.
Übernachtung: Käseralp (1405 m) in einem landschaftlich großartigen Trogtal zu Füßen der Höfats. In den Sommermonaten einfache Bewirtung, Lager. Von Oberstdorf durch das Oytal etwa 2¾ bis 3 Stunden.

Überschreitung

Wie bei Anstieg durch die Wanne in die Wanne und von dort links durch steile Grashänge in Richtung Südwestgrat, wo am ersten Steilaufschwung eingestiegen wird. Gerade hoch (III). Den zweiten Aufschwung rechts umgehen (IV) und anschließend wieder auf dem Grat zum Westgipfel (von Gerstruben 5 Stunden). Vom Gipfel in die Scharte (III) und danach am besten in der Südseite (II) der Gratzähne zum zweiten Gipfel. Es folgt die Höfatsscharte, von der es über eine brüchige Kante (III) zum Mittelgipfel hochgeht. Abstieg in die nächste Scharte und an der gutgriffigen Gratkante empor (III) zum Ostgipfel (vom Westgipfel 1 Stunde). In der Folge über den Südostgrat in knapp 1 Stunde in den Älpelesattel. Von Gerstruben etwa 7 Stunden. Vom Sattel in ¾ Stunden nach Gerstruben oder zur Käseralp.
Charakteristik: Schwierige Kletterfahrt in Gras und Fels, II—III, eine Seillänge IV. Nur bei trockenem Wetter! Großzügigste Höfatstour. Beste Jahreszeit: Spätsommer.

Schrifttum

Karte: Topographische Landeskarte 1 : 50 000 Allgäuer Alpen.
Führer: Zettler/Groth, Alpenvereinsführer Allgäuer Alpen. Bergverlag Rudolf Rother.
Literatur: Georg Frey, Die Höfats. Deutsche Alpenzeitung 1932, Seite 269–274.
Ernst Enzensperger, Zur touristischen Erschließung des Allgäus. Zeitschrift des Deutschen und Österreichischen Alpenvereins 1906, Seite 244–263.

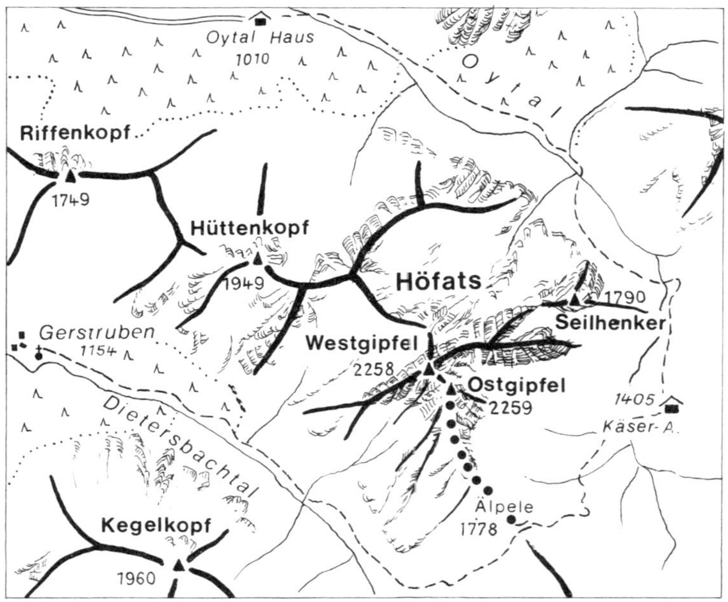

Die Zugspitze von der Alpspitze. Blick ins Höllental, durch das der Normalanstieg ab der Höllentalangerhütte verläuft.

Zugspitze 2964 m

Deutschlands höchster Gipfel

Als wuchtiger, grauer Kalkriese erhebt sich der breitgelagerte Zugspitzstock aus dunklen Wäldern über der Loisach und dem Talkessel von Ehrwald. Die Zugspitze, der höchste Gipfel Deutschlands, ist ein mächtiger Berg, eindrucksvoll wie nur wenig andere in den Nördlichen Kalkalpen. Sie galt schon vor der Fertigstellung der Bahnen als ein ausgesprochener Modeberg. Das stellte Hans Leberle bereits im Jahr 1904 fest, als das Münchner Haus seit sieben Jahren auf der Zugspitze stand, und er schrieb: »Erklimm die Felsburg und sieh hinunter, wie sich der lebendige Strom hereinwälzt durch das Felstor der Partnach und über die Wiesen von Ehrwald im bunten, tollen Gewirr, in den unglaublichsten Gewanden, in den wunderlichsten Kombinationen zwischen Salonhumorist und Bergwanderer, wie ein Faschingszug. Sieh hinab, wie ihr Blick achtlos gleitet über die dräuenden Mauern, über den Zauber von Wald und Tal, wie er sucht und hastet und drängt nach dem ersehnten Ziel, der Zugspitze.«
Auf dem höchsten Punkt der Zugspitze, dem Westgipfel, wurde 1897 das Münchner Haus eingeweiht. Vorher hatte dort das drei Zentner schwere Gipfelkreuz von 1851 gestanden. Über den Bau des Münchner Hauses gab es in der Alpenvereinssektion München heftige Kontroversen: Ein Teil der Mitglieder verurteilte den Hüttenbau als Entweihung des höchsten deutschen Alpengipfels, kehrte der Sektion München den Rücken und gründete die »Sektion Bayerland«, eine sogenannte Mönchssektion, in die keine Frauen aufgenommen wurden. Ein Jahr nach der Eröffnung stattete man das Münchner Haus mit einem meteorologischen Raum aus. Und 1900 hielt der erste Meteorologe, Joseph Enzensperger, Einzug in die Gipfelstation. An sein Wirken erinnert die am 7. August 1904 enthüllte Tafel am meteorologischen Turm. Die Zugspitze entwickelte sich zu einer Ausnahmeerscheinung unter den Kalkalpengipfeln: 1922 landete ein Flugzeug auf dem Zugspitzplatt, einem ausgedehnten Schutt- und Karrenfeld. Und im Sommer 1923 erstiegen anläßlich des Deutschen Turnerfestes in München im Verlauf von drei Tagen etwa 20 000 Personen den Gipfel!
Als es in den zwanziger Jahren um den Bau einer Zugspitzbahn ging, leistete die Alpenvereinssektion München energischen Widerstand. Dadurch konnte der Bahnbau auf bayerischer Seite zunächst verhindert werden, nicht aber auf der Tiroler Seite, wo 1926 die erste Seilschwebebahn zur Zugspitze ihrer Bestimmung übergeben wurde. Damit nicht genug! Vier Jahre später wurde die Bayerische Zugspitzbahn eröffnet. Während des letzten Krieges diente das Münchner Haus der Luftwaffe als Funkstation; danach beschlagnahmte es die alliierte Militärregierung bis 1948. Im Frühjahr 1963 wurde eine neue Bahn vom Eibsee zum Gipfel in Betrieb genommen. Gleichzeitig verlängerte die österreichische Bahn ihr Seil bis nahe an den Westgipfel und ließ als Bergstation ein neues Hotel erstellen.
An schönen Tagen sind bis zu 5000 Menschen auf Deutschlands höchstem Gipfel — ein Gedränge ohnegleichen. Dafür kann man sich an der weitreichenden, lohnenden Aussicht schadlos halten.

Seit 1820 ...

Die Erschließungsgeschichte des Wettersteingebirges beginnt am 27. August 1820 mit der Erstbesteigung der Zugspitze durch den bayerischen Vermessungsoffizier Leutnant Joseph Naus, mit seinem Gehilfen und dem Partenkirchener G. Deuschl. Sie erklommen vom Platt aus den Westgipfel, nachdem ein Versuch aus der Schneefernerscharte mißlungen war. Andere bedeutende Gipfel im Wetterstein wurden erst Jahrzehnte später erobert: die Dreitorspitze 1853, die Alpspitze 1858, der Große Waxenstein 1871.
Den um drei Meter niedrigeren Ostgipfel, auf dem das Kreuz steht, erreichte 1823 der Maurermeister Simon Resch. Der Westgipfel wurde erst 1838 zum zweiten Mal betreten, und zwar anläßlich der Grenzvermessung durch einen österreichischen Trigometer. Er war von Ehrwald aufgestiegen und hatte eine Signalstange zurückgelassen. Der erste Aufstieg vom Kleinen Schneeferner über den Grat zur Inneren Höllentalspitze zum Ostgipfel gelang 1901 Joseph Enzensperger mit dem Träger P. Lipf. Den ersten Übergang vom Westgipfel zum Ostgipfel hatte schon 1851 Dr. Härtinger mit dem Führer Koser geschafft.

Eine außergewöhnliche Leistung in der Frühzeit der Zugspitzgeschichte vollbrachte 1851 der Farchanter Jagdgehilfe Michael Bauer: Als das erste Gipfelkreuz errichtet wurde — eine Neuaufstellung erfolgte 1881 —, marschierte er von Farchant über Partenkirchen und durch das Reintal auf die Zugspitze. Anschließend wagte sich Bauer allein und als erster Mensch an den Abstieg durch das Österreichische Schneekar. Fünf Stunden nach dem Verlassen des Gipfels traf er in Obergrainau ein. Ob der mutige Jagdgehilfe den Schneekargraben benützte oder westlich in Richtung Ehrwalder Wiesen das Kar verließ, läßt sich nicht mehr feststellen, da ein Bericht fehlt. Im Aufstieg bezwangen das Österreichische Schneekar erst zwanzig Jahre später drei Engländer, die von den beiden Sonnwebern aus Ehrwald geführt wurden. Abenteuerlich gestaltete sich auch der Abstieg von Georg Winhart und Johann Rauch 1872 ins Höllental. Sie erreichten vom Ostgipfel in zwei Stunden den Ferner, mußten dann aber lange nach einem Weiterweg suchen, denn die Steilwand zum Höllentalanger erschien ihnen als unbegehbar. Und das war sie zu jener Zeit auch! Winhart und Rauch wandten sich deshalb den Höllentalwänden zu, querten das Mitter- und Mathaisenkar und trafen schließlich nach drei Stunden bei den Knappenhäusern ein. Den gleichen Wegverlauf schlugen 1876 die Führer Joseph und Johann Dengg mit F. Tillmetz im Aufstieg ein. Tillmetz erkannte dabei, daß durch leichte Sprengungen am »Brett«, einer glatten Platte im Absturz der Riffelköpfe, eine Kürzung des langen und vor allem umständlichen Höllentalweges möglich wäre. Es vergingen jedoch noch fast dreißig Jahre, bis die Alpenvereinssektion München das »Brett« und andere Passagen durch Eisenstifte und Drahtseile versichern ließ und dadurch den Zugspitzweg unserer Tage durch das Höllental begehbar gestaltete. Zugleich entstand als bestens geeigneter Stützpunkt die Höllentalangerhütte. Auch die Weganlage im Österreichischen Schneekar war durch Münchner ausgeführt worden. Dort gab es schon 1879 einen versicherten Steig; 1884 folgte der Bau der Wiener-Neustädter Hütte durch den Österreichischen Touristenklub. Im Jahr 1882 erhielt die Zugspitze ihren ersten Winterbesuch durch die Münchner F. Kilger, H. Schwaiger, A. Zott sowie die Brüder H. und J. Zametzer. 1886 gelang den Einheimischen F. Resch und Cl. Sam der Übergang (II—III) von der Großen Riffelwandspitze, eine Tour, die lange Zeit als gefährlichste und schwierigste im Wetterstein galt.

Die Wand ins Bayerische Schneekar wurde am 29. Juni 1895 von H. Gazert und Fr. Völker direkt zum Westgipfel durchstiegen. Abgesehen vom Steinschlag, der diese Route bedroht, kann sie durch die Errichtung des Münchner Hauses kaum mehr begangen werden (Abfälle etc.). Lohnender und landschaftlich großartig ist eine Überkletterung des Nordgrates (IV), den 1906 Hans Pfann und Freiherr von Hertling eröffneten.

Die schönsten Zugspitzwege sind jedoch die Wanderwege, durch das Reintal, durch das Höllental oder durch das Österreichische Schneekar.

Aufstiege

Reintal

Von der Knorrhütte auf gutem Weg über Buckel und durch die Mulden des ausgedehnten Zugspitzplattes in etwa 1½ Stunden zum Schneefernerhaus, der Endstation der Zahnradbahn (ab Garmisch-Partenkirchen). Anschließend im Zickzack auf abschüssigem Weg steil hoch zum Beginn der Steiganlage, die kehrenreich hinaufleitet zum Grat und zum Münchner Haus. Von der Knorrhütte etwa 2½ Stunden.

Charakteristik: Hochalpine Wanderung. Bei schlechter Sicht (Nebel, Schneefall) ist das Zurechtfinden auf dem Zugspitzplatt sehr schwierig. Die Steiganlage ist mit Vorsicht zu genießen (beschädigte Drahtseile!). Höhenunterschied ab Knorrhütte: 920 Meter. Beste Jahreszeit: Juli bis September.

Übernachtung: Knorrhütte (2051 m) unter dem Zugspitzplatt an der Basis des Brunntalkopfes. Bewirtschaftet vom 1. Juni bis 30. September, Lager und Betten. Von Ehrwald über das Gatterl 5½ Stunden (von der Ehrwalder Alm, die mit einer Seilbahn erreicht werden kann, etwa 3 Stunden), von Garmisch-Partenkirchen (Skistation) durch das Reintal über die Reintalangerhütte etwa 6½ Stunden.

Höllental

Von der Höllentalangerhütte (1381 m) auf dem Riffelschartenweg bis zur Wegegabelung im hintersten Höllentalanger. Links halten in Kehren steil hoch zum Beginn einer etwa 20 Meter hohen Platte, die an Eisentritten (»Hühnerleiter«) bewältigt wird. Etwas weiter oben linkshaltend und ausgesetzter Quergang an glatter Platte mittels Eisenstiften und Drahtseilen über das »Brett« zu einem mit Latschen bewachsenen Kessel unter dem Höllentalkar (1 Stunde ab der Hütte). Nun folgt man wieder Wegspuren und gelangt in einer weiteren Stunde auf den »Grünen Buckel«. Weiter ansteigen zu Füßen der Riffelkopfwände zum Höllentalferner. Er wird ungefähr bis zur Hälfte begangen, worauf sich die Route rechts wendet zum Einstieg in die Felsen (von der Hütte 3¼ Stunden). Über die Randkluft und der gesicherten Steiganlage folgend in etwa 1¼ Stunden in die Irmerscharte. Nun durch die Nordflanke des Ostgipfels vollends hoch (Drahtseilsicherungen) zur Zugspitze. Von der Hütte 4½ bis 5 Stunden.
Charakteristik: Hochalpine Wanderung, die Trittsicherheit und Schwindelfreiheit voraussetzt. Nur bei gutem bzw. sicherem Wetter und bei guten Verhältnissen (kein Schnee) begehen. Im Spätsommer oft weite Randkluft (vorher in der Hütte die Verhältnisse erfragen!). Bei Gewitter können die Drahtseile lebensgefährlich werden. Beste Jahreszeit: Juli bis September. Höhenunterschied ab Hütte: 1600 Meter.
Übernachtung: Höllentalangerhütte (1381 m). Bewirtschaftet vom 1. Juni bis 15. Oktober, Lager und Betten. Von Hammersbach (Haltestelle der Zugspitzbahn) durch die Höllentalklamm 2 Stunden.

Schneekar

Von der Wiener-Neustädter Hütte das österreichische Schneekar traversieren und hinauf zum »Stopselzieher«, einer Steiganlage in einer kaminartigen Rinne. Weiter, streckenweise gesichert, zum Grat und zum Gipfel. Von der Hütte 2¼ Stunden.
Charakteristik: Hochalpine Tour, die Trittsicherheit und Schwindelfreiheit sowie gutes Wetter voraussetzt. Kürzester Anstieg, Steinschlaggefahr durch Vorangehende. Beim Abstieg nicht abfahren! Beste Jahreszeit: Mitte Juli bis Herbst. Höhenunterschied ab Hütte: 750 Meter.
Übernachtung: Wiener-Neustädter Hütte (2220 m) im österreichischen Schneekar. Bewirtschaftet von Juni bis September. Lager und Betten. Vom Eibsee 4 Stunden, von Ehrwald-Unterdorf 3 Stunden, von der Station Stütze IV der Tiroler Zugspitzbahn ½ Stunde.

Schrifttum

Karten: Topographische Karte 1:50000 Sonderblatt Werdenfelser Land.
Führer: Härter/Beulke/Pfanzelt, Alpenvereinsführer Wettersteingebirge. Bergverlag Rudolf Rother, München.
Literatur: Fritz Schmitt, Wetterstein, Bergverlag Rudolf Rother, München.

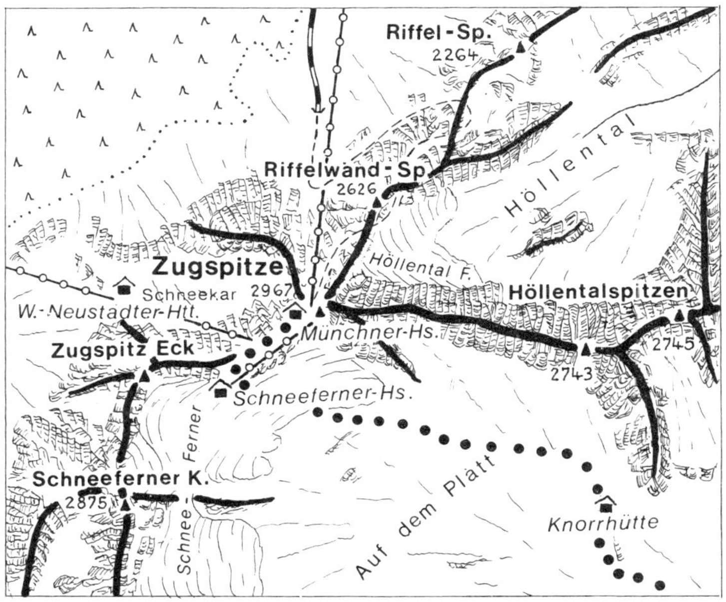

Lalidererwand 2615 m

Zugspitze mit Höllentalferner (links). Im Vordergrund die Riffelspitzen.

Riesenmauer über Ahornböden

Für manchen Wanderer, der vom Hohljoch zur Falkenhütte unterwegs ist, mag die Lalidererwand geradezu erdrückend wirken. Eine ganz andere Welt tut sich vor ihm auf als drunten auf dem lieblichen Ahornboden. Hier, im zentralen Karwendelgebirge, erhebt sich eine der mächtigsten Felsbastionen im Alpenraum; sie ist über einen Kilometer breit von der Dreizinkenspitze im Osten bis hinüber zur Laliderererspitze im Westen. Über grobem Geröll ragt sie bis zu 800 Meter empor — eine zu Stein gewordene Urwelt. Ein Schattenreich, in das die Sonne nur selten einstrahlt, unheimlich düster und von scheinbar überirdischer Größe. Steinschlag hallt durch die Wand. Die Zurufe einer Seilschaft sind schwach zu vernehmen, werden von der Weite des Raumes fast aufgeschluckt, verhallen in einer Schlucht oder in einem Kamin. Erst wenn man den Kopf weit in den Nacken legt, ist die Zackenreihe des Gipfelgrates zu sehen. Drüben, auf der Südseite, sieht es anders aus: leicht geneigte, weite, geröllbedeckte Hänge, die im gleißenden Licht der Sonne nahezu weiß erscheinen.

Bei der Durchsteigung der Lalidererwand kommt nur selten heitere oder freundliche Stimmung auf. Übliche Witzeleien unterbleiben in dieser ernsten Bergwelt. Es gibt wenig sogenannte Genußseillängen, selten einen »Henkelgriff«. Der Fels ist abwärts geschichtet und mancherorts sehr brüchig. Das ist die Hohe Schule des Freikletterns! Selbst die Nordkante, die rechte Begrenzung der Lalideremauer, obwohl nur mit IV bewertet, ist eine durchaus ernstzunehmende Fahrt und verlangt Orientierungssinn und Kondition. Diese Anforderungen gelten natürlich in erhöhtem Maße für die Wanddurchstiege. Der Wiener Max Mayer, dem mit seinem Bruder Guido am Seil der Führer Angelo Dibona und Luigi Rizzi am 18. August 1911 die erste Durchsteigung der Wand gelungen war, hatte vorher am Erfolg gezweifelt. Er sah eine »einzige, ungegliederte, senkrechte und überhängende Plattentafel von unbeschreiblicher Glätte . . . also ein hoffnungsloser Fall«. Die »Dibona«, wie der Anstieg genannt wird, ist der am wenigsten schwierige Wanddurchstieg. Am 8. September 1929 eröffneten Toni Schmid und Ernst Krebs eine weitere Route, deren unterer Teil äußerst schwierig (VI—) ist, während die obere Hälfte mit Grad IV bewertet wird. Durch die Nordwand der Laliderererspitze legte 1932 der Innsbrucker Kaminkehrer Matthias Auckenthaler mit Hannes Schmidhuber eine kühne Route. Und dann kam die große Zeit des Hias Rebitsch aus Brixlegg. Der tollkühne Freikletterer hatte schon vor dem Krieg eine Direktroute auf die Laliderererspitze im Sinn, konnte sich seinen Wunsch aber erst 1946 erfüllen: Am 20. Juni erschloß Rebitsch mit Kuno Rainer den oberen Wandteil, am 8. September mit Sepp Spiegl den unteren. Zum vollständigen Durchstieg kam es jedoch nicht, denn Spiegl stürzte in dem Riß, der später nach ihm benannt wurde. Auch Rebitsch wurde verletzt. Und im nächsten Jahr kam ihnen dann eine andere Seilschaft zuvor: Hermann Buhl und Luis Vigl durchstiegen am 26. Juli 1947 als erste die ganze Wand. Die Viertbegeher, Kuno Rainer und Erich Streng, eröffneten schließlich 1949 noch einen geraden Ausstieg. Inzwischen hatte aber Rebitsch bereits wieder Neuland erschlossen: Vom 11. bis 12. September 1947 kämpfte er sich mit dem Südtiroler Franz Lorenz durch die Nordverschneidung. Eine der extremen (VI+) Eroberungen der jüngeren Zeit (1977) ist die Route »Charlie Chaplin« von Heinz Mariacher und Peter Brandstätter. Sie führt aus dem untersten Teil der Nordverschneidung rechtshaltend in die abweisende Plattenzone mit den Hauptschwierigkeiten. »Charlie Chaplin« wies Ende 1981 zwei Wiederholungen auf. Als mir im August 1962 mit Hubert Abele eine Begehung der »Direkten« von Rebitsch gelang, konnten wir die sechsundzwanzigste buchen — sechzehn Jahre nach der ersten.

Allein in der Lalidererwand

Als Hermann von Barth am 21. August 1870 als erster Mensch den Gipfel der Laliderererspitze betrat, wußte er zwar vor sich die steil abbrechenden Nordwände, glaubte aber bestimmt keinen Augenblick daran, daß einmal Menschen ohne Gefährten durch diese Wände steigen würden.

30. Juli 1947. Der Himmel war von einer schmutziggrauen Wolkendecke überzogen. An den vergangenen Tagen hatte es gestürmt und geregnet. Und noch immer rauschte es aus den

Die Lalidererspitze über der Falkenhütte. Durch die Nordwand (links der Bildmitte) verlaufen die Auckenthaler- und Rebitsch-Führe.

Wänden. Trotzdem stieg der Österreicher Leo Seitelberger auf der Dibona-Route in die Lalidererwand ein. Für den unteren Teil benötigte er nur eine Stunde, obwohl der Fels überall naß war und sich dort die Hauptschwierigkeiten befinden. Schon am Einstieg, auf der Rampe, hatte er seine zerrissenen »Patschn« fluchend ausgezogen und ins Geröll hinuntergeschleudert. Seitelberger kletterte barfuß weiter. Im oberen Wandteil kam es ihm sehr zugute, daß er die Route schon kannte; vor allem in der Gipfelwand, wo er nicht lange den Ausstieg suchen mußte. Und als er die Gratfelsen spürte, waren keine zwei Stunden seit dem Einstieg vergangen.
Sonnwendfeier bei der Falkenhütte. Übermütiges Lachen und Stimmung. Mit am Feuer saß der achtundzwanzigjährige gebürtige Dresdner Horst Wels. Über ihm erhob sich die nachtschwarze Wand. Am nächsten Tag, dem 20. Juni 1953, stieg Horst Wels auf der Schmid-Krebs-Führe im Alleingang durch die Lalidererwand. Auf jener Route, nach deren zweiter Begehung Hias Rebitsch und der Innsbrucker Medizinstudent Adi Meusberger »todmüde und doch so froh« waren. Andere Wiederholer wie Hias Auckenthaler (dritte Begehung) oder der Wiener Fritz Kasparek (fünfte Begehung) sprachen voller Anerkennung von den gewagten Freikletterstellen im Dachquergang und in den »Krebs-Rissen«, den Schlüsselstellen der Route.
Die Auckenthaler-Führe — sie wurde übrigens bei der zweiten Begehung 1934 von Paul Aschenbrenner und seinem Gefährten begradigt — fand am 1. August 1956 in Hermann Buhl ihren Alleinbezwinger. In nur drei Stunden meisterte der Innsbrucker die stellenweise sehr brüchige Route in der Lalidererspitze-Nordwand. Wie das möglich war, fragten selbst Experten. Der Anstieg galt anfangs der dreißiger Jahre immerhin als schwierigste Felsfahrt in den Ostalpen. Doch für Buhl schien zu jener Zeit nichts unmöglich.
Im Sommer 1954 war der Innsbrucker Erich Streng allein unterwegs im Karwendel. An einem schönen Tag saß er schon morgens auf der Lalidererspitze und ließ sich von der aufgehenden Sonne blenden. Plötzlich stand sein Entschluß fest: die »direkte Lali«, wie sie die Innsbrucker nennen. Als er durch die »Spindlerschlucht« abstieg, war er voller Selbstvertrauen. Er war in jener Verfassung, die für das Gelingen eines Alleingangs von ausschlaggebender Wichtigkeit ist. Am Einstieg kein Bangen, nur wilde Freude, wie ein Rausch. Für den Seilquergang benützte Erich Streng das Hanfseil. Dann ging es wieder ohne Sicherung weiter: äußerste Schwierigkeiten, brüchiger Fels. Das erforderte meisterliches Können und starke Nerven. Die Zuschauer bei der Falkenhütte trauten ihren Augen nicht mehr, wenn sie kurz das Fernglas absetzten und wenig später den Einsamen schon wieder ein gutes Stück weiter oben ausmachten. Ohne auch nur einmal zu rasten, kletterte Streng in der Gipfelfallinie durch die Wand. Und als es Mittag wurde, stand er auf dem Gipfel.
Auch die extrem schwierige Nordverschneidung mit ihrem ausgewaschenen, glatten Fels und den aufeinanderfolgenden Überhängen wurde von einem einzelnen bezwungen, von Gottfried Potisk. Er kam, wie so viele der ganz großen Kletterer im Karwendelfels, aus Tirol, aus Innsbruck. In die Nordverschneidung hatte sich vor ihm noch nie ein Mensch ohne Begleiter gewagt. Potisk nahm das Risiko bewußt auf sich. Selbst ein Wettersturz konnte ihn nicht zurücktreiben. Dann eben noch mehr spreizen, fast schon im Spagat, um den Sturzbächen im Verschneidungsgrund auszuweichen.
Am 19. Juli 1959 war Gottfried Potisk wieder in der Lalideremauer. Diesmal am Seil mit Freunden auf der »Direkten«. In der großen Schlucht wurde er von einem Stein am Kopf getroffen und starb wenige Stunden später in der Wand, in der er seinen größten Triumph erlebt hatte.

Aufstiege

Von Süden

Vom Hallerangerhaus absteigen zum Jagdhaus »Im Kasten«. Von dort führt ein breiter Jagdweg hinein ins hinterste Roßloch. An der Stelle, bei der ein Graben steil hochzieht in Richtung Roßlochspitze, zweigt links (nordwärts) ein zunächst noch guter Steig ab, der in nördliche Richtung hinaufleitet ins Bockkar. Aus dem mittleren Teil des Kares über Schrofenstufen und durch Geröll empor in die Scharte ostwärts des

Gipfels. Anschließend in westliche Richtung zu dem von der Lalidererspitze nach Südosten sich senkenden Geröllhang, über den es unschwierig zum Gipfel geht. Vom Hallerangerhaus etwa 5½ Stunden.

Charakteristik: Wanderung ohne Schwierigkeiten. Der Abschnitt vom mittleren Bockkar zur Lalidererspitze ist bei Nebel schwierig zu finden. Höhenunterschied: 800 Meter.

Übernachtung: Hallerangerhaus (1768 m) in landschaftlich prächtiger Lage in einem Zirbenwald in der Nähe der Isarquelle. Bewirtschaftet von Pfingsten bis Mitte Oktober, 100 Schlafplätze; Winterraum ständig offen, 8 Lager. Von Scharnitz 4 bis 5 Stunden, von Herrenhäuser (Hall) 2 Stunden.

Auf der Lalidererwand steht ein »Polybiwak« für 9 Personen.

Nordkante

Von der Falkenhütte hinunter ins Spielißjoch und Gegenanstieg zu dem auffallenden Firnkegel am Ausgang der westlich der Lalidererspitze herabziehenden Schlucht. Über die Randkluft zu einem 25 Meter langen Band, das links hochführt in einen Geröllkessel. Von dort durch einen Kamin 25 Meter hoch und anschließend durch eine Rinne etwa 60 Meter linkshaltend empor zur eigentlichen Nordkante. Es folgt ein Grataufschwung, der rechts in der Westseite bewältigt wird. Nach dem leicht überhängenden Ausstieg geht es über ein kurzes, abdrängendes Wandl (IV). Quergang 2 Meter nach rechts in einen Kamin. Durch ihn etwa eine Seillänge (ca. 40 m) hoch zur Kante. Nun bleibt man an der Kante. Es geht etwa 5 Seillängen über den Steilaufschwung, wobei stellenweise rechts der Kante ausgewichen wird. Auch danach hält sich die Route an die gratartige Kante. Ein gelber, schmieriger Riß zwingt kurz links in die Ostseite. Dann wieder auf der Kante weiter und vollends hinauf zum Gipfel. Von der Falkenhütte 5 bis 6 Stunden.

Charakteristik: Felstour in verhältnismäßig festem Gestein, meist III—IV, einige Stellen IV+. Die notwendigen Haken sind vorhanden. Eine der großzügigsten Kantenklettereien in den Nördlichen Kalkalpen. Höhenunterschied ab Spielißjoch: 800 Meter.

Abstieg: Von der Lalidererspitze westlich zu einer Gratscharte (Steinmänner) und zur »Spindlerschlucht«, in welcher der weitere Abstieg verläuft (20-Meter-Abseilstelle am Anfang); Steinschlaggefahr durch nachfolgende Seilschaften. Vom Gipfel zur Falkenhütte etwa 3 Stunden.

Übernachtung: Falkenhütte (1846 m) unterhalb der Laliderermauer. Bewirtschaftet von Anfang Juni bis Mitte Oktober, 160 Schlafplätze; Winterraum im Nebenhaus (AV-Schlüssel). Von der Eng über das Hohljoch 2¼ Stunden (großartige Hüttenwanderung), von Hinterriß 3½ Stunden.

Schrifttum

Karten: Österreichische Landeskarte 1 : 50 000 Innsbruck, Blatt 118. Spezialkarte: Alpenvereinskarte 1 : 25 000 Karwendel (mittleres Blatt).

Führer: Klier/März, Alpenvereinsführer Karwendel. Bergverlag Rudolf Rother, München.

Literatur: Löbl-Schreyer/Höfler, Karwendel. Bergverlag Rudolf Rother, München.

Totenkirchl 2193 m

Nächtlicher Geistertreff

Das Totenkirchl ist neben dem Predigtstuhl und der Fleischbank der berühmteste Kletterberg im abenteuerlichen Felsdorado des Wilden Kaisers. Von der Form her ein Klotz aus grauem, gesunden Kalk und allseits steil.
Die Sage berichtet, daß sich auf dem Gipfel zu nächtlicher Stunde die im Kaisergebirge hausenden Geister treffen. Ob damit der Name zusammenhängt, weiß man nicht. Der Münchner Karl Hofmann hat 1870 die Bezeichnung »Totenkirche« ins alpine Schrifttum eingeführt. Daraus hat sich im Laufe der Zeit dann »Totenkirchl« entwickelt. Dieser düstere Name läßt manches schauriger erscheinen, als es in Wirklichkeit ist. Kletterer sprechen nur vom »Kirchl«. Und das klingt schon besser, fast persönlich.
Wandert man von Kufstein durch das Kaisertal, nach Hinterbärenbad, erlebt man das »Kirchl« als scharfen, mächtigen Felszahn. Vom Stripsenjoch aus wirkt es behäbiger, baut sich als Nordwand in drei Terrassen auf, deren Abbrüche von zahllosen Rissen und Kaminen durchzogen werden, die zum Teil kurze und rasante Übungsklettereien vermitteln. Über dem Schneeloch dräut die 350 Meter hohe Ostwand, die zu Unrecht fast stiefmütterlich behandelt wird; im Gegensatz zur über 500 Meter hohen Westwand, der höchsten Kaiserwand über dem weltabgeschiedenen Hohen Winkel.
Die Eroberung des Totenkirchls war das Verdienst eines Bauernknechtes aus Going, Michel Soyer, genannt »Steinacker«. Er galt seinerzeit als bester Kaiserkenner. Von seinen Herrn bekam er pro Tag immerhin fünf Gulden Führerlohn, mußte aber davon zwei seinem Bauern abliefern. Der Rest ging auf im »Roten«, denn der Michel war ein durstiger Mensch. Im Jahr 1881 traf sich der »Steinacker« in Hinterbärenbad mit den Münchnern Karl Babenstuber und Gottfried Merzbacher. Sie wollten das Totenkirchl anpacken. Zu jener Zeit waren schon zahlreiche Kaisergipfel bestiegen: Lärcheck, Ackerl- und Maukspitze, Scheffauer, Sonneck, Ellmauer Halt, Karlspitze. Doch das waren verhältnismäßig leichte Berge, kein Vergleich mit dem Totenkirchl. Aber der »Steinacker« fand auch am »Kirchl« Kamine und Risse, denn er hatte eine Spürnase dafür. Babenstuber wurde auf einem günstigen Platz zurückgelassen; die beiden anderen wollten den Weiterweg erkunden. Das Gelände wurde zunehmend schwieriger. Merzbacher streikte plötzlich. Da schrie ihn der »Steinacker« an: »A Kuah ziag i da auffa, nachher wer i di doch aa no auffaziagn!« Gegen drei Uhr nachmittags erreichten sie schließlich den Gipfel des Totenkirchls. Babenstuber, der nicht mit auf dem Gipfel gewesen war, stieg mürrisch und darüber verärgert mit den Gefährten ab.
Die Ostwand wurde 1902 von den Münchnern Georg Leuchs und Adolf Schulze erstmals durchstiegen. Ihre Route erfuhr 1913 eine Begradigung durch Hans Dülfer und Werner Schaarschmidt. Eine noch schwierigere Ostwand-Führe eröffneten am 3. September 1971 in siebeneinhalb Stunden Werner Bittner und Klaus Werner.
Die Westwand war schon 1908 von Rudolf Schietzold, Josef Klammer, Tita Piaz und Franz Schroffenegger erobert worden. Allerdings wurde dabei nur der linke Wandteil erschlossen. Die Führe endet nicht auf dem Gipfel, sondern unterhalb davon auf der zweiten Terrasse. Den idealen Durchstieg in der Westwand fanden Hans Dülfer und Willy von Redwitz 1913. Drei Jahrzehnte später, 1943, stellten Otto Eidenschink und Rudolf Peters eine Verbindung zwischen der Piaz- und der Dülfer-Route her. Höhepunkt des Zwischenstückes ist ein luftiger Pendelquergang, der gewagteste im ganzen Kaiser. Vom 16. bis 17. Juni 1960 wurde das letzte wesentliche Kletter-Problem in der Westwand, der Pfeiler, von den Sachsen Lothar Brandler mit Fritz und Wulf Scheffler (Vater und Sohn) gelöst.

Hans Dülfer

Im Sommer 1907 wanderte ein schwächlich anmutendes Bürschchen durch das Allgäu. Es war der fünfzehnjährige Gymnasiast Hans Dülfer, der mit seinem Vater in Ferien war. Durch den Bergaufenthalt erhoffte man sich körperliche Kräftigung für Hans, der zeitweise sogar vom Turnen befreit worden war. Vier Jahre später zog Dülfer von Dortmund nach München. Dort erwies es sich für den stillen Jungen schwierig, Anschluß zu finden. So widmete er sich vorläufig nur seinem Studium, schrieb sich zunächst in die medizini-

Blick vom Zahmen Kaiser
auf die Nordabstürze des Totenkirchls.

sche, später in die juristische und schließlich in die philosophische Fakultät ein. In den Bergen war er anfangs allein unterwegs. Aber schon auf Kletterführen, zum Beispiel an den Ruchenköpfen. Sein außergewöhnliches Talent im Steilfels war nicht zu übersehen. Trotzdem schenkte sich Dülfer nichts, trainierte zäh und verbissen. Während dieser Zeit erhielt das Felsklettern im Wilden Kaiser völlig neue Impulse. Otto Herzog aus München führte ein neues Hilfsmittel ein: den Karabiner, der nun an die Stelle der bis dahin verwendeten Seilschlingen trat. »Rambo«, wie Herzog im Freundeskreis genannt wurde, hatte außerdem eine Seiltechnik — den »Dülfersitz« — entwickelt, mit deren Hilfe es möglich ist, grifflose Platten querend zu bewältigen. Damit wurde das Seil, wie auch der Mauerhaken, Mittel zum Zweck. Die perfekte Beherrschung von Seil und Mauerhaken sowie ein ungewöhnliches Feingefühl für den Fels verschafften Hans Dülfer seine Sonderstellung in der alpinen Geschichte.
Am 26. September 1913 stieg Dülfer dann mit Willy von Redwitz in die Westwand des Totenkirchls ein. Sie wollten direkt durch die pralle Felsmauer zum Gipfel. Die Seilschaft war schon eine Woche vorher in der Wand gewesen. Damals hatte Dülfer bereits den großen Quergang geschafft. Eineinhalb Stunden waren dafür notwendig gewesen — getreu seiner These »Eine schwere Stelle soll man auswendig lernen wie ein Gedicht — Strophe um Strophe«. Mit dem Quergang hatten sie den Schlüssel für die Wand gefunden. Nun wollten sie ganz durch. Die Ausrüstung bestand aus zwei 40 Meter langen Hanfseilen, 26 Haken und einem Steinbohrer, der jedoch nicht zur Anwendung gelangte. In kürzester Zeit war die Seilschaft über dem großen Quergang. Redwitz, der Kräftigere, trug den Rucksack, Hans Dülfer führte. Piaz hatte einmal gesagt: »Dülfer klettert nicht, er streichelt den Fels.« Und daran mußte Redwitz denken, als er den Freund an den schwierigen Stellen aufmerksam verfolgte. Ging es nicht mehr gerade weiter, setzte Dülfer seinen bekannten Ausspruch »Man geht, solang es geht. Und wenn es nicht mehr geht, macht man einen Seilquergang und geht weiter« in die Tat um. Bravourös meisterten sie das »Zickzackwandl«, wo die Griffe Mangelware sind. Danach glitt Dülfer buchstäblich über den glatten Fels des Schluchtquerganges, kämpfte mit dem Gegenzug durch das Quergangseil, klebte förmlich am grauen Kalk, als hätte er Saugnäpfe an den Händen.
Die Ausstiegsrisse erforderten noch einmal das ganze Können. Dülfer war im Riß und Kamin ebenso gut wie an der Wand. Die kraftraubenden Aufschwünge wurden von ihm fast spielerisch überklettert. Trotzdem nötigte ihnen die Gipfelschlucht noch gute sieben Stunden ab. Zum Glück hielt sich das Wetter, denn bei Regen können die Risse und Kamine zur Hölle werden. Und dann hatte der Kaiser eine neue alpine Sensation: Totenkirchl-Direkte-Westwand, für lange Zeit die schwierigste Kaisertour. Ganz nebenbei hatte Redwitz später bemerkt: »Wir sind durchgerumpelt, als hätten wir die Tour schon einmal gemacht.«
Als erster Alleingänger war der Lienzer Toni Vitale 1942 erfolgreich; die erste Winterbegehung der Dülfer-Führe holten sich 1953 Willi Bachmayer und F. Wörndle. Und noch immer ist es eine Tour, von der man mit Respekt spricht. Nur sollten etwas weniger Haken stecken, damit auch folgende Generationen die Leistung von Hans Dülfer würdigen können.

Aufstiege

Führerweg — Heroldweg

Von der Stripsenjochhütte nordwärts den Pfadspuren folgend durch Latschen. Nach etwa 1/4 Stunde erreicht man das obere Ende einer Rinne. Rechts über gut gestuften Fels und weiter in teilweise grasbewachsenem, schrofigen Fels, wobei immer wieder deutliche Steigspuren die Route erklären. Weiter oben folgt ein Rechtsquergang in den Führerkamin. Ab dort wird (am Beginn des Querganges) der Heroldweg benützt. Über Schrofen linkshaltend in eine Rinne, die zum Grat führt. Von einem Gratsattel durch einen 12 Meter hohen Riß (III), dann weniger schwierig auf dem Grat und anschließend über eine 20 Meter hohe Steilstufe zu gutem Stand. Rechts auf eine Art Kanzel und auf einem abschüssi-

Der Watzmann, seine »Frau« und die »Watzmannkinder«.

gen Band etwa 10 Meter schwach rechts ansteigen zu einem Abbruch. Kurzer Abstieg zum unteren Rand des Bandes und anschließend auf schmalem Gesims um einen herausdrängenden Vorsprung herum (III). Nochmals kurzer Abstieg zu einer glatten Platte und damit zu gutem Stand am Ende des 25-Meter-Querganges. Nun über eine rampenartige steile Platte auf einen Vorbau. Weniger schwierig noch etwa 12 Meter gerade hoch, links (2 m) in ein Schärtchen und jenseits durch einen rißartigen Kamin hinunter in einen kleinen Geröllkessel. Es folgt eine Rinne. Dort unter dem Klemmbock hindurch, unmittelbar danach rechts auf eine schmale Rampe, die verfolgt wird. Anschließend über plattige Stufen zur nordöstlichen Ecke der 3. Terrasse. Abschließend über den Vorgipfel zum Hauptgipfel. Von der Stripsenjochhütte etwa 3 bis 4 Stunden.
Charakteristik: Felskletterei im II. und III. Schwierigkeitsgrad. Routenverlauf teilweise recht verwickelt, doch, bedingt durch die vielen Begehungen, gut zu finden (Kratzspuren, Gehspuren, abgeschmierte Passagen). Bei Nebel und Schlechtwetter schwierig zu finden. Bei Nässe sind die abgeschmierten Stellen vorsichtig anzugehen! Etwa 4 bis 5 Karabiner erforderlich; die notwendigen Haken stecken. Höhenunterschied ab Hütte: 620 Meter. Der Abstieg erfolgt durch die sogenannte »Schmidtrinne« streckenweise mittels abseilen. Auch dort ist der Fels abgeschmiert, so daß die Route kaum verfehlt werden kann (ausführliche Beschreibung im Alpenvereinsführer).
Übernachtung: Stripsenjochhütte (1580 m) auf dem Stripsenjoch nördlich des Totenkirchls. Von Pfingsten bis Ende Oktober bewirtschaftet, Betten und Lager; im Winter einfach bewartet. Von der Griesneralm (bis dorthin Fahrstraße) etwa $1\frac{1}{2}$ Stunden, von Kufstein durch das Kaisertal etwa $4\frac{1}{2}$ Stunden.

Lohnende Kletterrouten

Ostwand (Leuchs-Führe), III; Ostwand (Bittner-Werner-Führe) VI und A 1—A 2; Südostgrat, lohnende teilweise luftige Gratkletterei im III. und IV. Grad; Südwand (Klammerweg), Kletterei in bestem Fels mit einem interessanten »Piazriß« (IV); die Südwestpfeiler-Route ist schwierig zu finden; Westwand (Dülfer), klassische Tour durchwegs im V. Grad mit zwei delikaten Seilquergängen und anstrengenden Ausstiegsrissen; Peters-Eidenschink-Führe (IV—V, Stellen VI—, A 1) als Verbindung von Piaz- und Dülfer-Route mit einem ausgesetzten, akrobatischen Pendelquergang, laut Jürgen Wellenkamp die großzügigste Kaiserkletterei; Westpfeiler, überwiegend technische Kletterei (A 1), aber auch anregende freie Passagen (V—VI—), Einstieg am besten vor dem Quergang zum Pendelhaken der Peters-Eidenschink-Route; Piazweg (IV—V), wird kaum begangen.

Schrifttum

Karten: Kompaß-Wanderkarte 1 : 50 000 Blatt 9 Kaisergebirge. Spezialkarte: Alpenvereinskarte 1 : 25 000 Kaisergebirge.
Führer: Schubert/Zeis, Alpenvereinsführer Kaisergebirge, Bergverlag Rudolf Rother, München.
Literatur: Fritz Schmitt, Das Buch vom Wilden Kaiser. Bergverlag Rudolf Rother, München.

Watzmann 2713 m

2000 Meter Fels über dem Königssee

Wie das Matterhorn von Zermatt ist der Watzmann zum Wahrzeichen vom Berchtesgadener Tal geworden. Wilhelm von Frerichs, der sich um die Jahrhundertwende sehr eingehend mit dem Watzmann befaßte, schrieb 1903 in seiner Watzmann-Monographie: »Wo das Deutsche Reich seine südliche Grenzmark hat, steht einer der höchsten Berge des Landes: der Watzmann. Nicht ein Berg im eigentlichen Sinne ist er, sondern fast ein Gebirge für sich zu nennen. Siebengipflig ragt sein Haupt in den regenreichen Himmel des Berchtesgadener Landes.
Ein graues Felsdach, von breitem Sockel aufstrebend, zur Linken ein breites Firnfeld, einen schlanken Zahn und ein kühn aufgebogenes Horn, so blickt er hinab auf die Gassen des Marktes Berchtesgaden. Der Große Watzmann heißt die massig hingelagerte Pyramide zur Rechten, das zu ihm sich hinüberneigende Horn links der Kleine Watzmann, vom Volke auch Watzmannweibel genannt. Zwischen dem grotesken Elternpaar spannt sich die Zackenreihe der Watzmannkinder, deren höchstes, aus dem Watzmanngletscher aufragend, den Namen Watzmannjungfrau trägt. So zeigt sich unser Berg von Norden. Anders die Ostseite. Kahl, glatt, unbegreiflich hoch und steil, hebt sich die Watzmannwand aus den stillen Wäldern von St. Bartholomä . . .
Von Osten und Westen eine langgestreckte starre Wandflucht, von Norden und Süden eine Pyramide, hier schlank und feingeformt, dort breit und kraftvoll, verleugnet der Watzmann, von welcher Seite er sich auch zeigt, niemals seine charaktervolle Individualität.«
Die Erschließungsgeschichte des Watzmanns begann mit der Erstbesteigung anfang des 19. Jahrhunderts durch Valentin Stanig über das Hocheck; das ist etwa der Weg, den heute die meisten Bergsteiger vom Watzmannhaus einschlagen. Damals, als noch keine Drahtseile und künstliche Felsstufen den Übergang vom Hocheck zum Mittelgipfel, der höchsten Erhebung, erleichterten, war dies eine mittelschwierige Kletterei. Das muß man wissen, um die Leistung von Stanig würdigen zu können. Der Südgipfel (Schönfeldspitze) gelang 1832 Peter Carl Thurwieser vom Wimbachtal durch die Südwestflanke. Als erster Überschreiter aller drei Gipfel waren 1868 Kaindl, Grill (»Kederbacher«) und Preiß erfolgreich. Die erste Winterbesteigung des Hochecks 1871 durch die Führer Hölzl und Ilsanker hatte einen besonderen Anlaß: Aus Freude über den Sieg gegen die Franzosen wurde auf dem Gipfel ein weithin leuchtendes Feuer abgebrannt. Höhepunkt der Besteigungsgeschichte des Watzmanns ist jedoch die Eroberung der annähernd 2000 Meter hohen Ostwand, der sogenannten Bartholomäwand über das fünfte Band zur Mittelspitze am 6. Juni 1881 durch den Wiener Otto Schück und den Ramsauer Führer Johann Grill, genannt »Kederbacher«. In der Folgezeit wurde die höchste Felswand der Ostalpen auf zahlreichen anderen Routen und natürlich auch im Winter, sogar von Alleingängern durchstiegen.

Mythe, Legende, Erstbesteigung

Über den Watzmann erzählt man sich die Sage von einer versteinerten Familie und ihren fünf Kindern. Seine Gipfel sollen die Mitglieder der Familie eines gewalttätigen Königs namens Waze sein, der einst über das Berchtesgadener Land herrschte und in seiner ungezügelten Wut einen Hirten mit Frau und Kindern erschlagen ließ. Nach dieser Untat erstarrte die königliche Familie zu Stein.
Außerdem soll, nach dem Glauben der alten Talbewohner, die Mittelspitze von Noah nach der Sintflut als Landeplatz für seine Arche ausgewählt worden sein. Und bei der Kapelle St. Johann und Paul, am Weg von St. Bartholomä zur Ostwand, kann man sicher sein, daß sich zu nächtlicher Stunde die Zwerge, die Untersbergmandl, treffen und die Messe hören.
Nachgewiesen ist, daß das Hocheck im 17. und 18. Jahrhundert von Wallfahrern bestiegen wurde; sie errichteten dort ein Kreuz und einen Bildstock. So stark war der Watzmann mit seiner die Täler beherrschenden Gestalt im frommen Glauben der Einheimischen verwurzelt.
An der Wende des 18. zum 19. Jahrhundert erregten die Bergtouren eines jungen Geistlichen überall Aufsehen. Es war Valentin Stanig, Aushilfsprediger in Nonnberg bei Salzburg. Stanič, wie er eigentlich hieß, ein kräftiger Mann mit

kühner Adlernase, war am 12. Februar 1774 in der Nähe des heutigen Gorizia (Slowenien) geboren worden. In Salzburg studierte er Theologie und Naturwissenschaft. Und dort entflammte auch seine Begeisterung für die Berge. Der Alpinist im geistlichen Gewand stand schon einen Tag nach der Glockner-Erstbesteigung (1800) mit zwei Zimmerleuten auf dem Gipfel. Er besah sich den sagen- und legendenumwobenen Untersberg aus der Nähe: mitten im Winter und ohne Begleiter. Dazu hatte ihn einerseits Neugierde getrieben, »wie es ober dem Nebel seyn möchte«, und andererseits sein großes wissenschaftliches Interesse: Er maß die Höhen eines jeden Joches und Gipfels und sammelte nebenbei auch noch seltene Alpenpflanzen.
Dieser Valentin Stanig, ein Pionier und Wegweiser des führerlosen Alpinismus, brachte den Mut auf, und stieg allein auf den Hauptgipfel des Watzmanns. Das war für die damaligen Verhältnisse eine außergewöhnliche, zudem besonders sportliche Leistung. Als Besteigungsjahr wird in den meisten Quellen 1799 genannt, es kann aber auch 1800 oder 1801 gewesen sein, höchstens jedoch 1803, denn in diesem Jahr wurde Stanig in seine Heimat versetzt. Über seinen Weg vom Hocheck ins Ungewisse schrieb Stanig in späteren Jahren:
»Diesen noch von keinem menschlichen Fuß betretenen Spiz entschloß ich mich zu besteigen. Beladen mit meinen Meßinstrumenten machte ich mich auf den Weg. Schon der Anfang war böse, denn ich mußte über eine glatte Platte hinabglitschen, an deren Ende mich nur ein kleiner Vorsprung vom Sturz in die unermeßliche Tiefe bewahrte. Dann überstieg ich eine gefährliche Stelle, eine Kluft nach der anderen, dachte auf Besserwerden, und es kam nur Schlimmeres nach. Bald mußte ich mich, auf einem schneidigen Rücken sitzend, weiter bewegen, bald in Lüften schwebend in steilen Wänden dahinklettern ... Oft brauchte es beinahe übermenschlichen Muthes, um nicht ein Raub der Zagheit zu werden, denn meistens mußte ich auf dem scharfen Rücken auf allen Vieren dahinkriechen, wo rechts und links tausendfacher verderbender Abgrund war. In dem einzigen Punkte nur, wo man ist, muß die ganze Seele konzentriert sein. Keiner, auch nicht der frömmste Gedanke, darf stattfinden, sondern jeder Tritt, jeder Finger muß streng dirigiert werden ...
Nachdem ich wieder auf festem Theil angekommen war, ward der Berg sehr steil, und unter größter Anstrengung erreichte ich über loses Gestein den höchsten Punkt des Watzmanns. Mit Erstaunen, Freude und Angst erblickten mich die Zurückgebliebenen auf diesem, in die Wolken stechenden Spiz. Auf so vielen erstiegenen Bergen habe ich keinen diesem ähnlichen angetroffen, so klein ist der Platz auf diesem Spiz ...«
Wie weit Valentin Stanig seiner Zeit voraus war, ist daran zu erkennen, daß erst nach drei Jahrzehnten der nächste Bergsteiger den Watzmann erreichte: Thurwieser bestieg den Südgipfel.

Aufstiege

Normalweg

Vom Watzmannhaus anfangs dem kehrenreichen, bezeichneten Weg folgen. Dann wird der Aufstieg steiler, führt durch Geröll und über Schrofen zur drahtseilgesicherten »Schulter« (etwa 1 Stunde über der Hütte) und im Anschluß rechts des Nordgrates zur (halb verfallenen) Unterstandshütte auf dem Watzmann-Hocheck (2657 m). Von dort südlich über den Grat absteigen zur schmalsten, aber gut gesicherten Gratstrecke. Teilweise direkt auf dem Grat, dann wieder westlich davon und schließlich auf einem mit künstlichen Tritten versehenen Band zum Mittelgipfel. Vom Watzmannhaus etwa 2½ Stunden.
Charakteristik: An den schwierigen Passagen gut versicherte Route für trittsichere und schwindelfreie Wanderer. Höhenunterschied ab Hütte etwa 800 Meter. Bei einem Wettersturz (Blitz!) kann der Gratübergang Hocheck–Mittelgipfel lebensgefährlich werden.
Übernachtung: Watzmannhaus (1930 m) auf dem Falzköpfl. Bewirtschaftet von Anfang Juni bis Ende September, Lager und Betten. Von der Wimbachbrücke (Straße Berchtesgaden—Ramsau) 3½ bis 4 Stunden.

Die annähernd 1900 Meter hohe Watzmann-Ostwand über St. Bartholomä am Königssee.

Watzmann-Überschreitung

Vom Mittelgipfel gelten die roten Markierungszeichen: Pfadspuren folgend, streckenweise versichert und auf der Gratschneide, dann wieder rechts unterhalb von ihr in insgesamt etwa $1\frac{3}{4}$ Stunden zur Südspitze (2712 m). Vom Watzmannhaus etwas über 4 Stunden. Der Abstieg verläuft vom Gipfel in südliche Richtung noch ein Stück auf dem Grat, dann rechtshaltend abwärts, wobei man sich links der Felsrinne hält und über Absätze zu einer ausgedehnten Geröllhalde kommt. Auf die Wegspuren achtend, weiter bergab im Geröll, danach linkshaltend über begrünte Absätze in die Schönfeld-Mulde. Weiter, streckenweise durch Latschen, vollends hinab ins Wimbachtal und auswärts zur Wimbachgrieshütte. Von dort durch das Wimbachtal und abschließend durch die sehenswerte Wimbachklamm zur Wimbachbrücke. Vom Watzmannhaus 8 bis 10 Stunden.
Charakteristik: Tour für ausdauernde und erfahrene Geher; stellenweise Schwierigkeitsgrad I+. Beim Abstieg von der Südspitze ins Wimbachtal auf die Markierungszeichen achten!
Übernachtung: Wimbachgrieshütte (1327 m). Bewirtschaftet von Januar bis Ende Oktober, 64 Schlafplätze.

Ostwand

Durch die 1800 bis 1900 Meter hohe Ostwand führen verschiedene Routen vom III. bis zum V. Schwierigkeitsgrad. Jeder Anstieg ist eine nicht zu unterschätzende Unternehmung, bedingt durch die enorme Wandhöhe und die teilweise schwierige Orientierung. Am meisten begangen werden der Kederbacherweg (III), der Berchtesgadener Weg (II—III) und der Salzburger Weg (IV—V).

Hocheck-Skiabfahrt

Diese Abfahrt ist, verbunden mit dem 5- bis 6stündigen Aufstieg, eine der anstrengendsten Skitouren in den deutschen Alpen und sollte nur bei guten Verhältnissen von erfahrenen Ski-Tourenläufern unternommen werden. Sie führt durch die Hocheck-Nordflanke und anschließend durch die Watzmanngrube zu den Stubenalmen und hinaus zur Wimbachbrücke. Über 2000 Höhenmeter Abfahrt. Günstigste Jahreszeit: Januar bis Mai, den Verhältnissen entsprechend.

Schrifttum

Karte: Topographische Karte 1:50000, Sonderblatt Berchtesgadener Alpen.
Führer: Zeller/Schöner, Alpenvereinsführer Berchtesgadener Alpen. Bergverlag Rudolf Rother, München.
Literatur: Hellmut Schöner, Rund um den Watzmann. Bergverlag Rudolf Rother, München.
Berchtesgaden. Wilhelm von Frerichs, Der Watzmann. Zeitschrift des D. u. ÖAV 1903, Seite 298–330.
Helmut Dumler, Die schönsten Höhenwege zwischen Watzmann und Zugspitze. Verlag F. Bruckmann KG, München.

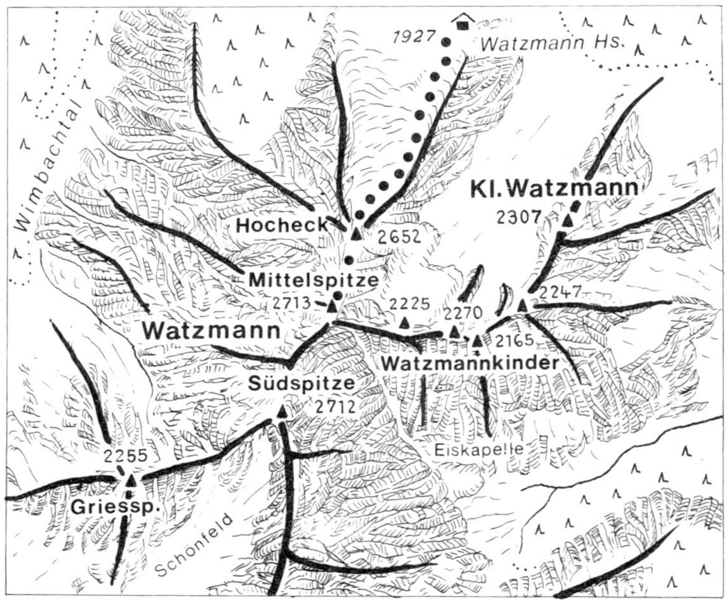

Im Gosausee, einem der großartigsten Alpenseen, spiegelt sich der imposante Stock des Dachsteinmassivs.

Hoher Dachstein 2993 m

Aussichtswarte über der Steiermark

Der Hohe Dachstein ist einer der meistbestiegenen Hochgipfel im ostalpinen Raum. Seine Beliebtheit ist leicht zu erklären: Landschaftsbilder von wuchtiger Schönheit, Gletscher und Felsmauern. Gegen Süden bricht er mit einer 800 Meter hohen Steilwand ab, zu deren Füßen sich die grünen Matten der Ramsau ausbreiten; auf der gegenüberliegenden Seite reichen Gletscher bis an den felsigen Gipfelaufbau heran, im Nordosten der Hallstätter Gletscher, im Nordwesten der Große Gosau-Gletscher. Und darüber thront der zweithöchste Kalkalpenberg, der höchste Oberösterreichs und der Steiermark.

Durch die Seilbahn zum 2685 Meter hohen Hunerkogel — die Talstation (Türlwandhütte) wird von Schladming durch die Ramsau erreicht — ist der Normalweg in zweieinhalb Stunden zu machen. Schon allein die Seilbahnfahrt ist ein Erlebnis: Je höher man kommt, desto eindrucksvoller treten die Südabstürze des Kammes von den Dirndln über Dachstein und Mitterspitz zum Torstein ins Blickfeld. Wer vom Hunerkogel auf dem Schladminger Gletscher weitergeht, über den Gjaidsteinsattel auf die Nordseite der Dirndln, wird schon bald von der eisigen Welt des Hallstätter Gletschers umfangen, der sich auf einer Fläche von annähernd 350 Hektar ausbreitet. Über dieses Eismeer führt der klassische Gletscher weg von der Simonyhütte zum Gipfelstock des Hohen Dachstein. Die andere Gletscherroute verläuft von der Adamekhütte über den Großen Gosau-Gletscher in die Obere Windlucke und geht von dort an über den gut gesicherten Westgrat. Die sogenannte Felsen-Führe, die ebenfalls mit Drahtseilen und Eisenstiften gesichert ist, beginnt bei der Dachsteinwartehütte, kreuzt die Nordostflanke des Gipfelbaus und schließt sich dann dem Aufstieg von der Simonyhütte an. Das sind die Normalwege, das heißt die am wenigsten schwierigen Aufstiegsmöglichkeiten.

Die Südwand birgt, wenn man von Varianten absieht, drei klassische Felsführen für erfahrene Kletterer und eine extrem schwierige, moderne Route. Die »leichteste« Route ist die Pichl-Führe im III. Schwierigkeitsgrad. Es war der erste Durchstieg durch die Südwand. Die Führe weicht dem zentralen Wandteil rechts (östlich) aus und mündet abseits vom Gipfel auf den Ostgrat. Den idealen Wegverlauf fanden am 22. September 1909 die Gebrüder Georg und Franz Steiner in fünfstündiger Kletterei. Die Steiner-Route im IV. Schwierigkeitsgrad ist heute der beliebteste Südwandanstieg. Sie wurde vom 19. bis 21. Dezember 1940 von den deutschen Gebirgsjäger-Offizieren Rudolf Peters und Gerald Leinweber bei eisiger Kälte erstmals im Winter bezwungen.

Eine der schwierigsten Routen ist der vom 26. bis 28. September 1967 durch Leo Schlömmer und Peter Perner eröffnete Durchstieg in der auffallenden Schlucht rechts der Steiner-Führe. Erste Winterbegeher waren Franz Berger und Albrecht Precht vom 8. bis 10. März 1969 in 34 Stunden effektiver Kletterzeit. Auf dem Gipfel erwartete sie Leo Schlömmer, der seine Tour dann am 19. Oktober 1969 sogar im Alleingang schaffte. Einen neuen Direktanstieg erschlossen Klaus Hoi, Gerald und Hugo Stelzig am 1. November 1984 mit der Route »10 vor fünf« in 9½ Stunden auf einer Kletterstrecke von 1000 Metern: V und VI. »Freikletterei in durchweg gutem Fels«, bemerkt Hoi, »sollte nur im Herbst nach längerer Trockenheit begangen werden.«

Der Erzherzog schickt zum Dachstein aus

Gut sichtbar von den umliegenden Tälern, mit ihren firnglänzenden Häuptern das übrige Kalkgebirge überragend, hat die Dachstein-Gruppe schon früh Beachtung gefunden. Vor Jahrhunderten streiften bereits Hirten und Jäger über die öden Karrenfelder und haben wahrscheinlich manchen Gipfel bestiegen. Aber auch der sogenannten gehobeneren Schicht war das Dachsteingebiet schon zu Beginn des 19. Jahrhunderts bekannt, zumal sich der Hofstaat Maria Theresias alljährlich während der Sommermonate im Salzkammergut aufhielt. Am 28. August 1810 überschritt Erzherzog Johann das Hochplateau des Dachsteins von der Gjaidalm (dort steht heute das Schilcherhaus) über die Feisterscharte nach Schladming. Der Erzherzog war begeistert. Mit Nachdruck regte er nun die Erschließung dieser Berge an.

Der Schladminger Jäger Jakob Puchsteiner, genannt »Jokl«, erhielt von Erzherzog Johann den Auftrag, einen Anstieg

zum Hohen Dachstein zu erkunden. Nachdem Puchsteiner 1817 über die Windlegerscharte zum Großen Gosau-Gletscher gelangt war, versuchte er im folgenden Sommer von dort »wohl versehen mit Seilen, Eishauen und Krampen« den Gipfel zu erreichen, was aber durch eine breite Randkluft verhindert wurde.
Die Eroberung des Dachsteins gelang schließlich 1832 Peter Gappmayr, Bauer, Senn und Gemsjäger aus Filzmoos. »Wallechner«, wie sein Hofname lautete, hatte am gleichen Tag schon den Torstein erstiegen und erreichte im Anschluß daran über den Gosau-Gletscher und den Westgrat den Dachstein. Und das im Alleingang! Am späten Abend traf Gappmayr wieder in Filzmoos ein ...
Zwei Jahre später, am 18. Juli 1834, führte er mit seinem Bruder Adam den 45jährigen Thurwieser ebenfalls über den Westgrat zur höchsten Spitze. Auch bei der nächsten Besteigung, der dritten, war das Brüderpaar beteiligt. Es führte am 11. August 1836 Alexander Budiwetter. Die vierte Ersteigung im August 1840 erfolgte gleichfalls über den Gosau-Gletscher und den Westgrat. Die Route über den Hallstätter Gletscher wurde erst 1841 von dem Zimmermann Johann Ramsauer und Franz Linortner, einem Pfannknecht aus Kaltenbach bei Ischl, ausfindig gemacht. Außergewöhnlich an diesem Unternehmen war, daß Ramsauer und Linortner ohne Führer unterwegs waren. Ihre Route, der Normalweg unserer Tage über den Hallstätter Gletscher, wurde am 8. September 1842 von Friedrich Simony mit Johann Wallner wiederholt. Der Abstieg erfolgte über den Westgrat; das war zugleich die erste Überschreitung des Dachsteins. Der Bericht Simonys über die Dachsteinbesteigung beeindruckte die österreichische Hocharistokratie so sehr, daß eine Spendensammlung 260 Gulden brachte. Mit diesem Geld ließ Simony 1843 den Aufstieg von der Randkluft des Hallstätter Gletschers zum Dachsteingipfel mit Drahtseilen und Eisenstiften versichern. Dadurch ist jedem trittsicheren und schwindelfreien Bergsteiger die Dachsteintour möglich geworden. Der »Saussure des Dachstein«, wie Simony genannt wurde, ließ auch die erste Schutzhütte am Dachstein errichten — das sogenannte Hotel Simony, eine primitive Steinhütte im Wildkar, durch deren Mauern eisig der Wind pfiff. Natürlich mußten die Decken und das Feuerholz mitgebracht werden, doch war man damals für diese einfache Unterkunft sehr dankbar. Die Besteigungen des Dachsteins über den Hallstätter Gletscher häuften sich. Zur Überwindung der Randkluft war eine Leiter hochgeschafft worden, und 1863 wurde auch der Westgrat versichert.
Die vorläufige Erschließung des Hohen Dachsteins endete mit der ersten Winterbesteigung am 14. Januar 1847 durch Simony mit Franz Aschauer und Josef Danner.

Aufstiege

Randkluft-Führe

Von der Dachsteinwartehütte in nordwestliche Richtung, um einen markanten Felspfeiler herum und anschließend entlang der Felsen auf dem Hallstätter Gletscher ansteigen zum unteren Ende der vom Gipfel herabziehenden Felsrinne. Nach Bewältigung der Randkluft zum sogenannten »Mecklenburgstein«, einer Gedenkstätte für Friedrich Franz Großherzog von Mecklenburg-Schwerin. Hier endet das von links (Felsen-Führe) kommende »Mecklenburgband«. Aufstieg nun durch die Rinne bzw. rechts davon über gestuften Fels, wobei die Sicherungen den Weg zum Gipfel zeigen. Von der Hütte 1 Stunde.
Charakteristik: Gletscher- und Felstour (Sicherungen). Höhenunterschied 250 Meter. Auf dem Gletscher besteht Spaltengefahr. Steigeisen, Pickel, Seil! Günstigste Jahreszeit: Juli bis September. Steinschlag in der Gipfelrinne durch vorausgehende Bergsteiger. Wenig geübte Touristen sollen einen Führer nehmen!
Übernachtung: Bei Benützung der Seilbahn zum Hunerkogel ist die Tour gut an einem Tag zu machen. Die Talstation ist bei der Türlwandhütte, zu der von Schladming die »Dachstein-Straße« führt. Mitgliedern alpiner Vereine wird bei der Seilbahn Ermäßigung gewährt. Die »Gletscherbahn« ist (mit Ausnahme vom 8. 1.—18. 2.) ganzjährig in Betrieb. Beim Hunerkogel befinden sich Gletscherlifte.

Dachsteinwartehütte (Seethalerhütte, 2740 m) an der Basis des Dachstein-Ostgrates. Einfach bewirtschaftet von Anfang Juni bis Ende September, 8 Notlager. Von der Seilbahn-Bergstation ¾ Stunden.
Simonyhütte (2203 m) am Nordrand des Hallstätter Gletschers. Bewirtschaftet von Ende Januar bis Mitte Oktober, 120 Schlafplätze. Von der Bergstation der Südwandbahn 1½ Stunden, von der Seilbahnstation Gjaidalm 3½ Stunden, von Hallstatt 6 Stunden. Ab der Simonyhütte in etwa 2½ Stunden über den Hallstätter Gletscher (Spalten!) zur Randkluft.

Felsen-Führe

Von der Dachsteinwartehütte wie beim Randkluftweg zu dem markanten Felspfeiler, der gegen Nordosten vorspringt. Dort vom Gletscher in den Fels und den Sicherungen folgend zu einer Gedenktafel für den am 9. 8. 1947 hier tödlich verunglückten Gustl Flamm. Anschließend auf einem von dunklen Überhängen bedachten Band (»Mecklenburgband«) schräg rechts absteigen, zum Schluß über eine Firnfläche zum »Mecklenburgstein« und von dort wie bei der Randkluft-Führe beschrieben zum Gipfel. Von der Hütte 1 Stunde.
Charakteristik: Bei stark ausgeapertem Gletscher ist dieser Anstieg der Randkluft-Führe vorzuziehen, aber nur, wenn das »Mecklenburgband« frei ist (Hüttenwirt fragen!). Steigeisen, Pickel, Seil! In der Gipfelrinne besteht, ebenso wie bei der Randkluft-Führe, Steinschlaggefahr durch Voransteigende. Im Felsgelände Sicherungen.

Westgrat

Von der Adamekhütte über den Großen Gosau-Gletscher in 1¼ Stunden in die Obere Windlucke (2746 m). Zunächst in der Nordseite des Grates linkshaltend ansteigen mit den Sicherungen zur Gratschneide, der man nun bis zum Gipfelblock folgt. Dort kurz rechts und durch eine Geröllrinne vollends hoch zum Gipfel. Von der Hütte etwa 2½ Stunden.
Charakteristik: Gletscher- und Felstour; im Felsgelände Sicherungen. Höhenunterschied ab Hütte 800 Meter. Auf dem Gletscher besteht Spaltengefahr. Steigeisen, Pickel und Seil!
Übernachtung: Adamekhütte (2196 m) am Fuße der Schreiberwand unter dem Großen Gosau-Gletscher. Bewirtschaftet von Anfang Juni bis Ende September, 140 Schlafplätze; Winterraum ständig offen, 10 Lager. Vom Vorderen Gosausee 4 Stunden, von der Simonyhütte über die Steinerscharte 3½ Stunden.

Schrifttum

Karten: Touristenkarte 1:50000 Dachstein-Gruppe, Kartographische Anstalt Freytag-Berndt und Artaria, Wien. Spezialkarte Dachstein 1:25000 des Deutschen und Österreichischen Alpenvereins.
Führer: Willi End, Alpenvereinsführer Dachsteingebirge. Bergverlag Rudolf Rother, München.
Literatur: Senft/Katschner, Erlebnis Dachstein – Tauern. Leopold-Stocker-Verlag, Graz. Friedrich Simony, Aus dem Dachsteingebirge. Mitteilungen des Österreichischen Alpenvereins 1864, Seite 321.

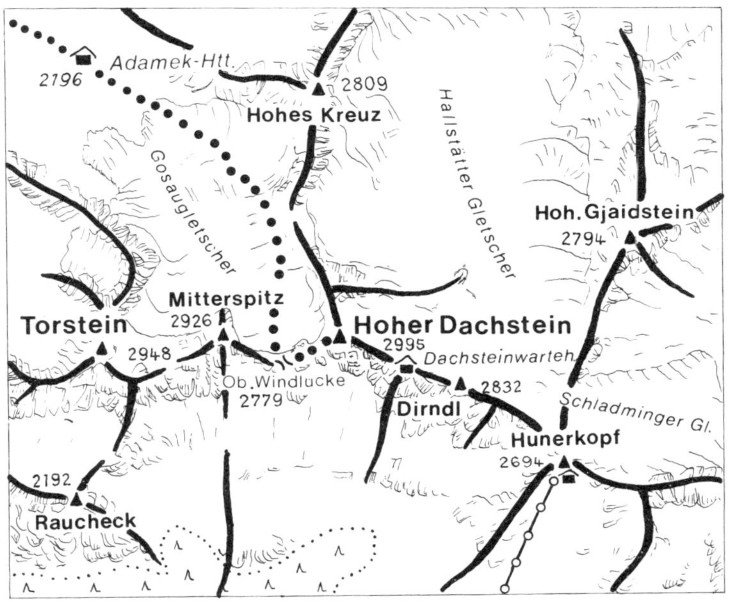

Ortler 3899 m

König der Ostalpen

Blick über die Austriahütte (Vordergrund) zur Türlwandhütte und zur Dachsteinsüdwandhütte. Darüber von links: Mitterspitz (2926 m), Hoher Dachstein (2995 m, Südwand) und Dirndln (2832 m).

In der Südwestecke Südtirols thront als Beherrscher des Suldentales der Ortler. Hoch überragt er den Vinschgau als höchster Berg östlich der Schweizer Alpen. Die Ortler-Gruppe, die teilweise in die Provinzgebiete von Bozen, Trient und Sondrio hineinragt, weist fast hundert Gletscher und annähernd achtzig Dreitausender auf; davon sind allein achtzehn über 3500 Meter hoch.

Von der Stilfserjochstraße zwischen der Franzenshöhe und der Ferdinandshöhe aus kann man deutlich den Aufbau des Berges erkennen. Von dort sieht man das ausgedehnte, sanft ansteigende Firnplateau, das den oberen Teil des Ortlers bildet; auf der dem Beschauer zugekehrten südwestlichen Seite bricht es dann in steilen Felswänden, den »Hinteren Wandeln«, zum Unteren Ortlerferner ab. Dagegen fehlt auf der Nordwestflanke der Kuppe ein geschlossener und steilwandiger Unterbau. Dieser Abfall ist weniger geneigt, die Felsbastion ist mehrfach durch Firnhänge unterbrochen, die vom Oberen Ortlerplateau herabziehen und in das Tal der Hohen Eisrinne etwa 1500 Meter oberhalb von Trafoi hinunterreichen. Wer einen Blick für die Begehbarkeit des alpinen Geländes hat, wird feststellen, daß sich dort ein von der Natur gewiesener Zugang zum Ortlerplateau und damit zum Gipfel anbietet. Es hat allerdings recht lange gedauert, bis man diese Möglichkeit herausfand. Eine Erklärung, warum die Erstbesteiger über die sehr schwierigen Felsen der Hinteren Wandeln aufgestiegen sind, läßt sich nur in der Abneigung der Einheimischen jener Zeit gegen weite Gletscherflächen erklären. Erst 1864, also sechzig Jahre nach der Erstbesteigung des Ortlers, prüfte der Grindelwalder Führer Christian Michel von der Stilfserjochstraße aus aufmerksam den Ortler und entdeckte den naturgegebenen Zugang zum oberen Plateau. Michel führte dann mit seinem Kollegen Franz Biner die Engländer Francis Fox Tuckett und die Brüder Buxton auf dem neuen Weg zum Ortlergipfel. Ihre Route entspricht größtenteils dem Normalweg unserer Tage von der Payer-Hütte aus. Der einzige Unterschied dabei ist, daß dieser nicht durch die Hohe Eisrinne führt, sondern sie nur in ihrem obersten Teil berührt.

Landschaftlich schöner, zweifellos der prachtvollste Aufstieg zum Ortler ist der Hintergrat. Er ist allerdings schwieriger als der Normalweg. An den so vielfach gepriesenen Hochjochgrat sollte man mit großer Vorsicht herangehen; denn nur bei guten Verhältnissen ist der lange Zugang überhaupt zu bewältigen, und Gefahr droht durch brüchige Gratfelsen.

Der wildeste Abbruch des Ortlers ist seine 1400 Meter hohe Nordwand, vor der Ende des 19. Jahrhunderts Carl Diener nachdrücklich warnte: »Nur wer es über sich bringt, sein Leben und das seiner Gefährten völlig zu mißachten, der wird diesen Aufstieg ernstlich versuchen.«

Am 22. Juni 1931 kämpften sich die Münchner Hans Ertl und Hans Brehm in siebzehn Stunden durch die Wand. Sie waren mit den Fahrrädern nach Sulden gekommen. In zweiundzwanzig Stunden hatten sie die über 250 Kilometer heruntergestrampelt. Dann waren sie in die Nordwand eingestiegen. Sie trotzten dem Eisschlag, wurden von Lawinen überrascht und ließen sich schließlich todmüde um halb neun Uhr abends im Windschatten der Gipfelwächte nieder. Diese Leistung kann man erst richtig würdigen, wenn man weiß, daß Ertl und Brehm nur Zehnzacker hatten; Hanfseile, die bei Nässe steif wurden; Eishaken, die bei unvorsichtiger Belastung herausrutschten; keine Steinschlaghelme. Außerdem waren die zu überkletternden, senkrechten Eisabbrüche damals höher. Ertl sah in der Durchsteigung ein »Lotteriespiel« und nannte die Nordwand den »schaurigsten aller Erdenwinkel«. Lawinen und Eisschlag als größte Gefahren der Wand hatten schon Merkl und Welzenbach erkannt, als sie vor Ertl die Wand erobern wollten. Bis zur ersten Wiederholung durch die Innsbrucker Josl Knoll und Peter Pflauderer vergingen über fünfundzwanzig Jahre. Auch stürzten manche Bergsteiger hier tödlich ab. Als ich am 17. Juni 1960 mit Gerhard Patz die Wand durchkletterte, war es erst die zehnte Begehung. Und noch immer droht das Unberechenbare der Nordwand.

Die Erstbesteigung des Ortlers

Schon sehr früh regte die alles beherrschende Gestalt des Ortlers die Phantasie der Talbewohner an. Keltischen Sagen

Ortler, Madatschspitzen und Madatschferner von Nordwesten.

zufolge hatten die Seelen ihrer Stammesoberhäupter ihren Aufenthalt auf dem Ortler, ehe sie ins Paradies eingehen konnten. Noch 1802 stand im »Innsbrucker Wochenblatt« über das Suldental zu lesen: »Sibirien Tirols, allwo die Bauern mit den Bären aus einer Schüssel essen und die Kinder auf Wölfen daherreiten . . .«

Zu Beginn des 19. Jahrhunderts erhielt die Erschließung der Ostalpen durch das Auftreten des jugendlichen Erzherzogs Johann von Österreich neue und kräftige Impulse. Noch nicht ganz zwanzig Jahre alt war der Herzog, als er den Ortler zum ersten Mal sah. Von da ließ ihn der Gedanke an dessen Besteigung nicht mehr los. Im August 1804 schickte Erzherzog Johann seinen Bergoffizier Dr. Gebhard mit zwei Zillertalern nach Sulden, um den Ortler zu erforschen und, wenn möglich, ihn auch zu besteigen. Zunächst erwiesen sich alle Versuche als vergeblich. Dr. Gebhard erkrankte und wurde nach Mals gebracht. Inzwischen war bekannt geworden, daß der Ortler bestiegen werden sollte. Am 27. September 1804 sprach bei Dr. Gebhard ein untersetzter, schmächtiger Mann anfang der Vierziger namens Joseph Pichler vor. Er war Gemsjäger des Grafen Trapp in der Churburg bei Schluderns. Man nannte ihn »Pseyrer Josele«, und der Bärenwirt zu Mals flüsterte herum, Josele habe den Teufel im Leibe. Doch der erzherzogliche Beauftragte faßte Vertrauen zu dem kleinen Passeirer. Und so marschierte dieser noch am gleichen Tag mit den Zillertalern Johann Leitner und Johann Klausner nach Trafoi, wo sie beim Kuraten nächtigten. Von dort brachen sie am nächsten Tag auf und erreichten über den Unteren Ortlerferner und durch die für die damalige Zeit äußerst schwierigen Felsen der Hinteren Wandeln ohne Seil in nur neun Stunden den Ortlergipfel. Zwischen zehn und elf Uhr betraten die Drei den höchsten Punkt. Es war bitterkalt, so daß sie sich schon nach vier Minuten an den Abstieg machten. Gegen vier Uhr nachmittags trafen sie wieder im Tal ein. Im darauffolgenden Jahr, 1805, wurde von Pichler auch ein Weg von Sulden zum Ortlergipfel gefunden, und zwar über den Hintergrat, den Ost-Nordost-Grat. Über diese Route führte er am 30. August Dr. Gebhard und den Stilfser Hilfspriester Rechenmacher mit einigen Gefährten auf den höchsten Berg Tirols. In der zweiten Hälfte des 19. Jahrhunderts mehrten sich die Besteigungen. Man fand neue Wege. Im Lauf des Jahres 1871 erreichten insgesamt einundfünfzig Personen den Ortlergipfel. Am 6. September 1875 wurde die Payer-Hütte ihrer Bestimmung übergeben. Aber noch immer stand die Winterbesteigung aus. Sie gelang am 7. Januar 1880 bei metertiefem Schnee dem Österreicher Robert von Lendenfeld mit dem achtunddreißigjährigen Suldener Peter Dangl, einem der erfahrensten Ostalpenführer. Im folgenden Jahr betraten einhundertdreiundachtzig Personen den Gipfel des Ortlers. Das Land um den Berg war noch immer wild und urtümlich. Im Sommer 1881 schlug ein Bär das Fohlen des Kuraten von Sulden. Bei der Verfolgung durch die Jäger soll Meister Petz über den Ortler nach Trafoi geflüchtet sein . . .

Der Erste Weltkrieg brachte sichtbare Veränderungen des Berges. Zwar blieb der Gipfel den ganzen Krieg über unbesetzt, aber auf dem oberen Gletscherplateau entstanden im Eis geräumige Unterkünfte für etwa dreißig Mann, von denen Stollen zu Beobachtungspunkten führten; am Hochjochgrat sind noch heute die Stellungen aus der Zeit des Gebirgskrieges verhältnismäßig gut erhalten. Von Sulden wurde eine Personen- und Materialbahn zur Payer-Hütte gebaut mit nur einer Stütze an der Stelle der Tabarettahütte. Bis dahin hatten hundert kriegsgefangene Russen das notwendige Kriegsmaterial zur Payer-Hütte geschleppt.

Heute treffen sich an einem schönen Tag oft über hundert Bergsteiger auf dem Ortler. Er ist ein begehrter Gipfel geblieben. Doch es wäre leichtsinnig, seine Besteigung zu unterschätzen. Vor allem bei schlechtem Wetter ist das Gletscherplateau schon mancher Seilschaft zum Verderben geworden.

Aufstiege

Normalweg

Von der Payer-Hütte zunächst den steilen Firnhang unter der Tabarettaspitze queren. Kurzer Abstieg, dann auf dem sogenannten Felsenweg westlich um die Tabarettaspitze herum.

Anschließend wird ein Felskopf überklettert, und hinüber zum Oberende der Hohen Eisrinne. Drahtseilgesichert über einen weiteren Felskopf und hinab zur Basis des Tschirfeckfelsens, »Wandl« oder »Weiberschreck« genannt. Dieser 80 Meter hohe, wandartige Felsaufschwung ist mit Drahtseilen gesichert (Vorsicht: stellenweise lockere Sicherungen!). Oben angekommen, betritt man den etwa 3350 Meter hohen Tschirfeckkopf. Weiter den Felsgrat entlang, bis der Gletscher erreicht wird. (Für den Rückweg sollte man sich unbedingt die Austrittstelle aus dem Fels merken!) Anschließend quert man den Gletscher in südwestliche Richtung (im Hochsommer oft Blankeis!) zum sogenannten »Bärenloch«, einer Gletschermulde. Von dort entweder linkshaltend hoch über Geröll, oder mittels einer Schleife über den Gletscher zur Lombardi-Biwakschachtel (3430 m, ständig geöffnet, verwahrlost). Hier ist man etwa 3 Stunden unterwegs. Vom Biwak linkshaltend am Grat empor und auf den etwas flacheren Gletscher. In der Folge über einen kurzen Steilaufschwung auf das Ortlerplateau, einer weiten Gletscherfläche. Nun die südliche Richtung beibehaltend, und schließlich von Süden her zum Gipfel; von der Payer-Hütte 4 bis 5 Stunden.

Charakteristik: Der Aufstieg verläuft überwiegend im Eis; steilste Stelle etwa 45 Grad. Höhenunterschied von der Hütte zum Gipfel etwa 900 Meter. Sofern die Sicherungen am »Wandl« nicht benützt werden können (durch Vereisung etc.), muß dort mit Schwierigkeiten zwischen dem II. und IV. Grad gerechnet werden. Eispickel, Steigeisen, Seil erforderlich. Tour nur bei sicherem Wetter antreten.

Übernachtung: Payer-Hütte (3020 m) am Tabarettagrat am Ortler-Nordkamm. Bewirtschaftet vom 1. Juli bis 20. September, Lager und Betten. Von Sulden über die Tabarettahütte und die Bärenkopfscharte etwa 3 Stunden. Bei Benützung des Langen-Stein-Sesselliftes (danach auf Weg Nr. 10 zur Tabarettahütte) etwa 2½ Stunden. Von Trafoi (Stilfserjochstraße) auf Weg Nr. 185 etwa 4½ Stunden.
Tabarettahütte (2556 m) unter der Ortler-Nordwand. Bewirtschaftet vom 1. Juli bis 30. September. Von der Bergstation des Langen-Stein-Liftes etwa 1½ Stunden.

Hintergrat

Der Hintergrat übertrifft an Schönheit der landschaftlichen Bilder den Normalweg. Die Route ist bei guten Verhältnissen ohne Mühe zu finden und überschreitet an keiner Stelle den II. Schwierigkeitsgrad. Höhenunterschied von der Hütte zum Gipfel: etwa 1300 Meter; Zeit 5 bis 6 Stunden.
Übernachtung: Hintergrat-Hütte (2661 m) am Auslauf des Hintergrates. Bewirtschaftet von Mitte Juni bis Ende September, 60 Schlafplätze. Von der Seilbahn-Mittelstation 1½ Stunden, von der Bergstation des Langen-Stein-Sesselliftes 1½ Stunden, von Sulden 3 Stunden.

Schrifttum

Karte: Freytag & Berndt Wanderkarte 1:50000 Blatt 6 Ortlergruppe, Martell, Val di Sole.
Führer: Peter Holl, Alpenvereinsführer Ortler. Bergverlag Rudolf Rother, München.
Literatur: Ernst Höhne, Ortler. Verlagsanstalt Athesia, Bozen.

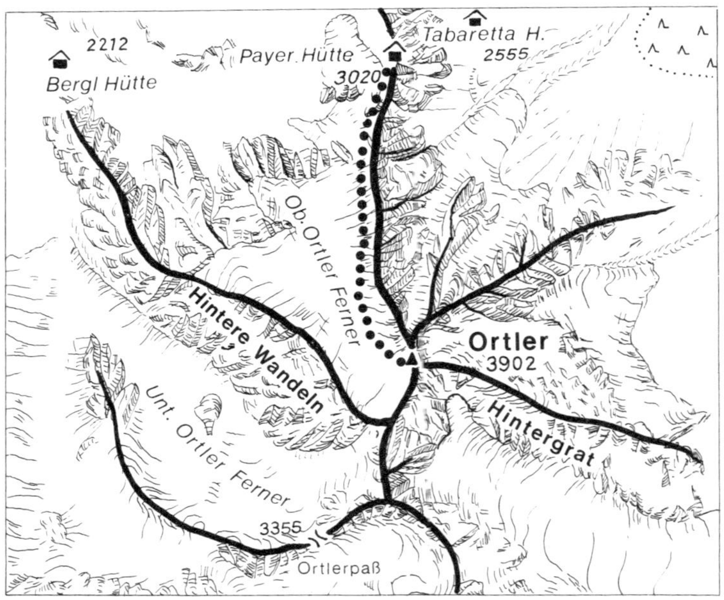

Guglia di Brenta 2877 m

Dent du Géant der Ostalpen

Mit der Brenta-Gruppe scheint die Natur eine Modell-Landschaft geschaffen zu haben als Vorbild für die benachbarte monumentale Gipfelwelt der eigentlichen Dolomiten, die durch das breite Etschtal getrennt ist. In der Brenta drängen sich auf verhältnismäßig engem Raum originellste Felsformationen. Und im Herzen dieser wildschönen Gebirgsgruppe, nördlich der massigen Brenta Alta, entragt der freistehende Turm der Guglia di Brenta oder des Campanile Basso, wie er richtig heißt, einer abenteuerlichen Szenerie aus Wänden, Graten und Zacken.

Alfred von Radio-Radiis, einer der maßgebenden Erschließer seiner Zeit, sieht die »Guglia«, wie sie kurz genannt wird, als einen »kühnen, phantastischen Felsobelisk von erschreckend schlanker Form und verblüffend mageren Dimensionen, der mit Fug und Recht als ›Dent du Géant‹ der Ostalpen bezeichnet wird. Nach Osten im Massódi kurze Felssporne als Basis krallenartig einbohrend, erhebt sich dieses gespenstische Gebilde darauf mit einem Schwung blank und prall an die 300 Meter über den Felskörper des Fulminikammes ...« So nadelartig dieser Berg auch erscheint, sein Gipfel ist keine scharfe Spitze oder Schneide, sondern ein geräumiges Plateau in der Form eines Rechtecks, bedeckt mit würfelförmigen Blöcken, auf dem hundert Personen Platz haben dürften. Solche ebenen Gipfel — es sind flachliegende Schichtflächen — sind eine Eigenart der zentralen Brenta-Gruppe.

Es ist ganz natürlich, daß ein derart markanter, allseits glattwandiger Felsturm geradezu überhäuft ist mit Kletterrouten. Sie umschlingen die »Guglia« ähnlich einem Spinnengewebe, das es ermöglicht, verschiedene Anstiege zu kombinieren und daraus eine lohnende Gesamttour, abgestimmt auf die individuellen Wünsche, zu gestalten. Ähnlich hat sich auch die Erstbesteigung vollzogen: Ampferer und Berger stiegen auf der Südseite ein, gelangten dann in die Ostwand, um schließlich nord- und westseitig den Gipfel zu erreichen. Diese Route wird am meisten begangen. Aber auch die anderen Routen sind sehr beliebt. So die »Fehrmann-Verschneidung« (Südwestverschneidung) im IV. und V. Schwierigkeitsgrad auf die Westschulter, oder die »Fox-Kante« (Südostkante), die eine elegante Freikletterei (V+) bietet. Wer nacherleben möchte, was Paul Preuß zu leisten im Stande war, sollte unbedingt dessen Route in der 120 Meter hohen Ostwand wiederholen. Sie wird mit Schwierigkeitsgrad IV bewertet und weist etliche Stellen im V. Schwierigkeitsgrad auf. Paul Preuß hatte diese Führe 1911 im Alleingang eröffnet — ohne einen einzigen Haken. Die Zweitbegehung erfolgte erst siebzehn Jahre später durch Hans Steger und Ernst Holzner. Dazwischen lagen zwei tödliche Abstürze. Auch Preuß muß sich des Risikos bewußt gewesen sein, denn er soll am Einstieg unter einem Steinmann einen Zettel mit folgendem Wortlaut hinterlassen haben: »Hier stürzte Paul Preuß ab beim Versuch, die Ostkante zu erklettern.«

Die längste Route vom Einstieg gerade zum Gipfel ist die direkte Südwandführe von Marino Stenico und Milo Navasa aus dem Jahr 1962. Bei ihrer Eröffnung wurden allein im obersten Wanddrittel fünfzehn Bohrhaken geschlagen. Ebenfalls fast 400 Meter mißt der von Pit Schubert und Klaus Werner vom 19. bis 20. Juli 1968 eröffnete Anstieg über die Südwestkante. Besonders sportlichen Charakter hat dagegen die 120 Meter hohe Nordwandroute, die Cesare Maestri und Carlo Claus 1965 in zwei Tagen eröffneten und für deren Wiederholung die Zweitbegeher, Marco Dal Bianco und Bernardi Oreste, vier Wochen später nur noch zwei Stunden benötigten ...

Mit einer Holzstange zum Gipfel

Über die anfänglichen Besteigungsversuche an der Guglia di Brenta ist diesseits der Alpen nichts bekannt geworden. Erst nachdem der Trientiner Carlo Garbari mit seinen Führern Antonio Tavernaro und Nino Povoli am 12. August 1897 bis unter die Gipfelwand gelangt war und darüber schrieb, schien die Eroberung des Berges nahe gerückt zu sein. Doch es vergingen noch zwei Jahre, bis mit Otto Ampferer, Karl Berger, Wilhelm Hammer und Otto Melzer ernstzunehmende Bewerber in der Brenta auftauchten, um, wie Berger vielsagend schrieb, »einen Feldzug in das italienische Gebiet zu wagen, den wir uns nicht bloß gegen senkrechte und überhängende Wände, sondern im Falle eines Erfolges auch in recht drolliger Weise gegen die derben Fäuste der italienischen Führer gerichtet dachten.«

Mitte August 1899 erfolgte ihr Aufbruch von Molveno. Die Rucksäcke waren mit Proviant und Haken vollgestopft. Und darüber hinaus schleppten sie noch eine »dreieinhalb Meter lange Stange mit einem fürchterlich aussehenden eisernen Doppelwiderhaken« mit, eine Art Kopie des berühmten Wurfankers von Georg Winkler. Beim ersten Versuch am Berg renkte sich Melzer den rechten Arm aus; Hammer blieb mit ihm zurück. Berger und Ampferer kämpften sich bis zum höchsten, von Garbari erreichten Punkt durch. Jetzt trennten sie nur noch etwa 50 Meter vom Gipfel. In einem Steinmännchen fanden sie eine Nachricht ihrer Vorgänger: »Wer wird diese Karte erreichen? Dem wünsche ich mehr Glück!« Aber auch für Ampferer und Berger war die erreichte »Garbarikanzel« der vorläufige Höhepunkt ihrer Bemühungen. Zwei Tage später, am 18. August, griffen sie erneut an. Diesmal peitschten kalte Regenschauer gegen den Fels. Wolken verwandelten den Turm zu einem schemenhaften Gebilde. Sie mußten es wagen. Der Grazer Karl Berger erzählt:

»Ohne Zwischenfall langten wir wieder bei jener Stelle des Gipfelaufsatzes an, die einzig und allein verwundbar schien, an jener Stelle des trefflich gepanzerten Turmes, die, wie wir später dem Aufsatze Garbaris entnahmen, Nino Povoli zurückgeschlagen hatte. Drei Meter über der Leiste, die ausgesetzt ist wie das Gesimse eines Kirchturmes, schlagen wir einen Eisenstift ein ... Flink einen Seilring um das Eisen, das Seil hindurch — und nun vorwärts!

Ampferer hängt sich an die Felsen und klimmt in edel sicherer Bewegung langsam nach links schräg aufwärts, hinaus über den grauenhaften Abgrund. Tritt um Tritt wird gewonnen, und so oft es wieder etwas höher geht, steigt in mir die noch zurückgedämmte Freude. Auf das äußerste gespannt sind alle meine Fibern, als ich den Gefährten, indem er die Arme beugt, mit den Füßen, bloß durch die Reibung unterstützt, rasch nachhelfen sehe. Nach oben gibt es etwa zwölf Meter ober mir kein Weiterkommen mehr, weshalb man trachten muß, links davon einen vielleicht zwölf Meter entfernten und unbedeutenden Felszahn zu erreichen. An schwach überhängender Wand, das Hauptgewicht des Körpers an den Fingerspitzen, vollführte Ampferer einige Spreizschritte, und das vorläufige Ziel war erreicht. Der Weg durch diese Wand wurde von meines Gefährten Fingerspitzen mit Blut markiert.

Der Schnerfsack gaukelte bergauf und bekam zwischen dem Block, der Ampferers Unterlage bildete, und der Wand ein enges Plätzchen angewiesen. Zu meiner Versicherung war wieder ein Mauerhaken nötig, deren sich die Guglia an diesem Tage gar viele geduldig in den Leib treiben lassen mußte. Jeder Schritt gelang mir nur mit knapper Not; solch einem Quergange, solch einer Wand waren wir bei unseren vorhergegangenen Dolomitenfahrten nicht begegnet.

An ungewohnt guten Griffen war es möglich, fast senkrecht beiläufig acht Meter vorzudringen, worauf ein Quergang bis knapp zum Westgrat hin folgte, der dem darunter gelegenen an Schwierigkeit nichts nachgab. Abermals erklingen Hammerschläge, abermals arbeitet Fuß und Hand an lotrechten, gelben Wandstellen. ›Jetzt geht's gewiß!‹ Das Gefels verflacht sich, und über trümmerbedeckte Schrofen hasten wir der Spitze zu, auf der wir uns mit vielsagendem Händedruck begrüßen. Nun erst merken wir, daß während des eifrigen Ringens der Himmel sich aufgeheitert hat ... Freudestrahlende Nebel tummeln sich in der Sonne und bejubeln den neuen Herrscher hier oben, den Menschen.«

Die lange Stange, von der schon die Rede war, hatten Ampferer und Berger an der Nordwestkante zurückgelassen. Dieser unhandliche Ausrüstungsgegenstand wurde erst von der Wienerin Vineta Mayer zum Gipfel gebracht, der am 11. August 1903 die erste Damenbesteigung der Guglia di Brenta gelang.

Aufstiege

Normalführe

Unter der Bocchetta del Campanile Basso (Scharte zwischen »Guglia« und Brenta Alta) im Schrofengelände links queren zum gestuften Vorbau. Über ihn hoch zur kompakten Wand (»Povoli-Wand«) und damit zum Beginn der Schwierigkeiten. Etwa 15—20 Meter gerade hoch (IV), dann nach rechts zu gutem Stand auf einer kleinen Terrasse (Abseilring). Nun zu einem kleinen Köpfl an der Südostkante und von dort drei Meter rechts in einen kurzen Rißkamin, der zu einem Band führt. Auf ihm etwa 40 Meter rechts (östlich). Anschließend in gutgriffigem Fels und durch kurze Risse in eine gelbrote Einbuchtung (Abseilring). Von dort im rechten von zwei V-förmigen Kaminen hoch, dann ausgesetzte Querung gute drei Meter nach links und weniger schwierig auf das »Stradone Provinciale«, ein großes, horizontal in der Nordwand verlaufendes Band. Auf diesem links um die Nordwestkante zur Schulter. Weiter durch Risse und einen Stemmkamin etwa 50 Meter empor zum sogenannten »Albergo al Sole«, einem geräumigen Absatz. Jetzt 10 Meter gerade hoch zu einem Abseilring. Dann linkshaltend nach etlichen Metern zu einem kleinen Absatz an der Nordwestkante (Stand, Haken). Es folgt die »Ampferer-Wand« (IV). Einige Meter links zu einem Ringhaken, dann kleingriffig gerade hinauf (etwa sechs Meter). Weiter durch eine kurze Rißverschneidung zum obersten Abseilring und von dort vollends hoch zum Gipfel. Vom Einstieg etwa 2½ Stunden.

Charakteristik: Ausgesetzte Felskletterei im III. und IV. Schwierigkeitsgrad. Höhenunterschied etwa 270 Meter. Für den Abstieg ist perfektes Abseilen notwendig, längste Abseilstrecke 20 Meter (es genügt also für die Kletterei ein 40-Meter-Seil). Die Abseilpiste endet in der Bocchetta del Campanile Basso. Beste Jahreszeit: Herbst, weil dann sowohl die Hütten als auch die Berge nicht mehr so überlaufen sind wie in den Ferienmonaten. — Den Einstieg erreicht man am besten über den Felsenweg »Sentiero delle Bocchette« vom Rifugio Tosa in ¾ Std.; vom Rif. Brentei in ½ Std.

Übernachtung: Rifugio Brentei (2120 m) in landschaftlich großartiger Lage. Bewirtschaftet vom 20. Juni bis 20. September, Betten und Lager; Winterraum östlich der Hütte ständig offen. Die Hütte ist in den Sommermonaten sehr stark frequentiert! Von Vallesinella (Fahrsträßchen von Madonna di Campiglio) etwa 2¼ Stunden.

Rifugio Tosa (2491 m) am zentralsten Punkt der Brenta-Gruppe. Bewirtschaftet vom 20. Juni bis 20. September, Lager und Betten. Vom Rifugio Brentei 1 Stunde. Von Molveno (bei Benützung des Sesselliftes) etwa 3 bis 3½ Stunden. Ebenso wie Rifugio Brentei in den Sommer- und Ferienmonaten überlaufen.

Schrifttum

Karten: Kompass Carta Turistica 1:50000 Blatt 73 Gruppo di Brenta.

Führer: Heinz Steinkötter, Alpenvereinsführer Brentagruppe.

Pitsch, Gebietsführer Brentagruppe. Bergverlag Rudolf Rother, München.

Literatur: G. Armani, Die Höhenwege der Brenta-Gruppe. Verlagsanstalt Athesia, Bozen.

Trenker/Dumler, Die schönsten Höhenwege der Dolomiten. Verlag F. Bruckmann KG, München.

Karl Berger, Erste Ersteigung des Campanile Basso. Österreichische Alpenzeitung, Jahrgang 1900.

Marmolata 3344 m

Der perfekte Berg

Guglia di Brenta aus dem Massodikar bzw. vom Orsi-Weg. Rechts ist in etwa halber Wandhöhe das Band des Bocchette-Weges zu erkennen.

»Montagna perfetta« — der perfekte Berg; so nennen die Italiener den höchsten Bergstock der Dolomiten. Und er bietet ja auch ein »vollkommenes« Bild: auf der Südwest- und Südseite steile, bis zu 800 Meter hohe Felsabstürze, nach Norden hin ein ausgedehnter Gletscher, der an seinem Fuß drei Kilometer breit ist.
Über die richtige Schreibweise des Bergnamens gehen die Meinungen auseinander. Im deutschsprachigen Raum heißt es überwiegend »Marmolata«. Die Ladiner, die Ureinwohner der Täler, nennen den Berg seit Menschengedenken bekanntlich »Marmoléda«. Daraus hat sich im Italienischen »Marmolada« gebildet. Marmolata oder Marmolada? Sie bleibt die Königin der Dolomiten: »Ti es regina«, wie es in einem alten ladinischen Volkslied heißt, »Du bist die Königin!«
Erste Versuche an der Marmolata fallen in das Jahr 1802. Die Bemühungen konzentrierten sich auf die 3309 Meter hohe Punta di Rocca, heute der Wintergipfel. Die knapp 40 Meter höhere Punta di Penia wurde erst am 28. September 1864 von dem Wiener Paul Grohmann mit den Cortinesern Angelo und Fulgenzio Dimai erreicht. Ihr Aufstieg ist nahezu gleichlaufend mit der in unseren Tagen üblichen Normalführe vom Fedajasee über den Gletscher. Im 19. Jahrhundert war die Besteigung der Marmolata ein beachtliches alpines Unternehmen. Seit jedoch am Fedajasee ein großes Schutzhaus steht und aus dem Cordevole- und dem Fassatal Straßen dorthin führen, ist der Aufstieg zu einer Halbtagestour geworden. Neben dem Gletscherweg wird vor allem noch der Westgrat zur Punta di Penia begangen. Der Aufstieg über den Westgrat und der Abstieg auf dem Gletscher — oder auch umgekehrt — ist die großzügigste Tour an der Marmolata. Natürlich nur, wenn man von den Kletterführen absieht, von denen die leichteste, die klassische Südwand, bereits im IV. Schwierigkeitsgrad liegt und eine Wandhöhe von 650 Metern aufweist. Die anderen Routen in der Südwestwand, am Südpfeiler sowie die Anstiege von Vinatzer, Gogna, Aste, Rieser, Schiestl und Igor Koller zählen teilweise zum Schwierigsten im Dolomitfels.
Während des Ersten Weltkrieges war die Marmolata Frontgebiet. Für die Italiener war der Bergstock, über den die Grenze verlief, von strategischer Bedeutung. Sie planten einen Durchbruch in Richtung Bozen durch das Fassatal. Als dieser ausblieb, hatten die Österreicher genügend Zeit, ihre schwachen Verteidigungslinien auszubauen. Im Laufe der Zeit entstand unter der Oberfläche des Marmolatagletschers die sogenannte »Eisstadt« — einzigartig in der Geschichte des Gebirgskrieges. Bis zum Herbst 1916 war ein insgesamt acht Kilometer langes Stollensystem angelegt worden. Mancherorts lebten die Soldaten 40 Meter unter der Gletscheroberfläche. Und obwohl zeitweise Außentemperaturen von minus 20 Grad herrschten, sanken die Temperaturen tief im Gletscher nur selten unter die Gefriergrenze. Aus Gründen der Orientierung erhielten die einzelnen Spalten Namen. Es gab die »Kärntnerstraße«, den »Dom« — dort wurden die Feldmessen gelesen —, die »Kaiser-Franz-Joseph-Spalte«, die »Hauptstraße« mit Durchgang zum »Kaffee Zentral«. Der Bataillonsarzt hatte im Gletscher einen Verbandsraum, die Offiziere mußten nicht auf die eigene Kantine verzichten. Erst nach 1918 kam wieder der Friede zur Marmolata. Nun begann die extreme Erschließung der Felswände. Als erstes wurde der Südpfeiler, der sich über dem Ombrettapaß aufschwingt, erobert. Den vorläufigen Abschluß bildet die Route »Moderne Zeiten« von Heinz Mariacher und Luisa Jovana vom 9. Juli 1982 in der Rocca-Südwand: VIII. Grad.

Erschließung für den Skiläufer

Der Skilauf hat die Marmolata verwandelt. Seilbahn und Liftanlagen ermöglichen einen raschen Aufstieg sowie Abfahrtserlebnisse auf weiten Gletscherfeldern.
Das war nicht immer so. Als am 9. März 1910 Richard Löschner, ein hünenhafter, in Sexten stationierter Oberleutnant des Tiroler Landesschützen-Regiments Nr. 3 über den Gletscher zur Punta Penia stapfte, war er einer der ersten, die auf Skiern, damals noch primitiven Gleithölzern, in den Dolomitenwinter eindrangen. Am 21. Februar 1913 gelang Löschner dann mit seinen Unterführern Janousek, Caldini und Krüs sowie zehn Landesschützen die erste Skibesteigung der Punta di Rocca, des Wintergipfels. Richard Löschner gebührt heute

Die vergletscherte Nordseite der Marmolata und der Große Vernel.

das Verdienst, die Marmolata für den Skilauf entdeckt zu haben.
Im Jahre 1935 fand auf dem Gletscher einer der ersten Riesenslalom-Wettbewerbe überhaupt statt. Und 1935 wurde die Marmolata sogar zum schnellsten Skiberg der Alpen: Bei dem von 1931 an alljährlich stattfindenden Abfahrtslauf legte der norwegische Studentenmeister Sverre Larsen Urdahl im Frühjahr 1935 eine Zeit vor, die der höchsten Geschwindigkeit aller bis dahin gefahrenen Abfahrtsläufe entsprach. Seit 1968 kann die Seilbahn von Malga Ciapela stündlich bis zu 600 Personen zur Punta di Rocca befördern. Anschließend erwarten den Skiläufer 1820 Abfahrtshöhenmeter. Die rasanteste Gletscherpiste heißt »La Bellunese«. Sie führt zwischen Serauta und Undici hinunter zum Fedajapaß. Die weitere Abfahrt erfolgt dann auf der gut ausgebauten Geländepiste durch das Pettorinatal zurück nach Malga Ciapela, das aus dem Cordevoletal mit dem Auto erreicht werden kann. Eine weniger schwierige Abfahrt zieht sich von der Seilbahn-Zwischenstation »Serauta« als Querfahrt hinüber zur Bergstation des Sesselliftes auf Pian dei Fiacconi. Dort muß man sich für eine von zwei Pisten entscheiden, die beide an der Talstation des Sesselliftes oberhalb des Stausees enden. Als sportliche Abfahrt gilt die sogenannte »Direttissima« mit ihrem berüchtigten »Kanonenrohr«. Sie ist im unteren Teil identisch mit der einstigen Abfahrtsrennstrecke. Wer danach seine Knie spürt, kann den Skitag jenseits der Staumauer im gemütlichen Rifugio Castiglioni ausklingen lassen. Von dieser Hütte ist die Nordwand der Punta Penia sehr gut einzusehen. Eine Skiabfahrt? Die Firn- und Eisflanke ist stellenweise bis zu 50 Grad steil, ein Gelände also, in das sich allgemein nur gute Eisgeher mit Steigeisen, Pickel und Seil wagen. Aber auch diese Wand ist schon mit Skiern befahren worden, und zwar am 13. Juli 1970. Es waren Siegfried Messner, ein Bruder des berühmten Reinhold Messner, der Kaminkehrermeister Heini Holzer aus Schenna in Südtirol und die dreiundvierzigjährige Hermi Lottersberger, Mutter von drei Kindern aus Mayrhofen im Zillertal. Den obersten steilen Eiswulst, den »Einstieg« in die Nordflanke, bewältigten sie durch Abseilen mit einem 80 Meter langen Perlonseil. Heini Holzer, inzwischen der erfolgreichste Steilwand-Skifahrer, kam am 12. April 1971 erneut zur Marmolata. Diesmal fuhr er durch die 400 Meter hohe, bis zu 48 Grad steile Nordwestwand der Punta di Penia allein ab — direkt hinunter nach Pian Trevisan.
Heute gibt es keinen steilen Hang mehr auf der Nordseite der Marmolata, der nicht schon mit Skiern befahren wurde. Die vergletscherten Nordabstürze der Punta di Rocca hat Antonio Valeruz aus Alba bei Canazei bewältigt. Der wagemutige Italiener, Jahrgang 1951, Carabinieri in Wolkenstein, meisterte die steilsten Skiabfahrten an der Marmolata.

Aufstiege

Für den nichtextremen Bergsteiger kommen als Aufstiegswege zum Marmolata-Hauptgipfel, der Punta di Penia, nur der sogenannte Gletscherweg und der gesicherte Westgrat in Frage. Der Wintergipfel, die Punta di Rocca, kann bis knapp unter den Gipfel auf Skiern bestiegen werden.

Gletscherweg

Ausgangsort ist der Fedajasee, der aus dem Cordevole- und aus dem Fassatal mit dem Fahrzeug erreicht werden kann. Am besten läßt man sich mit dem Sessellift empor nach Pian dei Fiacconi befördern, wodurch knapp 700 Höhenmeter mühelos bewältigt und 2 Aufstiegsstunden gespart werden. Von der kleinen Gaststätte (Übernachtungsmöglichkeit) ist es nicht mehr weit zum Gletscher, über den sich vorerst der Aufstieg vollzieht. Rechts, am felsigen Nordgrat der Punta di Penia, ist ein Loch zu erkennen. Es ist der Eingang der ersten »Hütte« an der Marmolata, einer 1876 ausgebauten Höhle, bis zu der damals die Gletscheroberfläche reichte. Weiter oben hält man sich rechts zu Felsen hin, die erklettert werden. Man erreicht den breiten Firnrücken »Schena de Mul« (= Mulirücken). Über diesen Rücken — rechts senkt sich die schon mehrmals mit Ski befahrene Nordflanke — gelangt man schließlich zum Gipfel, auf dem eine kleine, in

den Sommermonaten einfach bewirtschaftete Hütte (Notunterkunft) steht; von Pian dei Fiacconi etwa 2 Stunden.
Charakteristik: Aufstieg in Fels und Eis; auf dem Gletscher meist ausgetretene Spur, zeitweise gefährliche Spaltenbrükken (anseilen!). Im Felsaufschwung (Schwierigkeitsgrad I) Steinschlaggefahr durch Voraussteigende.
Übernachtung: Wenn notwendig, im Rifugio Castiglioni (2044 m) am Fedajasee. Diese große CAI-Hütte ist ganzjährig voll bewirtschaftet, Lager und Betten. Straße vom Fassatal (Canazei) und vom Cordevoletal (Caprile).

Westgrat

Vom Contrin-Haus zunächst auf dem Weg 606 ansteigend durch das Val Rosalia in Richtung Ombretta-Paß. Nach etwa 1¼ Stunden den Steig links verlassen (Tafel) und weiter bergan, zum Schluß über Eisenleitern in die Marmolatascharte (2910 m); vom Contrin-Haus 2 Stunden. Ab der Scharte über Felsen, dann Steigspuren folgend zu einem Steilaufschwung. Drahtseile und Stufen erleichtern den weiteren Aufstieg. Im obersten Teil zeitweise Firn oder Eis; vom Contrin-Haus etwa 3½ bis 4 Stunden.
Charakteristik: Der Westgrat ist ein gesicherter Klettersteig. Der Aufstieg ist stellenweise ausgesetzt und darf deshalb nur von trittsicheren und schwindelfreien Bergsteigern angegangen werden. Obwohl die Eisenseile und die anderen Sicherungen meist in gutem Zustand sind, sollte man sich vor deren Benützung unbedingt auf ihre Haltbarkeit überzeugen. Gefährlich wird der Grataufstieg bei Blitzschlag!
Übernachtung: Contrin-Haus (2016 m), in den Sommermonaten bis Ende September bewirtschaftet, Lager und Betten. Der Winterraum (etwas abseits der Hütte) ist ständig offen, Kochgelegenheit, Lager mit Decken. Zugang von Alba (bei Canazei) auf breitem Weg (Nr. 602) in etwa 1¾ Std.

Skiweg zur Punta di Rocca

Aufbruch bei der Bergstation (2620 m) des Sesselliftes auf Pian dei Fiacconi. Schräg links ansteigen, weiter oben schwach rechtshaltend über Firnflächen zur Bergstation der Seilbahn, wo man sich einen heißen Glühwein schmecken läßt. Ein breiter Firnrücken leitet zum felsigen Gipfelaufschwung, der bei winterlichen Verhältnissen absolute Trittsicherheit erfordert; von Pian dei Fiacconi 1½ bis 1¾ Stunden.
Charakteristik: Skiaufstieg; Felle mitnehmen, weil nicht immer eine Fußspur vorhanden ist. Der Aufstieg kann bei Benützung der Schlepplifte auf ¾ Stunden verkürzt werden. Günstigste Jahreszeit: Mitte Februar bis Ende Mai. Im Bereich der Seilbahnstation ganzjähriger Skilauf; Sommerskischule.

Schrifttum

Karte: Kompaß-Wanderkarte 1:50000 Blatt 55 oder 59.
Führer: Heinz Mariacher, Alpenvereinsführer Marmolada-Hauptkamm. Bergverlag Rudolf Rother, München.
Literatur: Helmut Dumler, Marmolada. Verlag »Das Bergland-Buch«, Salzburg.

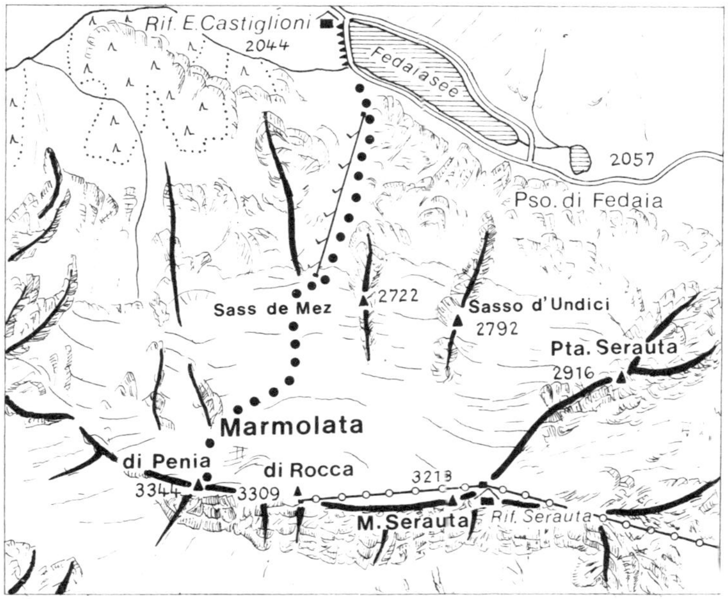

Civetta 3218 m

Wand der Wände

Das Massiv der Civetta markiert den Mittelpunkt der gleichnamigen Berggruppe hoch über dem schönen Lago d'Alleghe im Val Cordevole in den östlichen Dolomiten. Es gehört zu den mitreißendsten Felsburgen im gesamten Alpenraum und ist nach Nordwesten mit einer über 1000 Meter hohen, sehr steilen und ausdrucksstarken Wand bewehrt, von der Reinhold Messner einmal sagte, daß »nur wenige das furchtbar Schöne dieser Wand erfassen« können.
Civetta heißt ins Deutsche übersetzt »Eule«. Die Herkunft des Namens ist ungeklärt. Man weiß aber, daß der Berg schon sehr früh das Interesse von Einheimischen weckte, weil er die umliegenden Täler himmelhoch überragt. In Pécol, dem höchstgelegenen Ort im oberen Val Zoldo, lebte vom Jahr 1833 an ein Gemsjäger namens Simeone De Silvestro, kurz »Piovanèl« gerufen. Diesem Mann ließ die Civetta keine Ruhe. Ihn interessierte jedoch nur die für seine Verhältnisse nahe und günstig gelegene Ostseite. Dort ist der Fels gut gestuft, und der Höhenunterschied vom Einstieg, der sich ein Stück oberhalb der Latschenzone befindet, bis zum Gipfel beträgt nur knappe 500 Meter. In welchem Jahr Piovanèl die Civetta zum ersten Mal bestiegen hat, läßt sich nicht mehr feststellen, wahrscheinlich 1855. Er führte auch die zweite Besteigung durch. Das war vor 1867, denn in diesem Jahr, am 31. Mai, gelangte der Engländer Francis Fox Tuckett mit den Schweizer Führern Melchior und Jakob Anderegg zum Hauptgipfel der Civetta, nachdem sich Tuckett von Piovanèl die Route in der Ostflanke hatte erklären lassen. Der Zoldiner selbst führte am 14. August 1867 Paul Grohmann zur Spitze, der sich mit der Erschließung der Dolomiten einen Namen gemacht hatte. Die fünfte Besteigung gelang Leutnant Cesare Pezzè aus Caprile im Sommer 1867. Drei Jahre später, am 20. Juli 1870, erhielt die Civetta ihren ersten Damenbesuch; es war Amelia Paganini-Pezzè mit dem Führer Clemente Callegari. Die erste führerlose Besteigung gelang den ausgezeichneten österreichischen Alpinisten Emil und Otto Zsigmondy mit Ludwig Purtscheller am 2. August 1884. Eine Winterbesteigung ließ jedoch lange auf sich warten: bis zum 11. Februar 1942, als Armando Da Roit, später Hüttenwirt des Rifugio Vazzoler, eine Abteilung des 7. Alpini Regiments von Süden aus dem Pian delle Taie über die »Via ferrata Tissi«, einen sogenannten Eisenweg, zum Gipfel führte. Das ist der Normalweg vom Rifugio Vazzoler; er ist seit 1938 als »Eisenweg« ausgebaut. Ende 1964 war die »Via ferrata degli Alleghesi« fertiggestellt worden. Diese Anlage überwindet einen Höhenunterschied von 900 Meter und ist einer der reizvollsten »Eisenwege« in den Dolomiten. Allerdings müssen bei seiner Begehung Felsschwierigkeiten im II. und III. Grad überwunden werden. Die Sicherungen (Leitern, Stifte, Seile) sind sehr gut in Stand, die Route selbst an manchen Stellen ziemlich ausgesetzt. Trotzdem wird sie von vielen Touristen dem Aufstiegsweg des Erstbesteigers Piovanèl vorgezogen. Sie heißt Tivan-Weg. Als großzügigste Fahrt an der Civetta gilt die Überschreitung des Gipfels vom Rifugio Coldai zum Rifugio Vazzoler und der anschließende Rückweg zu Füßen der Nordwestwand. Es ist eine Wand für Könner!

Die Riesenorgel

Der Italiener Domenico Rudatis, einer der besten Kenner der Civetta-Gruppe, prägte in den dreißiger Jahren den Begriff »Wand der Wände«. Sein Landsmann, der Belluneser Extremkletterer Roberto Sorgato, nannte, nach dem »Schönsten Berg der Welt« befragt, die Civetta, von Norden gesehen. Es gibt noch viele andere »Prädikate« für diese fast 1200 Meter hohe, senkrechte, zum Teil überhängende Felsmauer des Civetta-Hauptgipfels. Nur am Nachmittag berührt die Sonne die sonst schattige, düstere Wand. Dann leuchtet diese kurz auf, plastisch treten die Pfeiler hervor, während die Kamine und Risse dunkle Streifen bleiben. Ein Anblick monumentaler Pracht. Nachts hebt sich der Grat scharf vom Himmel ab, seine Konturen gleichen einer riesigen Orgel.
Die Wand hat viele Gesichter — freundlich ist keines. Dafür ist sie zu mächtig. Doch gerade das Abschreckende schlug immer wieder, seit es Alpinisten gibt, Menschen in ihren Bann. Georg Winkler, der tollkühne Gymnasiast aus München, war 1887 einer der ersten, die sich ernsthaft mit einer Durchsteigung befaßten. Am 8. Juli 1895 gewannen Pietro

Die Nordwände der Civetta über Alleghe am gleichnamigen See.

Cozzi und Vittorio Polli mit den Führern Michele Bettega und Santo De Toni etwa 400 Meter an Höhe, wobei sie rechts in die Nordwestwand der Kleinen Civetta gedrängt wurden. Diese 900 Meter hohe Wand — sie wird heute selten durchstiegen — wurde am 24. August des gleichen Jahres von den Engländern Phillimore und Raynor mit den Führern Antonio Dimai und Giovanni Siorpaes erobert.

In den ersten Augusttagen des Jahres 1925 saßen die Münchner Gustav Lettenbauer und Franz Göbel im Rifugio Coldai. Lettenbauer, ein gebürtiger Schwabinger, war fünfundzwanzig Jahre alt, von Beruf Chirurgie-Orthopädie-Mechaniker und einer der besten Felskletterer der Isarmetropole. »Lette«, wie ihn die »Bayerländer« nannten, interessierte die Nordwestwand der Civetta. Da traf Emil Solleder in der Hütte ein. Man entschloß sich, als Dreierseilschaft in die Civettawand einzusteigen. Am 5. August 1925 begann das Abenteuer. Lettenbauer bändigte mit drei Haken die gefürchtete Hangeltraverse. Etwas später stürzte Göbel beim Nachsteigen und verletzte sich. Aber die beiden anderen wollten noch nicht aufgeben. Gute 300 Meter rangen sie der Wand noch ab, dann fing es an zu regnen. Biwak, am nächsten Tag Rückzug. Am 7. August gingen Lettenbauer und Solleder erneut zum Einstieg, ohne den verletzten Göbel. Und diesmal lief es besser. Bis zum Wasserfallkamin wurde abwechselnd geführt. Im Kamin stürzte der sechsundzwanzigjährige Solleder und verletzte sich an der rechten Achsel. Lettenbauer übernahm die Führung. Nur selten fuhr ein Haken — Lettenbauer hatte sie selbst angefertigt! — in den Fels. Frei hingen die beiden 38 Meter langen Hanfseile durch. Fünfzehn Stunden kämpften sie in der Wand, schmiegten sich ängstlich an den Fels, verfluchten die Wasserfälle.

Mit der Erstdurchsteigung der Civettawand hatte die Epoche des modernen Felskletterns und des Kletterns im VI. Schwierigkeitsgrad in den Dolomiten begonnen. Im Laufe der Jahre wurden noch andere, schwierigere Anstiege eröffnet. Frauen kamen und stiegen durch die Wand: Paula Wiesinger mit Hans Steger 1930 auf der Solleder-Führe, Sonja Livanos mit ihrem Mann Georges 1958 auf den Spuren von Emilio Comici, Erika Samer mit ihrem Mann Gerhart 1967 auf der Philipp-Flamm-Route. Cesare Maestri beging 1952 die Solleder-Führe im Alleingang, Claudio Barbier 1962 die Comici-Route, Reinhold Messner 1969 die Philipp-Flamm-Route.

Auch im Winter ist die Nordwestwand schon durchstiegen worden, erstmals auf der Solleder-Route von Ignazio Piussi, Giorgio Redaelli und Toni Hiebeler vom 28. Februar bis 7. März 1963. Vom 12. bis 17. Februar 1973 erkämpften sich Giovanni Rusconi, Giorgio Tessari, Giuliano Fabbrica und Gianbattista Crimella bei zeitweise 30 Grad Kälte und viel Schnee die Philipp-Flamm-Führe. Eine der größten Leistungen im Winterbergsteigen war die Eröffnung einer Führe zwischen der Solleder- und der Philipp-Flamm-Route vom 16. bis 22. März 1972 bei hochwinterlichen Verhältnissen durch Antonio und Giovanni Rusconi, Gianbattista Villa, Gianbattista Crimella und Giorgio Tessari.

Aufstiege

Tivan-Weg

Vom Rifugio Coldai zunächst westwärts in Richtung Forcella del Lago Coldai, bis links der Weg Nr. 557 abzweigt (Sentiero Tivan), der in südliche Richtung verläuft. Auf der Ostseite des nördlichen Civetta-Hauptkammes, vorbei am untersten Ausläufer des Torre Coldai. Kurzer Aufstieg, über das Grätchen hinweg, etwas absteigen, dann wieder bergan. An einer Felsnadel unter dem Torre d'Alleghe links vorbei und in Richtung des »Schenal del Bec«, eines aus dem Kar ragenden Felsgrates nordöstlich der Punta Civetta. Danach über den schwach ausgeprägten Rücken »Porta del Masarè und hinunter in das Kar »Busa del Zuiton«, das durchwandert wird. Im nächsten Kar ansteigen zur obersten Spitze des Gerölls und anschließend schwach rechtshaltend hinauf zu einer steileren Felsstufe. Anschließend etwa 25 Meter in einem breiten Riß hoch (I–II). Oberhalb rechts ansteigend über plattigen Fels zu einem Drahtseil. Weiter oben, auf dem flachen »Pian della Tenda«, wird das Rifugio Torrani sichtbar, das 4½ Stunden nach dem Rifugio Coldai erreicht wird. Von der kleinen Hütte in gut gestuftem Fels und über

Recht ungewöhnlich ist die Ansicht der Civetta von Nordosten.

Bänder vollends hinauf zum Civetta-Hauptgipfel. Vom Rifugio Coldai 5 Stunden.
Charakteristik: Es ist der am wenigsten schwierige Aufstieg; I–II an einigen Stellen, aber nicht durchwegs.
Übernachtung: Rifugio Coldai (2135 m) am nördlichsten Ausläufer des Civetta-Hauptkammes. Bewirtschaftet Ende Juni bis Ende September, 89 Schlafplätze. Von der Südrampe der Staulanzastraße schmale Zufahrt, vom Ende dieses Sträßchens ¾ Stunden. Von Alleghe 3½ Stunden. Rifugio M. V. Torrani (2984 m), 14 Lager, bewirtschaftet 20. Juli bis 20. September.

Via ferrata degli Alleghesi

Vom Rifugio Coldai wie beim Tivan-Weg beschrieben in 1½ Stunden zur »Porta del Masarè« und rechts hoch zum Einstieg. Nun kann die Route nicht mehr verfehlt werden, da sie gut markiert (rote Ringe) ist. In etwa 2 Stunden wird ein Sattel im Civetta-Nordgrat südlich der Punta Civetta erreicht. Anschließend auf dem Nordgrat über die Punta Tissi hinauf zum eisernen Gipfelkreuz. Von der Hütte 5 Stunden.
Charakteristik: Ausgesetzter, stellenweise überhängender »Eisenweg«, der vorbildlich gesichert ist, aber trotzdem noch Kletterschwierigkeiten bis zum III. Grad aufweist.

Via ferrata Tissi

Vom Rifugio Vazzoler ein kurzes Stück absteigen in Richtung Listolade. Nach dem Bachbett des auslaufenden Cantonitales zweigt unsere Route links ab (Wegtafel). Wir folgen dem linken, schmaleren Weg zur Basis des Torre Trieste. Rechts queren und auf dem gut erkennbaren Weg weiter, rechts unterhalb der Torre-Trieste-Südostkante vorbei und über eine Steilstufe hoch ins Kar Van delle Sasse. In nördliche Richtung hinauf zum höchsten Punkt des Kars. Bald stößt man auf die ersten Eisenklammern. Dort beginnt die eigentliche Via ferrata. In einer guten Stunde wird das Rifugio Torrani erreicht, von dem es nur noch etwas mehr als ½ Stunde zum Gipfel ist. Vom Rifugio Vazzoler 4 bis 5 Stunden.
Charakteristik: Alle schwierigen Passagen sind gesichert. Vorsicht: Einige Eisenklammern sind locker! Schwierigkeit im Fels: I. Markierung rote Farbkleckse.
Übernachtung: Rifugio Vazzoler (1725 m) in einem Lärchenhochwald im südlichen Teil der Civetta-Gruppe. In den Sommermonaten bewirtschaftet. Von Listolade 3 Stunden durch das Val Corpassa. Mit dem Fahrzeug kann man bis zur Capanna Trieste fahren, wodurch sich die Gehzeit um etwa 1¼ Stunden verkürzt.

Schrifttum

Karten: Kompaß-Wanderkarte 1 : 50 000 Blatt 55 und Tabacco-Wanderkarte 1 : 50 000 Blatt 4.
Führer: Andreas Kubin, Alpenvereinsführer Civetta. Bergverlag Rudolf Rother, München.
Literatur: Paul Grohmann, Wanderungen in den Dolomiten. Verlag Carl Gerold's Sohn, Wien 1877.
Domenico Rudatis. Das Letzte im Fels. München 1936.

Drei Zinnen

»Der höchste Himmel der Dolomiten«

Wer zum erstenmal im Paternsattel steht und die Wände sieht, die Hunderte von Meter fast senkrecht in den Himmel ragen, wird von dieser wilden Landschaft gepackt werden. Betrachtet man die Drei Zinnen von Norden, also von der Drei-Zinnen-Hütte aus, kann man bei der Großen und Westlichen Zinne eine starke Ähnlichkeit feststellen. Diese wuchtigen Felsklötze auf dem Kamm der weiten Schutthalde scheinen wie von den Riesen der Märchen aus den Bergen geschlagen zu sein. Der östliche Stock, bestehend aus Preßturm (Kleinste Zinne), Punta di Frida und Kleiner Zinne, wirkt nicht so gewaltig wie seine großen Nachbarn. Dieser Stock der Kleinen Zinne beeindruckt nur von Osten gesehen; dort zeigen sich die Gipfel mit schlanken Pfeilern, die aus einer massigen Basis emporragen.

Nähert man sich den Drei Zinnen von Süden, vorbei am Lago d'Atorno, so steigen sie aus langgestreckten Schutthalden etwas breiter und gedrungener empor. Doch auch dieser Anblick ist imponierend, wenn auch mit der Kühnheit der Nordansicht nicht vergleichbar. Im äußersten Nordosten zeigen sich die Dolomiten noch einmal in ihrer ganzen Größe und Wucht; wie zu Stein gewordene Flammen lodern sie auf. Man versteht deshalb auch, warum italienische Alpinisten von diesem Anblick schwärmen und diese Berge »den höchsten Himmel der Dolomiten« nennen. Und es gibt ja auch wohl kaum einen Bergsteiger, auf den die Drei Zinnen nicht einen lang anhaltenden Eindruck machen, ganz zu schweigen von jenen, die einen der luftigen und durchwegs äußerst schwierigen Nordwandanstiege aus eigenem Erleben kennen. Leider ist das Gebiet der Drei Zinnen völlig überlaufen. Und manch einer hat schon über die zahlreichen sogenannten Halbschuhtouristen geschimpft. Aber warum sollten die Menschen, die dort nicht in zünftiger Bergsteigerkluft auftauchen, den Anblick eines derartigen Naturwunders nicht genießen dürfen?

Als im Sommer 1862 der vierundzwanzigjährige, in Sachsen geborene und in Wien lebende Paul Grohmann von den Hohen Tauern nach Süden blickte, waren die Dolomiten noch eine unerschlossene, weitgehend unbekannte Bergwelt. Paul Grohmann bestieg sieben Jahre später, am 20. August 1869, erstmals die Große Zinne, und zwar mit Michel Innerkofler und Peter Salcher durch die Südseite. Die Route der drei Männer entspricht im großen und ganzen dem Normalweg unserer Tage, dem meistbegangenen und leichtesten Aufstieg zum Gipfel.

Die Westliche Zinne wurde am 21. August 1879 von Georg Ploner, genannt der »Schluderbacher«, und Michel Innerkofler erobert. Auch sie gelangten von Süden zum Gipfel; allerdings wird ihr Anstieg heute verhältnismäßig selten begangen, weil die Normalwege auf die Große Zinne und auf die Kleine Zinne lohnender sind. Die Kleine Zinne bestiegen am 25. Juli 1881 die Sextener Brüder Michel und Hans Innerkofler; während die touristische weniger bedeutende Punta di Frida vier Tage vorher von Ludwig Grünwald mit dem Führer Santo Siorpaes erklommen worden war. Der Preußturm, der schwierigste Zinnengipfel, hat seinen Namen von Paul Preuß, der erst am 5. September 1911 mit Paul Relly durch den heute noch respektverlangenden »Preußriß« oberhalb des Paternsattels stieg. Auf die Erstbesteigung der einzelnen Gipfel folgte die Erschließung der Wände und Kanten. Die furchterregenden Nordwände wurden gemieden, bis es 1933 Emilio Comici, Angelo und Giuseppe Dimai gelang, die scheinbar mauerglatte Nordwand der Großen Zinne zu durchsteigen. Durch diese Leistung war der Bann gebrochen; die Zinnenwände galten nicht mehr als undurchsteigbar. Emilio Comici, der Draufgänger aus Triest, hatte an den Drei Zinnen die Epoche der Aufstiege im VI. Schwierigkeitsgrad eingeleitet.

Abenteuerliche Nordwände

Nach der Bezwingung der Großen-Zinne-Nordwand, bei der für seinerzeitige Verhältnisse eine große Zahl von Haken (etwa 90) zu Anwendung gelangte, dozierte Julius Kugy, der »weise Mann« des Alpinismus: »Nun ist erwiesen, daß die Nordwand der Großen Zinne unersteiglich ist.« Damit wollte Kugy zum Ausdruck bringen, daß er diese Art des Kletterns einfach nicht gelten ließ. Ähnliches kam in einem Aufsatz in der November-Ausgabe des »Alpin-Journal« von 1933 zum Ausdruck: »Überflüssig ist es zu betonen, daß die Eroberung

nur mit Mitteln erzwungen wurde, wie sie von Fassadenkletterern an Fabrikschornsteinen angewandt werden. — Die Tat der Führer ist als eine solche zu betrachten, die nur dazu dient, das moderne Bergsteigen in Mißkredit zu bringen. — Die Expedition ist auf das klägliche Niveau einer Farce herabgesunken.« Auch die »Mitteilungen des Deutschen und Österreichischen Alpenvereins« distanzierten sich von dem Unternehmen: »Die alpine Artistik ist um eine Glanznummer reicher, die Berge um ein Heiligtum ärmer geworden«. Doch die Wiederholer der Comici-Führe sind gegenteiliger Meinung: sie loben den Anstieg als großartige Felstour.
Vom 28. bis 30. August 1935 wurde die noch schwierigere Westliche-Zinne-Nordwand von Riccardo Cassin und Vittorio Ratti ihrer Unberührtheit beraubt. Und schon 1937 kletterte Comici im Alleingang auf der nach ihm benannten Route in der 500 Meter hohen Nordwand der Großen Zinne — in nur dreieinhalb Stunden. Nach und nach wurden alle sogenannten letzten Probleme bewältigt: Die Direkte Nordwand der Großen Zinne vom 6. bis 10. Juli 1958 von Lothar Brandler, Dietrich Hasse, Jörg Lehne und Siegfried Löw. Sie gilt noch immer als eine der schwierigsten und schönsten Dolomitenklettereien. In unseren Tagen wird die äußerst schwierige erste Seillänge von den meisten Begehern umgangen. Großes Aufsehen erregte das siebzehn Tage dauernde Unternehmen der Sachsen Rainer Kauschke, Peter Siegert und Gerd Uhner. Diese Dreierseilschaft kämpfte sich im Winter 1963 zwischen der »Direkten« und der Comici-Führe in der Linie des fallenden Tropfens durch die Nordwand der Großen Zinne. Das lieferte wieder Schlagzeilen in den Boulevardblättern, Diskussionsstoff für Kletterer.
Ein außergewöhnliches Datum in der Geschichte der Drei Zinnen ist der 24. August 1961. Mit dem ersten Licht des Tages erreichten drei Menschen den Einstieg der Cassin-Führe in die Westliche-Zinne-Nordwand. Es waren die vierundzwanzigjährige Italienerin Grazielle Cesarin, ihr einundzwanzigjähriger Landsmann Gianni Mazzenga und der dreiundzwanzigjährige Claudio Barbier, ein Belgier aus Brüssel, einer der erfolgreichsten Kletterer der letzten Jahre. Die italienische Seilschaft wollte als erste mit einer Dame die Cassin-Führe begehen; Barbier selbst hatte einen geradezu tollkühnen Plan: Durchsteigung aller Zinnen-Nordwände an einem Tag — allein. Ein Wahnsinnsvorhaben?
Barbier begann als erster zu klettern. Die Italiener folgten. Der Fels war äußerst schwierig, stellenweise auch etwas brüchig. Manche Haken wackelten bedenklich. Mit zunehmender Höhe wurde die Ausgesetztheit größer. Barbier hatte kaum Gelegenheit, sich wirkungsvoll zu sichern. Welche Nerven mußte er haben! Nach dem Dreißig-Meter-Quergang zogen Nebel auf. Barbier war längst den Blicken der Italiener entschwunden. Er benötigte genau zwei Stunden und 58 Minuten für die 500 Meter schwierigsten Fels bis zum Gipfel. Anschließend kletterte er auf der Comici-Führe in drei Stunden durch die Nordwand der Großen Zinne. Dann schaffte er den »Preußriß« in 70 Minuten. Auf dem Turm legte Barbier eine kurze Rast ein, stieg dann ab in die Scharte und turnte buchstäblich in einer Stunde durch die Punta-di-Frida-Nordwand. Jetzt machten sich die fast 1500 Höhenmeter spürbar, die schon hinter ihm lagen und größtenteils den obersten Schwierigkeitsbereichen angehörten. Aber Barbier gab nicht auf und benötigte schließlich noch 30 Minuten für die Nordwand der Kleinen Zinne. Um 20.25 Uhr saß der Belgier schon wieder in der Drei-Zinnen-Hütte, »ein bißchen müde«, wie er verschmitzt lachend zugab.

Aufstiege

Große Zinne Normalweg

Vom Rifugio Lavaredo in etwa 40 Minuten hinauf zur Schlucht zwischen Kleiner und Großer Zinne. Weiter in ungefähr halber Höhe der Schlucht ansteigend, bis sich links eine kleine Schlucht (vom Rifugio Lavaredo sichtbar!) im Vorbau der Großen Zinne hochzieht. Vom Schluchtende, bei dem fast den ganzen Sommer über Schneereste liegen, etwa 70 Meter an der linken, gut geliederten Wand hoch. Nun waagrechte Rechtsquerung in die Scharte zwischen Vorbau und Gipfelstock. Jenseits der Scharte nicht gerade empor, sondern einige Meter in die Südwand hinaus, dann gerade

Die senkrechten, zum Teil überhängenden Nordwände der Drei Zinnen.

hoch und in weniger schwierigem Gelände zunächst leicht linkshaltend, danach wieder senkrecht hinauf zur untersten von zwei waagrecht verlaufenden Terrassen. Rechts zu einer Schulter, dort ansteigend, etliche Meter nach rechts und vollends empor zu der tiefen Schlucht, die den Zugang zum zweiten Band vermittelt. Anfangs links unterhalb des Schluchtbeginns klettern, danach in die Schlucht und zu einem Stemmkamin (Schlüsselstelle, II+), der im Abstieg mittels Abseilen bewältigt wird. Nach dem Kamin etwa 35 Meter linkshaltend hoch (Haken) und weiter hinauf zu einem Band, das nach knapp 40 Metern im oberen Teil der Schlucht endet. Von dort rechtshaltend hoch zur Südostkante. Etwa 100 Meter auf einem Band nach links in die Südwand und die letzten 100 Meter empor zum Gipfel. Vom Rifugio Lavaredo etwa 4 Stunden.

Charakteristik: Der Routenverlauf ist streckenweise etwas kompliziert und bei Nebel sehr schwierig zu finden. Oberhalb des Stemmkamins besteht Steinschlaggefahr durch vorauskletternde Seilschaften; Markierung durch Steinmänner und rote Farbtupfen. Schwierigkeit: I bis II+, einige Karabiner mitnehmen.

Übernachtung: Rifugio Lavaredo (2320 m) unterhalb der »Gelben Kante« der Kleinen Zinne. In den Sommermonaten bewirtschaftet; vom Rifugio Auronzo auf breitem Fahrweg (für Kfz offiziell gesperrt!) in ¼ Stunde.

Rifugio Auronzo (2350 m) auf der Südseite der Drei Zinnen am Ende der Mautstraße von Misurinasee. In den Sommermonaten bewirtschaftet; bei der Hütte große Parkplätze.

Kleine Zinne Normalweg

Etwa in Höhe des Einstieges zum Normalweg auf die Große Zinne geht es rechtshaltend in die Felsen des Vorbaus der Südwand der Kleinen Zinne. Auf einem Bändchen (Steigspuren) nach rechts, durch einen kurzen Kamin und anschließend leicht rechtshaltend zu einem Geröllplatz auf dem Vorbau. Es folgt eine Rechtsschleife, dann durch zwei 10 Meter hohe Kamine zu einer Nische. Weiter auf dem schief links hochziehenden, gestuften Band und hinauf zur Kanzel des Vorbaus (»Anticima«). Durch eine Rinne zum Beginn des Zsigmondy-Kamins, dessen Durchkletterung (III) ein glatter Klemmbock erschwert (im Abstieg abseilen!). Nach dem Kamin weniger schwierig zum Gipfel. Vom Rifugio Lavaredo etwa 2½ Stunden.

Charakteristik: Stellenweise ausgesetzte Kletterei, überwiegend im Schwierigkeitsgrad I bis II, Gipfelturm III. Die Route ist schwieriger als der Normalweg zur Großen Zinne, aber auch schöner. Der Abseilhaken befindet sich am oberen Ende des Zsigmondy-Kamins.

Schrifttum

Karten: Kompaß-Wanderkarte 1 : 50 000 Blatt 55 oder 57.

Führer: Richard Goedeke, Alpenvereinsführer Sextener Dolomiten. Bergverlag Rudolf Rother, München.

Literatur: Helmut Dumler, Drei Zinnen. Berge — Menschen — Abenteuer. Verlag F. Bruckmann KG, München.

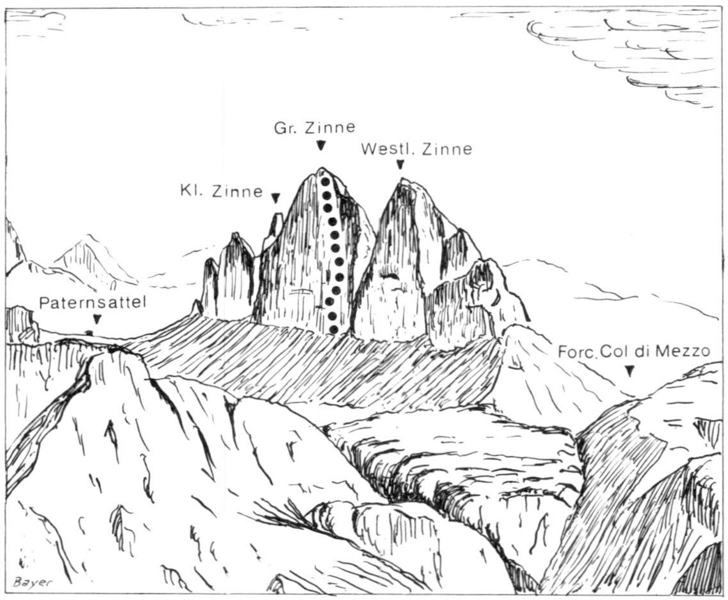

Der Großglockner über Heiligenblut.

Großglockner 3798 m

Höchster Gipfel Österreichs

Bewundert man die prachtvolle Gestalt des Großglockners von der Franz-Josefs-Höhe aus, dann versteht man, warum er der schönste Berg der Ostalpen genannt wird. Mehr als 1000 Meter erhebt sich sein Gipfel über die Höhe, die bequem mit einem Fahrzeug zu erreichen ist. Neben einer kleinen Scharte etwas unterhalb der Glockner-Spitze steigt der Kleinglockner mit 3783 Meter Höhe auf. Und von diesem schroff geformten Gipfelstock bricht in schwindelnder Steilheit der Berg mit eis- und felsdurchsetzten Wänden zur Pasterze ab, dem größten Eisstrom der Ostalpen, der eine Länge von neun Kilometer und ein Ausmaß von fünfundzwanzig Quadratkilometer erreicht. Dieser steile Absturz, der Nordostabsturz, besitzt westalpinen Charakter. Von seinen anderen Seiten gesehen, ist der Großglockner nicht weniger schön, wenn auch nicht mehr so hoch und eindrucksvoll: über dem Ködnitzkees erhebt sich die 600 Meter hohe Südwand, über dem Teischnitzkees die hundert Meter niedrigere Westwand. Dazwischen schwingt sich aus der Luisenscharte der schnittige Südwestgrat, der »Stüdlgrat« empor.
Mit der Erstbesteigung des Großglockners begann die Erschließung der Ostalpen. Der Laibacher Professor Belsazar Hacquet aus Leconquet in der Bretagne regte sie besonders an, gefördert wurde sie durch Sigmund von Hohenwart und Altgraf Franz von Salm-Reifferscheid, Fürstbischof von Gurk. Am 28. Juli 1800 erreichten dann Martin und Sepp Klotz, Pfarrer Horasch und zwei Zimmerleute den Glockner-Gipfel. Sigmund von Hohenwart gelang die Besteigung erst zwei Jahre später, am 23. August 1802; er war der dritte auf dem Großglockner. Dabei war die Glocknerscharte damals noch nicht gesichert; die Drahtseile und Eisenstifte wurden erst 1869 angebracht.
Inzwischen sind auf den Glockner so viele Anstiege eröffnet worden, daß nur die lohnendsten und meistbegangenen erwähnt werden können. Da wäre einmal der »Stüdlgrat«, der Südwestgrat, zu nennen, der schönste Glocknergrat. Heute ist er stellenweise versichert; als ihn Peter Groder und Joseph Kerer am 10. September 1864 erkletterten, mußten Schwierigkeiten im III. Grad bewältigt werden.
Die rasanteste Eisfahrt am Großglockner ist zweifellos die im obersten Teil bis zu fünfzig Grad steile, etwa 570 Meter hohe Pallavicinirinne, an der sich an schönen Tagen und bei guten Verhältnissen die Seilschaften wie eine Perlenkette aufreihen. Von großer Gefahr sind dabei dann Stein- und Eisschlag. Ich durchstieg die »Rinne« an einem Pfingstsonntag in zwei Stunden und konnte dadurch diese Gefahren weitgehend ausschalten. Bei der ersten Durchsteigung am 18. August 1876 schlug der Führer Johann Tribusser aus Heiligenblut mit seiner Eisaxt in elf Stunden rund 2500 Stufen in das Eis der Rinne, um seinem Touristen, Markgraf Alfred von Pallavicini, den Weg zum Gipfel zu ermöglichen. Mit den zwölfzackigen Steigeisen unserer Zeit braucht bei einigermaßen guten Verhältnissen überhaupt keine Stufe mehr geschlagen zu werden, mit Ausnahme der Standplätze.
Eine der schwierigsten Routen ist die »Eisnase« der Nordostflanke, links der Pallavicinirinne, bezwungen am 29. August 1984 durch Klaus Hoi, Leo Baumgartner, Georg Häfele, Walter Haiden, Walter Laserer und Max Rust. Kletterlänge zwar nur 320 Meter, aber bis 90 Grad steil. »Die vielleicht schönste, sicherlich aber bedeutendste Eistour am Großglockner findet man am Glocknerhorn und seiner 500 Meter hohen Nordwandrampe«, sagt Klaus Hoi: Neigung zwischen 60 und 70 Grad.
Nicht jeder weiß, daß der Großglockner auch ein Skiberg ist. Es sind sogar schon Rennen gefahren worden. Der Pionier war dort Hannes Schroll, Leiter der Skischule in Heiligenblut. Er durchfuhr 1932 die Strecke von der Adlersruhe zur Pasterze in etwas mehr als fünf Minuten. Eine Piste wurde erst für die späteren Rennen ausgetreten. Am 20. Juni 1948 gewann Christl Pravda das »Glocknerrennen« — bei Blitz, Donner und Schneesturm. Damals folgten Tausende von Zuschauern auf der Franz-Josefs-Höhe den Wettkämpfen.

Die erste alpine Meisterleistung in den Ostalpen

Für das Bergsteigen entdeckte Belsazar Hacquet den Großglockner im Jahr 1779. Der Mediziner ritt damals auf einem bosnischen Schimmel durch das Mölltal und war beim Anblick des Großglockners hingerissen. Die Schilderung seiner

Glocknerreise rief am fürstbischöflichen Hof zu Klagenfurt große Begeisterung hervor. Als dann 1787 die Erstbesteigung des Montblanc bekannt wurde, zeigte sich der Fürstbischof Graf Salm-Reifferscheid, ein Förderer der schönen Künste und der Wissenschaften, in starkem Maße interessiert an einer Besteigung des Großglockners. Kundschafter wurden zu Kundfahrten ausgesandt. In Heiligenblut bewarben sich die Brüder Klotz, Zimmermeister von Beruf, um diese Fahrten. Sie stießen beim ersten Versuch 1799 bis unter den Kleinglockner vor. Sie waren aus dem Leitertal aufgestiegen, weil ihnen die Nordostflanke über der Pasterze zu steil erschien. Vom Leitertal aus, wo eine kleine Hütte als Stützpunkt diente, wurden auch die nächsten Angriffe gestartet. Beim zweiten Versuch bestand die Gesellschaft aus 30 Personen. Und am 25. August 1799 drangen Martin und Sepp Klotz mit dem Generalvikar Sigmund von Hohenwarth, dem Botaniker Hoppe und mit zwei Zimmerleuten bis zum Kleinglockner vor. Zwischen ihm und dem Hauptgipfel ist die Glocknerscharte eingekerbt, ein verwächteter, nur fußbreiter Übergang, beiderseits steil abbrechend. Den Bergsteigern kam dieser Übergang so grauenerregend vor, daß sie den Rückzug antraten. Damit war ihr Auftraggeber, der Fürstbischof, jedoch nicht zufrieden. Im Frühsommer 1800 ließ er die Vorbereitungen für eine neue Expedition treffen. Neben der kleinen Hütte entstand eine größere Unterkunft. Ein Kreuz wurde angefertigt. Es sollte auf dem Gipfel errichtet werden. In der letzten Juliwoche zog die Karawane dann durch das Leitertal: es waren sechzehn Pack- und Reitpferde mit ebensovielen Roßknechten, sechsundzwanzig Träger, fünf Zimmerleute. Erlesene Weine gehörten ebenso zum Proviant wie teure Lebensmittel. Führer waren die Brüder Klotz, die »Glockner«, wie man sie nun nannte. Das Wetter hätte besser nicht sein können. Und am 28. Juli war dann der große Tag: Martin und Sepp Klotz, der Pfarrer Horasch aus Döllach, ein furchtloser Mann, und zwei Zimmerleute aus Heiligenblut, betraten als erste Menschen den höchsten Gipfel der österreichischen Alpen. Ihr Aufstieg, genau gesagt der letzte Abschnitt von der Adlersruhe über den Kleinglockner zum Großglockner, wird heute an schönen Tagen von Hunderten gemacht. Im Jahr 1800 war die Tour jedoch eine Meisterleistung. Wie groß sie war, mag eine Aufzeichnung Hacquets über die Ausrüstung zeigen: »Zu den Gerätschaften, deren man beim Bergsteigen bedarf, gehört ein langer, leichter Stock, unten mit einem Ring ohne Stachel und oben mit einem zurückgebogenen Haken versehen, um damit den Zweig einer Staude oder den Rand einer Felskluft zu erfassen. Ein langer Strick ist ebenfalls notwendig für den, welcher auf Gletschern und Eisbergen vorangeht. Man bindet ihn um den Leib, um ihn mit Sicherheit herauszuziehen, wenn er in eine Kluft stürzen sollte, oder um den Nachkommenden heraufzuhelfen, wenn der Vorgehende die Anhöhe eines Felsens erreicht. Steigeisen sind allgemein, sowohl für Hände als Füße, bekannt, indes sind sie nur im Kalkgebirge und auf Gletschern von einigem Wert. Auf Granit- und Sandgebirgen habe ich mich tausendmal besser mit Sandalen, aus Stricken verfertigt, befunden. Sie werden aus einem Strick von der Stärke eines kleinen Fingers gemacht, welcher in Öl getränkt sein muß, mit Darmsaiten zusammengenäht und dann mit Riemen an die Stiefel geschnallt.«

Aufstiege

Hofmannsweg (Pasterze—Adlersruhe)

Von der Hofmannshütte auf einem Steiglein über die Moräne hinunter auf die Pasterze, die waagrecht gequert wird. Auf der jenseitigen Moräne markieren Steinmänner den Weiterweg. Am auffallenden Kammfirst über Schnee und durch Geröll etwa 100 Meter gerade hoch, dann den Wegspuren folgen links auf einen Rücken. Anschließend im Zickzack bergan zur Kammhöhe in 2793 Meter mit dem »Frühstücksplatz«. Von dort kurzer Abstieg zum Firn des Äußeren Hofmannskeeses. Linkshaltend ansteigen und nun immer den Spuren folgen, vorbei an der sogenannten Eiskapelle (Spalten!) zu einem nur schwach geneigten Firnboden. Weiter, zuletzt durch eine langgezogene Firnmulde zur Erzherzog-Johann-Hütte. Von der Hofmannshütte 3½ bis 4 Stunden. *Charakteristik:* Meistbegangener Glockneranstieg, der über-

wiegend im Firn verläuft; Spaltengefahr. Auf der Pasterze sowie in den Firnhängen sind meist Spuren vorhanden. Höhenunterschied 1200 Meter. Seil, Steigeisen, Eispickel. Beste Jahreszeit: ab Pfingsten.
Übernachtung: Hofmannshütte (2442 m) oberhalb der Pasterze. Bewirtschaftet von Juni bis Ende September, Lager und Betten, Winterraum. Vom Parkplatz Freiwandeck 35 Minuten.
Erzherzog-Johann-Hütte (3454 m) auf der Adlersruhe. Im Sommer bewirtschaftet, Lager und Betten; Winterraum.

Alter Kalser Weg (Stüdlhütte—Adlersruhe)

Von der Stüdlhütte auf dem Alpenvereinsweg kehrenreich empor zum Ende des Teischnitzkees. Von dort rechts zur sogenannten Schere, einem Felseinschnitt (3043 m) am südlichen Ende des Luisengrates. Jenseits des Felskammes hinunter zum firnigen Gletscherboden des Ködnitzkees (Spalten!). In weitem Rechtsbogen ansteigen — links steht der Großglockner — und den Spuren nach zu einem Felssporn. Weiter auf gut erkennbarem Steig und mittels einiger Kehren zur Adlersruhe und zur Erzherzog-Johann-Hütte. Von der Stüdlhütte 2½ Stunden.
Charakteristik: Meistbegangener Aufstieg von Südwesten (Kals). Die Route ist markiert und an den schwierigen Stellen gesichert. Schwierigkeit: teilweise I. Höhenunterschied etwa 600 Meter. Seil, Steigeisen, Eispickel. Beste Zeit: ab Juli.
Übernachtung: Stüdlhütte (2802 m) auf der Fanatscharte. Bewirtschaftet vom 1. Juli bis 15. September, Betten und Lager, Winterraum. Vom Neuen Lucknerhaus (1984 m, asphaltierte Mautstraße von Kals, Busverbindungen) über die Lucknerhütte (2227 m) etwa 3 Stunden.

Gipfelaufstieg

Von der Adlersruhe bzw. von der Erzherzog-Johann-Hütte den Spuren folgend in Richtung Kleinglockner, über das »Glocknerleitl« (35 Grad steil) und zu den Sicherungen am Kleinglockner. Abstieg etwa 10 Meter in die Obere Glocknerscharte und von dort im kombinierten Gelände zu einer Platte, die links erklettert (I+) wird. Weiter über Blöcke — nicht rechts in die Nordostflanke ausweichen! — vollends empor zum Gipfelkreuz auf dem Großglockner. Von der Erzherzog-Johann-Hütte 1½ Stunden.
Charakteristik: Bis zum Kleinglockner ausgesprochener Firnanstieg; ab der Glocknerscharte kombiniertes Gelände im Schwierigkeitsgrad I+. Sicherungsmöglichkeiten an Eisenstangen (wenn nicht zugeschneit) und an den Drahtseilen. Beim Rückweg bzw. Abstieg vom Kleinglockner verleitet der Firnhang zum »Abfahren« (gefährlich!). Höhenunterschied: 400 Meter. Seil, Steigeisen, Pickel, 2 bis 3 Karabiner.

Schrifttum

Karten: Österreichische Karte Großglockner 1 : 50 000 Blatt 153. Spezialk.: Alpenvereinskarte 1 : 25 000 Glocknergruppe.
Führer: Willi End, Alpenvereinsführer Glockner- und Grantspitz-Gruppe. Bergverlag Rudolf Rother, München.
Literatur: Oskar Kühlken, Das Glocknerbuch. Verlag »Das Bergland-Buch«, Salzburg.

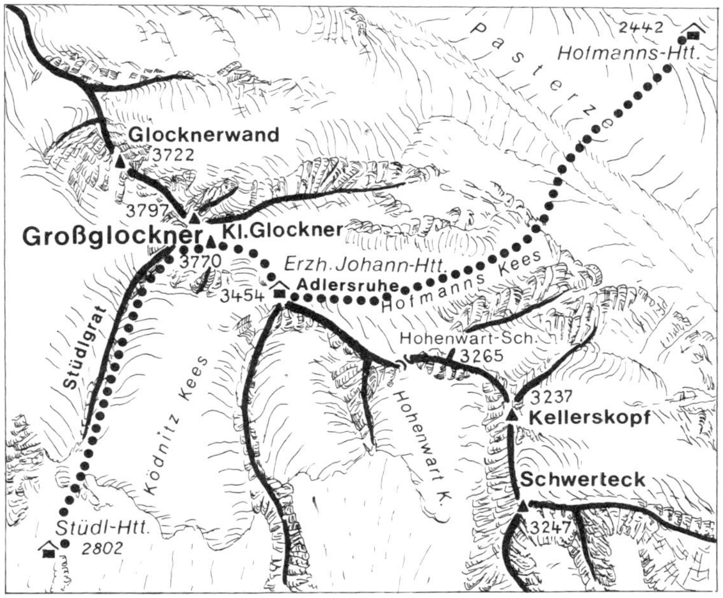

Triglav 2863 m

König der Julischen Alpen

Ein naßkalter, unfreundlicher Tag. Im Aljaž-Haus sind nur etliche Unentwegte geblieben. Mißmutig stolpern wir durch das Vrata-Tal zu dem überdimensionalen Haken und Karabiner auf einem Felsblock. Einer zeigt in das Gebräu aus Wolken und Nebel: »Da ist sie, die Nordwand!« Wir können sie nur ahnen. Gegen Mittag wird es etwas heller. Zögernd löst sich das diesige Grau auf, wird nahezu durchsichtig. Und plötzlich sind die Konturen der Wand zu erkennen, anfangs noch schwach und verschwommen, dann ausgeprägter. Die Wand erscheint bösartig, gespenstisch im Wallen des Nebels. Der Fels ist grau-schwarz. Jetzt kann man auch die tiefen Schluchten erkennen und die Riesenpfeiler. Ein gutes Dutzend von Kletterführen verlaufen dort, Routen in allen Schwierigkeitsgraden. Wir versuchen ihrem Verlauf mit dem Auge zu folgen. Da verwischen wieder Nebel die Sicht. Das also war das Schaustück des Triglav, seine 1200 Meter Nordwand im Herzen der Julischen Alpen, die zu den Südlichen Kalkalpen gehören und sich südlich der Karawanken erheben.

Der Triglav ist der höchste Gipfel der Julischen Alpen. Sein Name bedeutet soviel wie der »Dreiköpfige«, ein Begriff aus der altslawischen Mythologie. Für die Slowenen ist der Berg eine Art Nationalheiligtum.

Die Erstbesteigung des Triglav erfolgte vor der Eroberung des Montblanc: Am 26. August 1778 erreichten der Wundarzt und Apotheker Lorenz Willonitzer, der Gemsjäger Rožič und die Bergleute Matthäus Kos und Lukas Korošec den Gipfel. Es »seye fürchterlich, dort oben in die schaudervolle Tiefe herab zu blicken«, berichtete Willonitzer seinem Auftraggeber Baron Zois. Auch Valentin Stanig, Erstbesteiger des Watzmann, war 1808 beeindruckt von seiner Triglav-Tour.

Die Nordwand ist dem geübten Felsgeher vorbehalten. Ihre Durchsteigung erfordert selbst auf den weniger schwierigen Routen (wie etwa dem Slowenischen Weg, Deutschen Weg, Bayerländer Weg) gute Kondition und ausgeprägten Orientierungssinn. Zu den extremen Anstiegen gehört der »Čop-Pfeiler«, der mit der Solleder-Führe in der Civettawand vergleichbar ist. Joža Čop aus Jesenice eröffnete die Route im Juni 1945 als Zweiundfünfzigjähriger mit einem alten Hanfseil und nur achtzehn Haken, begleitet wurde er von seiner Gefährtin Pavla Jesih. Čop hatte den Pfeiler schon vor dem Krieg mit Emilio Comici studiert.

Die eigenartigste Route in der Triglav-Nordwand sind die sogenannten Zlatorog-Bänder (Zlatorog, der Goldgehörnte, ist ein sagenhafter Gnom), eine Horizontalführe im IV. Schwierigkeitsgrad quer durch die Wand. Sie wurde am 24. Juli 1931 von Miha Potočnik, Stanko Tominšek, Mateuž Frelih und Joža Čop erstbegangen. Für die gesamte Durchquerung von Ost nach West muß mit acht bis zwölf Stunden Kletterzeit gerechnet werden. Am Ende dieser Tour steht kein Gipfelkreuz. Hier ist der Weg selbst das Ziel.

Die Erstdurchsteigung der Nordwand

Die Nordwand des Triglav übertrifft nicht an Höhe, sondern durch die wuchtige Wirkung ihrer Erscheinung so klassische Felsmauern wie die Watzmann- oder die Hochstadlwand. Im Juli 1906 wurde sie von drei Männern erobert: von Hans Reinl, Ingenieur aus Ischl, Dr. Felix König, dem geistigen Vater des Unternehmens, und Karl Doménigg, genannt »Carletto«. Ihre Route wird heute der »Deutsche Weg« oder der »Lange Deutsche Weg« genannt. Nachstehend Auszüge aus dem Erlebnisbericht von Reinl:

»Unter Sterngeflimmer rückte der 9. Juli heran. Punkt 3 Uhr wurde aufgebrochen. Zu schleppen hatten wir gerade genug: Proviant für zwei Tage, 100 m Seil, etwa 30 m Seilschnur, mehrere Mauerhaken und zwei Pickel, da wir vom Ausstiege weg jedenfalls den Flitscher-Schnee oder den stark ausgeaperten Triglavgletscher zu begehen hatten. Um 4 Uhr 30 kamen wir, dem ›Vratawege‹ folgend, auf die grüne Terrasse unter der Nordwand und überschritten nach längerem Suchen die gähnende Randkluft am schneebedeckten Ausgange der Einstiegsschlucht. Da ein senkrechter Abbruch den Eingang sperrt, querten wir auf breitem Bande nach rechts in die Wand hinaus. Eine kleine Terrasse bot dann Gelegenheit zur Frühstücksrast.

Die Ungeduld trieb uns gegen 6 Uhr zum Weiterweg. Leichtes Geschröf führt knapp am Rande der Schlucht in die Höhe,

bis ein bauchiger, glatter Wulst das Hineinqueren ermöglicht ...
Ich übernahm nun von König die Führung. Ein schmales Band und mehrere im unteren Teile meist überhängende Absätze führten zum Fuße der letzten, vom Kare abfallenden Wand. Sekundenlang scheint es, als müßten wir hier Kehrt machen. Da löst sich ein Zacken vom dämmrigen Wandschatten, zu seiner Linken klebt, kaum sichtbar, ein morsches Sims. Der weit vorhängende Fels hindert am Betreten dieses Pfads — nur die Fingerspitzen finden notdürftigen Halt an seiner bröckligen Kante. Bald schwindet auch diese — vorsichtig taste ich mich in die lotrechte Wand hinaus. Knapp unter den Füßen wölbt sie sich in mächtigem Überhange nach einwärts. Nach 8 m etwa umfängt mich ein glatter Winkel, der drunten ins Leere mündet. Nur der Schnee der Schlucht blitzt herauf. Noch eine Stufe, und das unheimliche Stück liegt im Rükken. — Aufatmend lagern wir uns auf einem geräumigen Schuttfleck zur Hauptrast des Tages ...
König erhält wieder die Führung. Eine jähe, moosdurchsetzte Wand macht das Eintreiben der ersten Mauerhaken nötig, bei dem stets unsicheren Stand eine langwierige Arbeit ...«
Sie klettern weiter; später beginnt es zu regnen. Reinl schreibt: »In den plattigen Kaminen einer Steilschlucht turnen wir ächzend empor, das Wasser schießt in Strömen über den kalten Fels, zwei Steine fliegen uns brummend um die Ohren und schlagen mit lautem Krachen auf das Band, um dann geräuschlos im Nebel zu verschwinden. — Wieder stehen wir vor einer senkrechten Mauer! Unser Kamin hat in einer seichten Höhle ein unerwünschtes Ende gefunden, darüber nichts als abweisender, glatter Fels. Während Freund König zur Rechten nach einem Auswege fahndet, sichere ich ihn in der Höhle an einem Haken. Ein eisiger Strahl durchrieselt von der Decke mein enges Gelaß. Doch es ist ein gar trauliches Plätzchen gegen den schlüpfrigen Riß, aus welchem eben »Carlettos« Dulderantlitz emportaucht. Deutlich sehe ich, wie ihm das Wasser beim Halse hinein- und bei den Ärmeln wieder hinausrinnt. Da erscheint König — im Abstiege. ›Es geht nicht!‹ — ›Dann müssen wir's links versuchen, — durch den Wasserfall!‹ Ein trostloser Anblick, gänzlich hoffnungslos! Doch was schert uns das Wasser, was die gähnende Tiefe, beide haben die Macht über unsere Nerven verloren. Und das unmöglich Scheinende gelingt, mag auch das sprühende Naß die Augen am Sehen verhindern, mit eisernem Griffe hält die Hand den Fels umklammert — Zoll um Zoll rückt der Körper höher und schwingt sich auf ein schmales Sims. Noch einmal wehrt sich der Berg: eine glattgeschliffene Rippe schiebt er unversehens quer über den Weg — rosenroter Marmor! Oder ist es die Treppe, auf der uns der Herrscher zur Höhe ladet? Wir trauen ihr nicht, der tückischen Fläche, ein Spalt dahinter scheint uns der sichrere Weg. Es ist 3 Uhr 15, da fährt der letzte Eisenstift in den spröden Fels — das Kugyband! — Wir haben gewonnen!«

Aufstiege

Prag-Weg

Vom Aljaž-Haus auf breitem Weg taleinwärts mit Blick in die Triglav-Nordwand. Später auf einem Steig, bis auf einem flachen Stein die rote Aufschrift den Beginn des Prag-Weges anzeigt. Links und in der Folge den Sicherungen und Markierungen folgen zum Tominšek-Weg. Auf ihm weiter, vorbei an einer gefaßten Quelle in guten 5 Minuten zum Rand des weiträumigen Triglav-Hochplateaus. Links geht es zum Stanič-Haus, rechts zum Triglav-Haus auf der Kredarica. Vom Aljaž-Haus etwa 5 Stunden. Von der Kredarica über den markierten Ostgrat auf den Kleinen Triglav und anschließend mit Drahtseilen zum roten, runden Hüttchen des Hauptgipfels. Vom Aljaž-Haus etwa 6 Stunden.
Charakteristik: Der am wenigsten schwierige Aufstieg vom Aljaž-Haus. Reine Felstour, Drahtseile, Eisenstifte. Trittsicherheit und Schwindelfreiheit erforderlich. Bei Nebel oder schlechtem Wetter gibt es Orientierungsschwierigkeiten, vor allem aber wenn im Frühsommer die roten Markierungen vom Schnee bedeckt sind.
Höhenunterschied vom Aljaž-Haus: 1850 Meter.
Übernachtung: Aljaž-Haus (1015 m) in landschaftlich schöner Lage im Vrata-Tal. Während der Sommermonate bewirtschaftet.

Der gewaltige Stock des Triglavs mit seinen ausgedehnten, bis in den Sommer stellenweise firnbedeckten Hochflächen.

Lager. Von Dovje-Mojstrana Fahrstraße bis zur Hütte; zu Fuß nicht ganz 3 Stunden.
Stanič-Haus (2332 m) nordöstlich der Kredarica auf dem Triglav-Hochplateau. Von Februar bis Mai (Skilauf) sowie in den Sommermonaten bewirtschaftet, Betten und Lager.
Triglav-Haus (2315 m) auf der Kredarica. Im Sommer bewirtschaftet, Betten und Lager. Die meteorologische Station ist ganzjährig besetzt.

Vom Luknja-Paß

Am Paß beginnt der Bamberg-Weg, so benannt nach einem verdienstvollen Bergsteiger. Anfangs ausgesetzt aber gut gesichert zum oberen Rand des westlichen Teiles der Triglav-Nordwand. Weiter, überwiegend auf Geröllpfaden zur Basis des Nordwestgrates, der zum Gipfel führt. Vom Paß 4 Stunden.
Charakteristik: Markierter und gesicherter Felsweg; nur für Trittsichere und Schwindelfreie. Höhenunterschied: etwa 1100 m. Zugang: Vom Zlatorog-Haus im Trentatal etwa 3 Stunden, vom Aljaž-Haus etwa 2½ Stunden.

Vom Planika-Haus

Vom Planika-Haus dem markierten Steig folgen durch die Südflanke auf den Kleinen Triglav und von dort über die Gratschneide zum Hauptgipfel. Etwa 1 Stunde.
Charakteristik: Felsanstieg, gut markiert und gesichert. Höhenunterschied: etwa 460 m.
Übernachtung: Planika-Haus (2408 m) südlich des Triglav. Im Sommer bewirtschaftet, Betten und Lager. Vom Wocheiner See bzw. von Stara Fužina (574 m) über die Vodnikovhütte (1805 m, Übernachtung) etwa 6 Stunden.

Kugy-Weg

Von der Dolič-Hütte auf gutem Saumweg in 1 Stunde zur ehemaligen (I. Weltkrieg) italienischen Kaserne Morbegno. Von dort rechtshaltend in nordöstliche Richtung zur Flitscher Scharte (slow. Bovška Škrbina) im Südwestgrat des Berges. Weiter, teilweise in brüchigem Gestein vollends empor zum Triglav. Von der Dolič-Hütte etwa 2½ Stunden.
Charakteristik: Wenig begangen. Höhenunterschied ab Hütte: 740 Meter.
Übernachtung: Dolič-Hütte (2120 m) beim Dolič-Sattel südwestlich unterhalb dem Triglav. Im Sommer bewirtschaftet, Betten und Lager. Vom Planika-Haus 1 Stunde. Von Na Logu (Trentatal) über das Zlatorog-Haus etwa 4 Stunden.

Schrifttum

Karte: Julische Alpen 1:50000, Verlag Planinska Zveza Sloveij, Ljubljana. – Freytag & Berndt Wanderkarte 1:100000 Julische Alpen.
Führer: Schöner/Brandstätter, Gebietsführer Julische Alpen. Bergverlag Rudolf Rother, München.
Literatur: Vallenberg/Senft, Erlebnis Julische Alpen. Auf Kugys Spuren. Leopold-Stocker-Verlag, Graz.

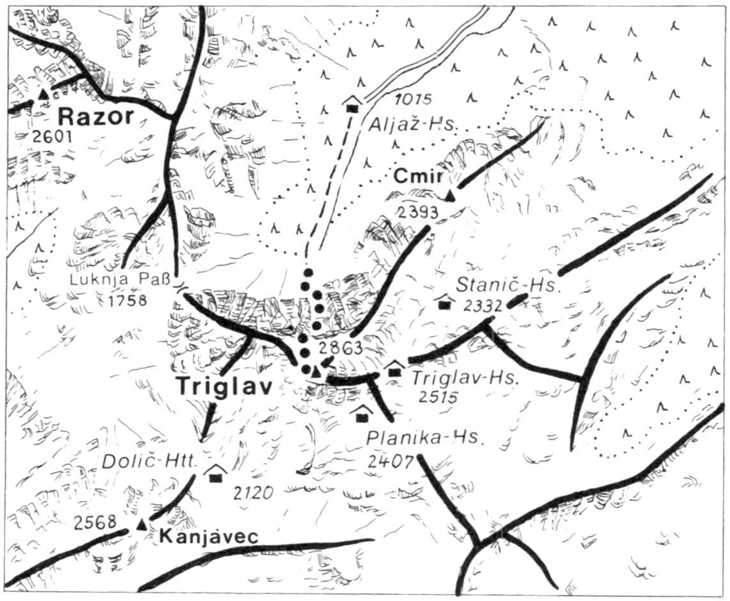

Die Hochtorgruppe im Gesäuse von Nordwesten: Gratkante des Dachls, Hochtor (2369 m), Festkogel, Großer Ödstein (2335 m).

Dachl 2204 m

Felszirkus im Gesäuse

Über die Struktur und die dunkle Schönheit des steierischen Berglands im östlichen Teil der Nördlichen Kalkalpen gibt ein klassischer Führer genaue Auskunft. Heß-Pichl schreibt darin: »Als Gesäuse im engeren Sinn wird jener Teil des Mittellaufes der Enns bezeichnet, der mit dem Durchbruch dieses Flusses zwischen Himbeerstein und Haindlmauer unterhalb Admont, nächst dem Dörfchen Krumau, beginnt und mit etwa vier Wegstunden Erstreckung als enges, meist von felsigen Wänden und schroffen Gehängen eingeschlossenes Tal bis zur Mündung des Erzbaches bei Hieflau verläuft. In dieser Talstrecke wird der aus dem Gebiete der Niederen Tauern kommende, den Südfuß des prächtigen Dachsteingebirges bespülende Fuß von einer Reihe durch ihre selbständige Stellung um so mächtiger erscheinende Kalkgebirgsstöcke begleitet, die ihr schroffes Fußgestell hart an seine Fluten niedersetzen und diese in ein enges Bett zwingen, durch das sie infolge des starken Gefälles mit wildem Rauschen talab eilen. Der Volksmund hat dem Talabschnitt, von dem steten Rauschen und Sausen des Flusses dazu angeregt, den Namen Gesäuse gegeben.« Wenn Karl Lukan von dem Bergland sagt, es sei kein »heiteres Gebirge«, sondern »eine ernste Nordwand-Landschaft«, vermittelt es ein weiteres Bild der Stimmung dieser eigenartigen Landschaft.

Die Herzkammmer des Gesäuses ist das Haindlkar. Es ist auf drei Seiten von mächtigen Wänden umschlossen. Nur nach Norden in Richtung Enns öffnet sich der Kessel und gibt den Blick frei zu den Gipfeln um den Großen Buchstein.

Im Südosten wird das Haindlkar von einem Wall steiler, bis zu 1000 Meter hoher imposanter Felswände abgeschlossen. Einer der bekanntesten Berge — vor allem für Sechser-Geher — ist das Dachl. Genau genommen ist es gar kein Berg, sondern ein Kammstück des Grates zwischen Roßkuppe und Hochtor. Der Name geht auf die dachfirstartige Gestalt dieses Gratstückes zurück, dem jeglicher Gipfelcharakter fehlt. Dafür ist seine pralle, nahezu 800 Meter hohe Nordwand eine Augenweide für jeden extremen Kletterer. Gegen Südosten senkt sich das Dachl anfangs in schwacher Neigung als Riesenplatte gegen das Roßkar und bricht dann zuletzt sehr steil ab.

Ein wichtiger Tag in der Erschließung der Berge zwischen Planspitze und Hochtor war der 11. Juni 1877, als Heinrich Heß, begleitet von dem Waldmeister A. Rodlauer, von Norden, also aus dem Haindlkar, auf dem Peternpfad in die Peternscharte gelangte. Noch im gleichen Jahr wurde von der Scharte aus die Planspitze erstbestiegen. Die Gipfel südlich davon blieben noch einige Zeit unberührt. Erst sieben Jahre später, am 31. Mai 1884, unternahm Heinrich Heß eine große Tour zu den anderen Gipfeln. Um 4 Uhr brach er mit seinen Freunden A. Heinzel, Otto Fischer und Fritz Kreuzer in Gstatterboden auf. Kurz nach neun Uhr waren sie in der Peternscharte, frühstückten etwa eine Stunde und erreichten danach über die Roßkuppe erstmals das Dachl, von wo sie zum Hochtor weitergingen. Heß über seine Tour: »Mit der gelungenen Eröffnung dieses neuen Weges ist eine Route von eminentem Wert erschlossen, da dieselbe den direkten Anstieg auf die Hochtorspitze vom Gesäuse (Gstatterboden) bedeutet und gleichzeitig eine der lohnendsten, großartigsten Touren ist, welche sich in unseren Kalkalpen ausführen lassen ...« Der Peternpfad ist kein »Pfad« im üblichen Sinn, sondern ein Felssteig (I+), ein abenteuerlicher Weg über schmale Bänder und auf Terrassen, die von unten nicht als solche zu erkennen sind. Die Fortsetzung der Tour über den sogenannten Roßkuppengrat wird mit Schwierigkeitsgrad II— bewertet. Es ist also keine Wanderung! Wer aber den Anforderungen gewachsen ist, für den wird die Tour zu einem nachhaltigen Erlebnis, weil man die steilsten Gesäusewände aus nächster Nähe erlebt.

Die Haindlkarhütte, der ideale Stützpunkt auf der Nordseite, ist heute nicht mehr das kleine Hüttchen aus der Bergvagabundenzeit von Fritz Kasparek: Die Sektion Reichenstein — sie war schon Bauherr der ersten Hütte 1922 — hat für ein neues Bergsteigerheim gesorgt mit kaltem und warmem Fließwasser, mit Duschen und Betten — und einer gemütlichen und zünftigen Atmosphäre.

Östlich des Hochtors bietet sich die Heßhütte als Unterkunft an. Sie ist in erster Linie Ausgangspunkt für Hochtor-Besteigungen über den Gugelgrat (I—) oder auf dem Grazer Weg (III) durch die Direkte Tellersackwand. Der Weg zur Petern-

scharte ist von der Heßhütte weniger empfehlenswert und landschaftlich nicht so eindrucksvoll wie von der Haindlkarhütte.
Andere Routen auf das Dachl, beispielsweise aus dem Roßkar, werden hauptsächlich als Abstiegswege benützt. Im Winter ist das Dachl touristisch uninteressant, obwohl es auch schon mit Skiern bestiegen wurde, und zwar am 1. Mai 1932 von Karl Prusik und W. Kitterle.

Hochschule des Felsgehens

Kurt Maix schrieb einmal: »Ist der Wilde Kaiser die Hohe Schule der modernen Sportkletterei, so bleiben die Gesäusewände die Universität des ernsten, schweren Alpinismus im Fels.«
Daran ist viel Wahres. Epochemachend war zum Beispiel die erste Durchsteigung der Dachl-Nordwand, in den zwanziger Jahren das letzte zu lösende Problem im Gesäuse. Sixt und Hinterberger, die Bezwinger der Roßkuppenkante, scheiterten 1925 an der Nordwand. Ebenso Hugo Fickert und Robert Kerschbaum: etwa 60 Meter unter dem Ringband, über das ein Ausstieg möglich ist, fiel ihnen das ganze Bündel Mauerhaken hinunter. Sie mußten in einer großangelegten Bergungsaktion aus der Wand geholt werden.
Ende Juni 1931 sah man eine Dreierseilschaft in der Wand: Karl Moldan, Hugo Rößner und Sepp Schintlmeister. Rößner und Schintlmeister, die schon promoviert hatten, und Moldan, der Ingenieur werden wollte, kamen hier an eine andere Hochschule. Am 28. Juni waren sie eingestiegen. Wegen großer Schwierigkeiten kamen sie nur außergewöhnlich langsam voran. Sie schafften nicht mehr als acht Meter in der Stunde. Zum ersten Mal in der alpinen Geschichte kamen Tritt- und Sitzbretter zur Anwendung. Am 1. Juli 1931 war dann die Nordwand bezwungen und damit das letzte Problem der damaligen Zeit im Gesäuse gelöst. Bis zum heutigen Tag hat die klassische Nordwandroute (VI—) nichts von ihrem guten Ruf verloren. Zwei Jahre nach der Eröffnung dieser Route, am 15. Juli 1933, fanden Leo Seitelberger und Walther Lindenbach einen Direktausstieg.

Eine andere, nicht weniger aufsehenerregende Neutour war die Dachl-Roßkuppen-Verschneidung des Grazer Raimund Schinko mit Fritz Sikorovsky vom 13. bis 16. Juni 1936, die sogenannte Todesverschneidung. Sie blieb lange Zeit die schwierigste Gesäusekletterei. Ihren Namen hat die »Todesverschneidung« vom Modergeruch faulenden Holunders. Ihre erste Winterbegehung erhielt sie durch Leo Forstenlechner und Sepp Larch vom 30. Januar bis 2. Februar 1954. Erster Alleingänger war Leo Schlömmer am 17. August 1963 in viereinhalb Stunden; er nahm dabei den direkten Ausstieg (VI/A 2) durch den Trichter.
Zur gleichen Zeit wie Schlömmer war auch eine Münchner Seilschaft auf dieser Route; sie benötigte vierzehn Stunden! Am 6. Oktober wagte sich die bildhübsche Helga Brunzak, das »Hexerl«, mit ihrem späteren Ehemann Rudi Lindner als erste Dame in die »Todesverschneidung«.
Die »Diagonale«, jener auffallende Riß, der sich vom höchsten Punkt des Plattenkegels in der Nordwand diagonal nach links zum Dachfirst hochzieht, wurde vom 9. bis 11. Juni 1955 von den Österreichern Leo Scheiblehner und Karl Gollmaier durchstiegen. Nachdem Leo Schlömmer die »Diagonale« am 15. September 1968 in fünfeinhalb Stunden im Alleingang bewältigt hatte, gab er zu: »Diese Alleinbegehung fiel mir etwas schwerer als meine seinerzeitige Alleinbegehung der Todesverschneidung«.
In den sechziger Jahren suchte eine neue Generation nach neuen und letzten schwierigen Routen in der Dachlwand: Klaus Hoi und Hugo Stelzig eröffneten vom 21. bis 23. September 1963 links der »Diagonale« den »Hermann-Buhl-Gedächtnisweg«. Alle Versuche mitgerechnet, benötigten sie 188 Stunden effektive Kletterzeit; 150 Normalhaken, 30 Bohrhaken und 13 Holzkeile halfen ihnen durch den 450 Meter hohen Wandabschnitt. Ohne diese Leistung der Erstbegeher schmälern zu wollen, muß doch darauf hingewiesen werden, daß es sich von der Linienführung her um keine ideale Route handelte. Dagegen ist der vom 24. bis 26. Mai 1969 von Walter Almberger und Klaus Hoi erstbegangene »Berglandriß« eine gut angelegte »Direttissima« im höchsten Schwierigkeitsbereich. Bei der zweiten Begehung am 7. Juni

1970 benötigte Hoi mit Stelzig nur noch zwölf Stunden Kletterzeit, weil fast alle Haken in der Wand zurückgeblieben waren.
Hoi über zwei seiner Neutouren: »Ich bedauere es nicht, den ›Buhlweg‹ und den ›Berglandriß‹, diese beiden extrem künstlichen Routen — sogar mit Bohrhaken —, eröffnet zu haben; jedoch Fortschritt sehe ich in diesen Routen keinen.«
Doch dann, am 4. September 1971, durchkletterten Klaus Hoi, Hugo Stelzig und Lois Dengg die Nordwestwand in dreizehn Stunden. Das war ein Fortschritt! Die neue Route durch die 770 Meter hohe Wand ist überwiegend im V. Schwierigkeitsgrad. Nur wenige Passagen müssen künstlich bewältigt werden. Im Durchschnitt wurden auf hundert Höhenmeter nicht einmal zehn Haken geschlagen; das sind weniger als bei der klassischen Route von 1931. Es ist die freieste aller Routen in der Dachlwand. Und darauf kann Klaus Hoi, einer der erfolgreichsten österreichischen Alpinisten, zu Recht stolz sein.

Aufstiege

Peternpfad

Von der Haindlkarhütte zum Peternpfadweg und auf ihm in östliche Richtung; dabei ist auf die roten Markierungszeichen zu achten. Teilweise durch Latschen und Krummholz sowie über Schuttböden zum Latschengürtel an der Basis der Hochtorwände. Der Pfad verschmälert sich. In Richtung Planspitze geht es weiter zum Beginn des eigentlichen Peternpfades, der sich links neben einem steilen Riß, mit dem die Roßkuppenschlucht endet, beginnt (von der Hütte 1½ Stunden, Wasserstelle). Es folgt eine Aufwärtsquerung von links nach rechts über steile Schrofen, bis man waagrecht nach rechts in den Grund einer schmalen Schlucht queren kann (Einstieg zur Roßkuppenkante). In der Schlucht über Blöcke aufwärts zu einem Geröllfeld und von dort linkshaltend zur untersten der geröllbedeckten Stufen. Weiter über die Felsstufen empor zum Rücken des kurzen Felspfeilers, der mit den Wänden des Hauptgrates die Schlucht des Peternpfades umschließt. Von dort genießt man einen prächtigen Blick auf das tiefgelegene Gstatterboden. Es folgt eine steile Felswand: Ein Stück gerade hoch, dann auf schmalen Leisten nach rechts, um einen aus der Wand ragenden Block herum (»Ennstaler Schritt«) und danach durch seichte, ausgesetzte Risse in der Plattenwand hoch. Weiter oben ist das Gelände dann weniger steil.
Über Schrofen erreicht man ein gut gestuftes, begrastes Felsband, dem man nach links unter einem senkrechten Felsturm bis in die Höhe der Peternscharte folgt (von der Hütte 3 Stunden).
Von der Peternscharte um den die Scharte überragenden Felskopf auf der Ostseite absteigend herum, worauf man sich wieder dem Grat zuwendet und schließlich fast eben zum Felsturm der Roßkuppe gelangt. Auf einem teilweise bewachsenen Band links unter dem steilen Aufbau durch zu einer steilen, ungefähr 8 Meter hohen, meist feuchten Platte neben einer schwach ausgeprägten Rinne. Über die Platte (II) hoch zu einem Band, kurz linkshaltend empor, dann rechts über Felsstufen und Graspolster auf die Roßkuppe mit instruktivem Blick über den gesamten Gratverlauf sowie über das Gesäuse. Jetzt auf der Südseite, unmittelbar oberhalb der Gratfortsetzung über zwei Wandstufen abklettern (II) in die nächste Scharte. Von dort halten wir uns an die scharfe, stellenweise brüchige Schneide, umgehen einen Turm links über Grasschrofen und erreichen das Dachl mit seiner eigenartigen Kammbildung. Von der Haindlkarhütte etwa 3¾ bis 4 Stunden.
Charakteristik: Felstour bzw. Felssteig, der rot markiert ist bis in die Peternscharte, stellenweise I+. Der »Roßkuppengrat« wird mit II– bewertet. Nur für Trittsichere und Schwindelfreie, Seil erforderlich. Die Tour sollte nicht nach Regenwetter unternommen werden, da die Schrofen bei Nässe sehr gefährlich sind. Das Dachl ist bei Gewitter außergewöhnlich gefährlich!
Übernachtung: Haindlkarhütte (ca. 1050 m) im Haindlkar. Bewirtschaftet von Mitte Mai bis Mitte Oktober, 63 Schlafplätze. Von Gstatterboden (Straße bis Parkplatz) sowie von Johnsbach (Straße bis Parkplatz) jeweils 1½ Stunden.

Ostaufstieg

Von der Heßhütte über den Seekarsee in etwa 3½ Stunden in die Peternscharte, stellenweise I–. Von dort über den »Roßkuppengrat« zum Dachl. Die Heßhütte (1687 m) wird von Johnsbach (Kölblwirt) in 3 Stunden erreicht. Bewirtschaftet von Ende Mai bis Ende Oktober, 150 Schlafplätze.

Schrifttum

Karten: Kompaß-Wanderkarte 1 : 50 000 Blatt 70 Gesäuse.
Spezialkarte: Alpenvereinskarte 1 : 25 000 Gesäuseberge.
Führer: Willi End, Alpenvereinsführer Gesäuseberge. Bergverlag Rudolf Rother, München.
Literatur: Hans Schwanda, Das Gesäuse. Von der Alpenstange zum VII. Grad. Bergverlag Rudolf Rother, München. Peter Holl, Die Nordwand des Dachls. Österreichische Alpenzeitung, Heft September/Oktober 1981.

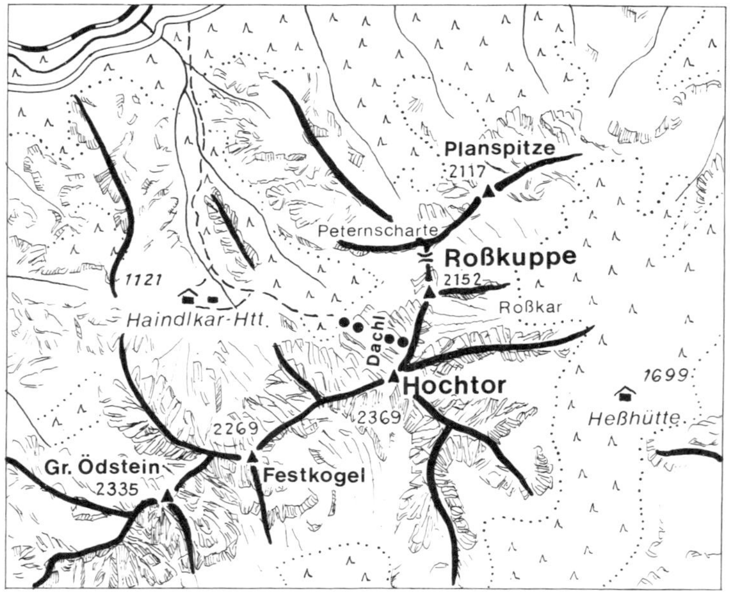

Bildnachweis

Bavaria-Verlag, Gauting: J. Messerschmidt 40; Fritz Breig, München 39; Bürger-Nußstein, München 122; Willi Burkhardt, Buochs (Schweiz) 47, 54; Willi End, Baden bei Wien 107, 135; Lisa Gensetter, Davos-Dorf 29, 36, 60; Helmut Häusle, Schwarzach (Österreich) 67; Fritz Heimhuber, Sonthofen 23, 83; Horst Höfler, München 127, Einband-Titel; Ernst Höhne, Unterschleißheim 13, 20, 76, Einband-Rückseite; Bildarchiv Hans Huber, Garmisch-Partenkirchen 101; Bildarchiv J. Kinkelin, Worms: Schlapfer 59; Gerhard Klammet, Ohlstadt 89; Foto Löbl-Schreyer, Ellbach bei Bad Tölz 90, 95, 96, 108, 115, 116, 128, 136; Herbert Maeder, Rehetobel (Schweiz) 48; Wolfgang Rauschel, Nidda 84; Archiv Luis Trenker, München 121; Paul Werner, München 19; Jürgen Winkler, Penzberg 24, 30, 35; Franz Zengerle, München 14, 53, 68; Georg Zwerger, München 75, 102.

Die Kartenskizzen und Routenskizzen zeichnete Wolfgang Bayer, Röhrmoos.